Stephen English • Alexander der Große
und seine Armee

Stephen English

Alexander der Große der Große und seine Armee

Motorbuch Verlag

Einbandgestaltung: Dos Luis Santos

Titelbild: Rien van der Weijgaert

Die englischsprachige Orinalausgabe erschien 2009 bei Pen & Sword
Military, Barnsley, unter dem Titel »THE ARMY OF ALEXANDER THE
GREAT«. Copyright © Stephen English, 2009.
Ins Deutsche übersetzt von Dr. Matthias Runge.

ISBN: 978-3-613-03156-2

1. Auflage 2010

Sie finden uns im Internet unter www.motorbuch-verlag.de

Lektor: Martin Gollnick
Innengestaltung: Anita Ament, Leonberg
Druck und Bindung: Appel/Klinger Druck & Medien, 96317 Kronach
Printed in Germany

INHALTSVERZEICHNIS

LISTE DER ABBILDUNGEN

(Sie finden die Abbildungen auf den Seiten 124–137.)

VORWORT

Stephen English kam 1997 an die University of Durham, um Alte Geschichte zu studieren. Seit 2000 arbeitet er über Alexander den Großen. Als Vorarbeit zu einer umfassenden Studie über die Feldzüge Alexanders des Großen begann Stephen mit einer erneuten Überprüfung seiner Armee. Die Früchte dieser Arbeit werden hier präsentiert. Nach einer Reihe von Kapiteln, die den verschiedenen Bestandteilen von Alexanders Armee gewidmet sind, schließt er mit der Darstellung der Kommandostrukturen und einem Kapitel, in dem am Beispiel von drei unterschiedlichen Feldzügen gezeigt wird, wie Alexander von seinen Streitkräften Gebrauch machte: Der Kampf auf dem Balkan 335, bevor Alexander nach Asien vorrückte, die Schlacht von Issos 333, als Alexander zum ersten Mal auf den persischen König Dareios traf, und die Belagerung von Tyros 332, als Alexander auf die neuesten Entwicklungen bei Belagerungsmaschinen setzte, um die stark befestigte Inselstadt zu erobern.

Stephen English ist sowohl ein Kenner der antiken Quellen wie auch der modernen Untersuchungen, und er ist seit langer Zeit der erste Autor, der sich mit der ganzen Bandbreite der Probleme auseinandersetzt, mit dem Ziel, eine umfassende Darstellung zu bieten. Dieses Buch wird unverzichtbar für alle sein, die sich für Alexander den Großen interessieren.

P. J. Rhodes
Honorarprofessor für Alte Geschichte, University of Durham

EINLEITUNG

»Mit einem kleinem, aber durch seine innere Vollkommenheit ausgezeichnetem Heere wirft er die morschen Gebäude der asiatischen Staatenwelt nieder. Ohne Rast und rücksichtslos durchzieht er das weite Asien und dringt bis Indien vor.«[1]

Wahrscheinlich 359 erbte Philipp von Makedonien ein Königreich, das einem Chaos glich. Von allen Seiten durch Feinde bedrängt und mit einer Armee, welche kürzlich eine schwere Niederlage erlitten hatte. Innerhalb der folgenden 35 Jahre schickte sich der makedonische Staat dennoch an, die Mehrheit der damals bekannten Welt zu regieren, und eroberte das größte und stärkste Königreich, das die Welt bis zu diesem Zeitpunkt gesehen hatte: Persien.

Dieses Buch beabsichtigt, das Instrument zu untersuchen, mit dem diese bemerkenswerte Wende erreicht wurde: die Armee. Philipp und Alexander formten ein Heer, welches ohne Parallelen in der antiken Welt war, eine Armee, die in der Lage war, zu jeder Jahreszeit und in jedem Gelände, das man in Griechenland oder Persien finden konnte, Krieg zu führen. Sie bewiesen sich selbst, dass sie fähig waren, sich jeder neuen Rahmenbedingung anzupassen und jedes Hindernis zu überwinden, das sich ihnen in den Weg stellte, egal ob natürlich oder von Menschen geschaffen. Einst überquerten sie den Hellespont, und die meisten Männer dieser Armee sahen Griechenland in den nächsten elf Jahren nicht mehr wieder. Die Tatsache, dass diese Armee bis zur Rebellion in Opis nur sehr wenige Anzeichen von Unzufriedenheit und Meuterei zeigte, macht die ihr eigene Disziplin und den Glauben an den Feldzug deutlich, gleichzeitig aber auch Alexanders unglaubliches Charisma und seine Fähigkeiten als Führer.

Dieses Buch soll keine Untersuchung von Alexanders Feldzügen sein, obwohl Beispiele benutzt werden, um einzelne Punkte zu verdeutlichen, vielmehr ist es eine Untersuchung speziell über seine Armee. Im Interesse der Vollständigkeit werden im letzten Kapitel drei bedeutende Feldzüge,

---

[1] Clausewitz, 5.111

Griechenland, Issos und Tyros, betrachtet. Diese drei Feldzüge erlauben es uns, Alexanders Feldherrnkunst sowie seine Strategie und Taktik näher zu betrachten. Wichtiger noch, sie erlauben uns, die Armee im Einsatz in einer Reihe von verschiedenen Geländeformationen und Situationen zu sehen, von den Bergen Nordgriechenlands über die Ebene von Issos bis zu der zukunftsweisenden Belagerung von Tyros. Diese drei Feldzüge demonstrieren deutlich die Vielseitigkeit der Armee, ihre Disziplin und Taktik.

Im Grunde genommen war Alexanders Karriere ein elf Jahre andauernder und kaum unterbrochener Feldzug. In Kenntnis dieser Tatsache ist es etwas überraschend, dass seine Armee in der modernen Forschung relativ wenig Beachtung gefunden hat. Genauso sind seine Feldzüge in der Literatur unterrepräsentiert. Meistens wird das unter dem dünnen Schleier von Biografien über Alexander selbst erledigt, quasi nebenbei abgehandelt. Dieses Buch indes soll seinen Beitrag dazu leisten, die Leistung dieser Armee und ihrer Soldaten ein wenig in den Vordergrund zu rücken.

Unabhängig von der Zeitepoche sind Historiker mit den verschiedenen Problemen der Geschichtsschreibung konfrontiert. Diese Probleme sind aber für den Althistoriker teilweise besonders drängend, was in dem zeitlichen Abstand zwischen uns und dem Objekt begründet ist. Dieses Problem vergrößert sich aber bei jeder Studie über Alexander, da die erste überlieferte Quelle etwa vier Jahrhunderte nach seinem Tod entstand. Wir können uns nur vorstellen, welche Geheimnisse gelöst werden könnten, hätten wir Zugriff auf die verlorenen Historien des Ptolemaios oder Kallisthenes. Aber auch, welche Fragen erst durch solch einen Text entstehen würden. Ohne neue Entdeckungen aber sind die überlieferten Texte alles, was wir haben, und sie haben den Historikern über die Jahrhunderte hinweg gute Dienste geleistet.

Das überlieferte Quellenmaterial wird üblicherweise in zwei allgemeine Gruppen unterteilt. Die erste wird häufig als Vulgat-Tradition bezeichnet (oder Derivate davon). Die Bezeichnung verharmlost diese Quellengruppe mehr, als es gerechtfertigt ist. Sie stellt einen populären Überlieferungsstrang dar, vertreten durch die Geschichtsschreiber Diodorus, Curtius, Pompeius Trogus (in den Epitomen des Justinus) und Plutarch. Man kann nicht wirklich sagen, dass sie gegen Alexander eingestellt sind, aber sicherlich sind sie nicht so wohlwollend wie die andere Tradition, die durch Arrian repräsentiert wird.

Von den vielen zeitgenössischen Schreibern aus der Zeit Alexanders ist nichts im Ganzen überliefert worden. Von den fünf Erzählern, deren Texte überdauert haben, ist Diodor der früheste. Diodorus Siculus war Grieche und kam aus Sizilien. Er wirkte im 1. Jh. und war Autor eines 40-bändigen Geschichtswerks, das er »Bücherei der Geschichte« nannte. Innerhalb des voluminösen Werkes handelt das siebzehnte Buch vom Werdegang Alexanders. Diodorus wird in der modernen Forschung zu Recht als unkritischer Kompilator kritisiert. Zudem hat er die Neigung , mit den Daten zu spielen und Ereignisse von einem Jahr in ein anderes zu schieben, um so Zeitlöcher zu füllen und die Ereignisse zu glätten. Diodorus hat die Tendenz, eine einzelne Hauptquelle pro Buch zu nutzen. Für Buch siebzehn war dies Kleitarch. Dieser wiederum hatte seine Informationen von anderen geeigneten Autoren übernommen wie Ephoros, Apollodoros, Agatharchides und Timaeus (Timaios?). Einige Abschnitte aus seinem Werk sind nahezu identisch mit den entsprechenden Passagen bei Curtius, wenn man den Unterschieden zwischen der griechischen und der lateinischen Sprache Rechnung trägt. Der Umfang seines Werkes bedingte es, dass er fleißig beträchtliches Material sammelte und aufbereitete, welches ohne Verweis in die anderen überlieferten Quellen Einzug hielt.

Mehr noch als Diodor schrieb Pompeius Trogus eine Weltgeschichte, aber im Gegensatz zum Werk von Diodor ist nur wenig erhalten geblieben. Trogus war ein romanisierter Gallier, ursprünglich aus Vasio, und nutzte wie die anderen Autoren der Vulgat-Tradition Kleitarchos ausgiebig, obwohl er auch auf Timagenes vertraute. Einer der Hauptgründe dafür, dass Trogus' Werk nicht überlebte, ist der Erfolg der deutlich verkürzenden und von offensichtlich sehr viel schlechterer Qualität geprägten Epitome Justins.

Quintus Curtius Rufus schrieb im 2. Viertel des 1. Jh. n. Chr. Er war ein Römer, schrieb in Latein. Er war selbst ein aktiver Politiker und hatte öffentliche Ämter unter Tiberius und Claudius inne. Curtius schrieb seine Geschichte Alexanders in zehn Büchern, von denen die ersten beiden bis heute verloren sind, und was übrig blieb, beinhaltete lacunae in Auszügen (das Ende von Buch fünf und der Anfang von Buch sechs sowie große Teile von Buch zehn). Auch Curtius benutzte primär Kleitarch, aber feinfühlig fügte er viele Details von Ptolemaios und anderen hinzu.

Plutarch war ein berühmter Biograph, der eine Reihe von Doppelbiografien geschrieben hat, in denen jedem Griechen ein Römer gegenübergestellt wurde. Alexander wurde mit Caesar zusammengefasst. Plutarchs Biografien sind bis auf zwei alle erhalten geblieben: Epaminondas und Scipio. Plutarch schrieb am Ende des 1. Jh. und zu Beginn des 2. Jh. n. Chr. Er war Grieche und stammte aus Chaironaia, aber ihm war auch das römische Bürgerrecht gewährt. Plutarch lesen bedeutet, biographische Werke und keine geschichtlichen Werke zu lesen. Üblicherweise bevorzugte er Geschichten, welche die Charakterzüge zeigten, selbst wenn die Historizität zweifelhaft war, so wie bei seiner Erzählung über die Zähmung des Buccephalos.

Arrians Erzählung hingegen gilt im Allgemeinen (und wohl auch zu Recht) als die zuverlässigste unter den überlieferten Quellen. Lucius Flavius Arrianus (Arrian) war ein Grieche aus Nikomedien in Bythinien. Das genaue Datum seiner Geburt ist nirgends bezeugt, aber da er seit 130 n. Chr. Konsul war, wurde er höchstwahrscheinlich um 85 n. Chr. geboren. Obwohl Arrian das römische Bürgerrecht erlangt hatte (während der Herrschaft der Flavier, wie sein Name nahe legt) war er zuerst und vor allen Dingen Grieche, der vorzugsweise in Griechisch für ein griechisches Publikum schrieb. In seinem frühen Leben war er Schüler des stoischen Philosophen Epictetus gewesen, aber sein Geschichtswerk lässt nur wenig oder gar nichts in dieser Richtung erkennen. Als Erwachsener war Arrian eine bedeutende Persönlichkeit. Zusammen mit dem Konsulat wurde er von Hadrian zum Gouverneur von Kappadokien ernannt und kommandierte zwei Legionen.

Arrians Anabasis kommt zwar nicht an die überragenden historischen Schriften des Thukydides heran, doch hatte der römische Verwaltungsbeamte gute Quellen ausgewählt, auch wenn die Gründe für die Wahl bestenfalls unklar sind (Arrian 1, Vorwort). Arrians bevorzugte Quellen waren Ptolemaios und Aristubulos. Im Gegensatz zu Kleitarchos, der Hauptquelle der Vulgat-Tradition, dienten beide unter Alexander. Arrians Historie wird zwar im Allgemeinen als die vertrauenswürdigste angesehen, doch ist sie sicher nicht verlässlich genug, um andere Quellen, literarische, archäologische, numismatische oder weitere gänzlich auszuschließen.

Im Ganzen betrachtet haben wir mehr Informationen über Alexander als über die meisten anderen historischen Persönlichkeiten; aber die Materialien bieten meistens erheblichen Interpretationsspielraum; hierin liegt die Aufgabe des Historikers. Wenn Arrian in dieser Arbeit zitiert wird, ist es immer sein Buch Anabasis, auf das Bezug genommen wird. Andernfalls wird es angemerkt.

Eine abschließende Bemerkung: Dieses Buch richtet sich hauptsächlich an interessierte Laien und den Studenten der alten Geschichte. Trotzdem hoffe ich, dass vielleicht auch Wissenschaftler in ihm einen Wert sehen. Obwohl diese Arbeit von historischer Natur ist, ist ihr hauptsächlicher Zweck nicht die Analyse der Quellen, wenn sie auch dort durchgeführt wurde, wo es notwendig war. Alle verbliebenen Fehler sind allein meine.

DIE SCHWERE
MAKEDONISCHE INFANTERIE

DIE EVOLUTION DER GRIECHISCHEN KRIEGSFÜHRUNG

In der traditionellen griechischen Kriegsführung war die Phalanx bis zum Peloponnesischen Krieg ein schwer bewaffneter Haufen von Infanteristen, die in einer geschlossenen Formation kämpften. Mit der rechten Hand führte der Hoplit seinen Speer, während er in der linken Hand einen großen, runden Schild trug. Wie Thukydides beschreibt, führte dies tendenziell dazu, dass sich die Männer nicht nur vorwärts, sondern gleichzeitig nach rechts bewegten, um so einen besseren Schutz durch den Schild des dort benachbarten Kämpfers zu erhalten.[2]

Im Wesentlichen setzten sich die Phalangen aus den Bürgern des jeweiligen Stadtstaates zusammen. Diese wurden bei Bedarf zu den Waffen gerufen und waren entsprechend relativ untrainiert. Dies hatte zur Folge, dass die Phalanx der klassischen Hopliten ein relativ schwerfälliger Truppenkörper war, der kaum in der Lage war, komplexe Manöver auszuführen, wenngleich das Vorgehen der Athener bei Marathon im Jahre 490 v. Ch. die Vermutung nahelegt, dass dies nicht immer der Fall gewesen sein muss.

Der Peloponnesische Krieg bildete einen Wendepunkt in Griechenlands militärischer, sozialer und politischer Geschichte. Der Kampf zwischen Griechenlands größter Landmacht Sparta und der Seemacht Athen dauerte von 431 bis 404. Die Länge und die Brutalität des Konfliktes verwandelten die griechische Kriegsführung aus einer kleinräumigen, auf beiderseitigem Einverständnis beruhenden Angelegenheit in eine ganzjährige, weitaus gefährlichere Sache.

Die klassischen Schlachten der Hopliten waren dadurch gekennzeichnet, dass beide Seiten dem Kampf grundsätzlich zustimmen mussten. Anschließend musste eine geeignete Ebene gesucht werden, da die Hopliten aufgrund ihrer begrenzten Ausbildung nicht einfach auf unebenen Untergrund vorrücken konnten. Des Weiteren mussten die Befehlshaber ihre Hopliten

---

[2] Thukydides, 5.71.1; vgl. Xenophon, Hellenika

so aufstellen, dass ihre oben beschriebene Tendenz, sich nach rechts zu bewegen, sie nicht in ungeeigneten Untergrund führte oder sogar zur Folge hatte, dass sie die Phalanx des Feindes völlig verfehlten, da diese ebenfalls nach rechts drängte. Waren diese Voraussetzungen nicht gegeben, konnte ein Befehlshaber das Angebot zur Schlacht ablehnen. Unter Berücksichtigung dieser Einschränkungen ist es offensichtlich, dass eine Schlacht tatsächlich im Voraus vereinbart werden musste. Ebenso wurde es als »unsportlich« empfunden, den fliehenden Feind zu verfolgen. Die Schlacht selbst dürfte dann eher einem gigantischen Gedränge beim Rugby als einer von Alexanders Schlachten geähnelt haben.

Die Auswirkungen des Peloponnesischen Krieges auf die griechische Welt dürften denen des Ersten Weltkriegs auf Europa ähnlich gewesen sein: Es wurde offensichtlich, dass die bisherigen Vorgehensweisen nicht mehr ausreichten und neue Taktiken notwendig waren. Flexibilität wurde zu einer Grundvoraussetzung im Kriegsgeschehen, und Philipp erkannte während seiner Zeit als Gefangener in Theben deren Bedeutung und vermittelte Alexander offensichtlich bereits in jungen Jahren diese Erkenntnisse.

PHILIPP II.

Als Philipp II., der Vater Alexanders des Großen, im Jahr 359 den makedonischen Königsthron bestieg, hatte er ein Königreich geerbt, das rundherum von Feinden umgeben war und am Rande des Zusammenbruchs stand. Sein Vorgänger Perdikkas III. war in einer katastrophalen Schlacht gegen illyrische Invasoren unter der Führung von Bardylus getötet worden. Die makedonische Armee war weitgehend vernichtet, und die Infanterie, so wie sie bestanden hatte, war zerschlagen.

Philipp indes war sich sicher, dass die Unfähigkeit der griechischen Stadtstaaten, sich gegen das stark geschwächte Makedonien zu verbünden, letztlich deren Untergang sein würde. Gleichzeitig sah er aber auch, dass Reformen notwendig waren, damit Makedonien zu einer bedeutenden und vorherrschenden Militärmacht werden konnte. Dies galt besonders für die Infanterie.

Sicherlich war Philipp in seinen Vorstellungen auch durch seine mehrjährige Gefangenschaft in Theben beeinflusst. Während dieser Zeit konnte er das Training und die Entwicklung der »Heiligen Schar« und die damit einhergehende verheerende Effizienz auf dem Schlachtfeld verfolgen.

Im ersten Jahr seiner Regierung dämmte er die illyrische Gefahr ein und sicherte Makedoniens Grenzen. Diese bemerkenswerte Leistung erreichte Philipp mithilfe unterschiedlicher, nicht nur militärischer Mittel. Er war hoch angesehen und berühmt für seinen politischen Scharfsinn: Seine sieben Frauen (viele von ihnen kamen mit einem neuen Friedensvertrag) legen hiervon Zeugnis ab.

Makedonien war schon immer für eine der besten Reitereien in der griechischen Welt berühmt gewesen. Aber bis zu dem Zeitpunkt, da man begann, eine starke Infanterie aufzubauen, war es keine bedeutende Militärmacht. Daher scheint es angebracht, mit einer Untersuchung der Ursprünge und des Aufbaus der neu geformten Streitkräfte zu beginnen.

Die Männer, aus denen sich die schwere makedonische Infanterie zusammensetzte, werden sowohl von antiken als auch modernen Autoren ausschließlich unter dem Kollektiv »die Phalanx« zusammengefasst. Die Übernahme des Begriffs beruht zum einen auf Vereinfachung, zum anderen aber auch auf einem mangelnden Verständnis der dazugehörigen taktischen Funktion der schweren Infanterie. Dieser allgemeine Begriff ist allerdings im engsten Sinne nicht auf die makedonischen Pezhetairoi anzuwenden; zumindest ist er irreführend. In der Realität nämlich waren die Pezhetairoi im Wesentlichen eine Weiterentwicklung der klassischen Phalanx und ähnelten mehr den Peltasten des Iphikrates als der traditionellen Phalanx der Hopliten.

Der Begriff Pezhetairoi findet sich äußerst selten in der antiken Literatur. Außerhalb des Zeitalters von Philipp und Alexander erscheint er nur einmal bei Plutarch (Flam. 17.8).Daneben findet er sich bei Arrian (er ist der einzige Alexander-Historiker, der diesen Begriff benutzt), beispielsweise in 1.28.3, 7.2.1 und 7.11.3. Es scheint, dass sich der Begriff auf die Bataillone (Taxeis) der schweren Infanterie bezieht und die Hypaspisten ausschließt.

DIE URSPRÜNGE DER PEZHETAIROI

Es scheint klar zu sein, dass das makedonische Fußvolk ab einem gewissen Zeitpunkt in einem Infanterieverband organisiert war, der innerhalb Makedoniens rekrutiert wurde. Anaximenes berichtet uns sehr klar, dass der Infanterie irgendwann der Titel Pezhetairoi verliehen worden war, den er als »Gefährten zu Fuß« übersetzt und der sie im Status gewissermaßen den berittenen Gefährten gleichsetzt. Dies war eine wichtige Entwicklung für die schwere Infanterie, da sie ihr einen Status verlieh, der grundlegend für die Ausprägung einer Bindung an den neuen König war. Sie wurden nicht länger als bloße Manövriermasse auf dem Schlachtfeld wahrgenommen. Theopomp erläutert, wer die Pezhetairoi waren und wie sie rekrutiert wurden. Diese zwei Fragmente des Quellenmaterials sind beide äußerst wichtig, um die Ursprünge der schweren makedonischen Infanterie zu verstehen, und es wird häufiger auf sie verwiesen.[3] Unglücklicherweise zeigen uns beide Fragmente kein stimmiges Bild. Anaximenes nennt alle makedonischen Infanteristen Pezhetairoi, während Theopomp sie für eine besonders ausgesuchte Truppe hielt, die Leibwache des Königs, und nicht für Infanterie an der vordersten Front. Anaximenes führt ihre Entstehung auf Alexander zurück, obwohl er nicht klar und genau schreibt, welchen Alexander er meint, wohingegen Theopomp keine Aussagen über ihre Ursprünge macht.

Was können wir aus diesen zwei Berichten ableiten? Sprechen sie überhaupt über die gleiche Sache? Heutige Historiker halten die Darstellung des Anaximenes für glaubhaft, während Theopomp dort abgelehnt wird, wo die beiden widersprüchlich sind. Dennoch lässt dies die Frage offen, welcher Alexander gemeint ist. Einige Historiker haben behauptet, dass Alexander II. der König gewesen sein muss, auf den sich Anaximenes bezieht. Doch bei der Kürze seiner Regierungszeit, die nur ein Jahr von 369 bis 368 v. Chr. währte, wäre eine so schwerwiegende Reform auszuschließen, zumal die Reformen, die Diodor nennt, mutmaßlich zur selben Zeit durchgeführt wurden wie die Schaffung der Pezhetairoi.

Diodor schreibt auch die Einführung der Phalanxformation und der Sarissa (einer Stoßlanze) Philipp II. zu. Er sagt aber nichts über die Pezhetairoi an sich aus. Die Überlieferungen von Diodor und Anaximenes können nur dann in Einklang gebracht werden, wenn Alexander II. das Konzept für die neue Waffengattung entwickelt und Philipp II. es tatsächlich umgesetzt haben sollte.

Für die Vermutung, dass Philipp II. der Schöpfer der Pezhetairoi ist, sprechen einige bedeutende Forschungsergebnisse. So könnte es sich zwar bei jenem Alexander, auf den sich Anaximenes bezieht, um Alexander I. ge-

---

[3] FGrH, 72 F 4. Anaximenes war ein Historiker, der um die Mitte des 4. Jh. v. Chr. lebte. Er schrieb ein Werk über das Leben Philipps von Makedonien, genannt Philippica. Es gibt eine Überlieferung, allerdings nicht vertrauenswürdig, dass er ein früher Lehrer Alexanders war. Anaximenes Werk überlebte nur in Fragmenten, aber es wird selbst in diesen deutlich, dass er sowohl Philipp als auch Alexander gegenüber weniger kritisch als Theopomp war: FGrH, 115 F 348. Theopomp war ein Zeitgenosse des Anaximenes, und seine Schrift trug denselben Titel. Sein Werk, ebenfalls nur in Fragmenten überliefert, scheint Philipp gegenüber sehr feindlich zu sein.

handelt haben. Alexander II. wäre damit aber praktisch ausgeschlossen. Denn das wiederum passt nicht zu den von Thukydides erwähnten grundlegenden Reformen des makedonischen Königs Archelaos (413 v. Chr. bis 399 v. Chr.).[4] Andererseits könnte dieses Argument auf einer zweifelhaften Interpretation des Thukydides beruhen, zumal Polyaenus und Xenophon berichten, dass Makedonien vor dem frühen 4 Jh. noch nicht über ordentlich ausgebildete oder ausgerüstete Infanterie verfügte.[5] Sie erwuchs aus der Niederlage der Fußtruppen des Perdikkas III. gegen die Illyrer, bevor Philipp II. den Thron bestieg.

Demosthenes unterscheidet in seiner Schrift, der Zweiten Olynthiac, deutlich zwischen der privilegierten Stellung, die von den Pezhetairoi eingenommen wurde, und der Masse der Makedonen, die keine Vorteile aus Philipps Politik zogen, was Demosthenes ebenfalls bezeugt.[6] Allerdings war Demosthenes bekanntermaßen antimakedonisch eingestellt und stand im strengen Widerspruch zu Philipp und später Alexander. Denn es war Alexander, der die Auslieferung des Demosthenes nach der endgültigen Niederlage Athens forderte, auch wenn er diese Forderung später widerrief.

Unter diesen Gesichtspunkten hieße die Schlussfolgerung, dass die Pezhetairoi nicht die gesamte Infanterie darstellten, über die Makedonien verfügte, sondern eine Gardeeinheit entsprechend der Gefährtenkavallerie. Die Schaffung dieses Verbandes ist es, auf die sich Anaximenes bezieht. Falls diese Theorie richtig ist, waren sie ursprünglich eine Gardeeinheit, welche ausgedehnt und in die Pezhetairoi umgewandelt wurde, welche wir in der Regierungszeit von Philipp und Alexander wiederfinden und die wesentlich zu den Erfolgen auf dem Schlachtfeld beitrugen. Diese Theorie würde auch Theopomp zufrieden stellen, der bemerkt, dass die Pezhetairoi eine ausgewählte Gruppe der Infanterie waren, die als königliche Leibwache eingesetzt wurden, aber sie würde nicht mit Anaximenes übereinstimmen, der feststellt, dass Alexander der Mehrheit seiner Infanterie den Namen Pezhetairoi gab. Theopomp könnte über die Pezhetairoi berichtet haben, wie er sie aus den späten 340ern kannte. Falls dies der Fall ist, dann ist Theopomps Behauptung berechtigt, dass sie eine Eliteeinheit und nicht die gesamte Masse der makedonischen Infanterie waren. Wenn dies stimmt, ist der ein-

---

[4] Thukydides 2.100.2
[5] Polyaenus, 2.100.17, (um 394 v. Chr); Xenophon, HG 5.2.40, (um 379 v. Chr.)
[6] Demosthenes, Zweite Olynthiac, 2.19; diese eher verunglimpfende Quelle könnte sich entweder auf einen einzelnen Truppenkörper oder die gesamte schwere Infanterie beziehen.

zige Weg, die beiden Texte zu synchronisieren, die Annahme, dass der Alexander, auf den sich bezogen wird, Alexander III. ist und seine Reform keine bedeutende militärische war, sondern Alexander einfach den Gebrauch des Wortes Pezhetairoi ausweitete, um alle Mitglieder der schweren Infanterie außer den Hypaspisten einzuschließen, so wie er zur gleichen Zeit den Gebrauch des Begriffs »hetairoi« auf die gesamte makedonische Kavallerie ausdehnte. Das dürfte die Truppen enger an die Person des Königs gebunden und die regionalen Bezüge und Bindungen gegenüber ihren Kommandeuren unmerklich gelockert haben.

Zu Beginn seiner Regierung war Alexanders Position vergleichsweise unsicher – zu der Tatsache, wie stark er sich auf die Unterstützung Parmenions und seiner Familie verließ, kommen wir später. Dies beides war ein positiver Schritt für die Armee und ihn selbst. Zu Beginn seiner Herrschaft war er besonders Parmenion und seiner Familie für ihre Unterstützung zur Zeit des Attentats auf Philipp zu Dank verpflichtet. Dies war nun der erste Schritt, um sich aus ihrem mörderischen Zugriff auf den Thron zu befreien, ein Prozess, der im Jahr 330 mit der Ermordung Parmenions und dessen einzigen überlebenden Sohns Philotas den Höhepunkt erreichte.

In Hinsicht auf die Ursprünge der Pezhetairoi ist die vernünftigste Annahme wohl die, dass an irgendeinem Punkt in der Geschichte, vielleicht unter der Herrschaft Alexanders I., innerhalb der Infanterie eine Elitetruppe geschaffen und zur selben Zeit der Hauptkörper der Infanterie in ähnlicher oder gleicher Weise ausgebildet und ausgerüstet wurde. Es war dann während der Herrschaft Alexanders III., dass sich der Ausdruck »Pezhetairoi« für alle Einheiten der Phalanx-Infanterie einbürgerte. Danach hätte Alexander III. einfach die Nomenklatur und den Status bestehender Truppen geändert und keine größere Reform durchgeführt. Wie auch immer, bezogen hierauf sollten wir festhalten, dass die Reform Alexanders I. erwiesenermaßen keine bedeutenden Verbesserungen für die Infanterie brachte, wie die illyrische Katastrophe bewies. Die größeren Fortschritte in der Wirksamkeit und der Leistungsfähigkeit begannen mit Philipp und schritten unter Alexanders Herrschaft voran.

Was geschah mit den ursprünglichen Pezhetairoi nach Alexander? Ganz gleich, was Alexander gemacht haben mag, er dehnte die Verwendung des Begriffes auf die gesamte schwere makedonische Infanterie aus. Es wäre logisch, anzunehmen, dass ihr Status als Elite und ihre spezielle Beziehung zum König andauerten, was an verschiedenen Tatsachen festzustellen ist, und sie nicht einfach von der Phalanx gemeinsam mit dem Rest der schweren Infanterie vereinnahmt wurden. Es scheint ferner wahrscheinlich, dass die vorher existierende Eliteinfanterie nun mit dem Namen »Hypaspisten« versehen wurde, mit welchem wir von den Seiten des Arrian wohl vertraut sind. Alexander war wie sein Vater stets scharfsinnig im Umgang mit der Armee. Beide waren sich bewusst, dass sie nur durch die Kontrolle über die Armee regieren konnten. Alexanders Feingefühl für die Belange der Armee und deren Hingabe für ihn machten erst den Marsch von Makedonien nach Nordwestindien möglich. Eine Reise mit unglaublichen Härten, die etwa acht Jahre von der Überquerung des Hellesponts 334 bis zur Meuterei am Fluss Hyphasis im Jahr 326 in Anspruch nahm. Die Schwierigkeiten endeten dort auch nicht, da sich Alexander dafür entschied, den umständlichen Weg durch die Makranwüste zurück nach Babylon zu nehmen, viele Tausend Kilometer, ohne dass seine Soldaten Zeichen von Unruhe gezeigt hätten. Nur zwei Mal gelang es ihm nicht, die Kontrolle über die Armee zu behalten. Das erste Mal im Jahr 326 am Fluss Hyphasis, dem heutigen Beas im Nordwesten Indiens, als Alexander in Indien weiter vorrücken wollte, um den »Ozean« zu erreichen. Nachdem er drei Tage lang geschmollt hatte, erklärte Alexander, dass die Vorzeichen nicht gut wären und sie zurückkehren würden. Das zweite Mal war im Spätsommer des Jahres 324, als das makedonische Herz der Armee, die schwere Infanterie, das Gefühl hatte (vielleicht zu Recht), dass sie durch orientalische Truppen ersetzt werden sollten und so ihre bevorzugte Stellung verlieren würden. Diese Klage ist der Schlüssel, um zu verstehen, wieso Alexander über so lange Zeit seine Armee so wirkungsvoll kontrollieren konnte.

DIE SCHAFFUNG DER ARMEE

Nachdem nun die Ursprünge der Pezhetairoi etwas beleuchtet wurde, sollten wir uns der Frage ihrer Ausbildung widmen und wie sie motiviert wurden, mit solcher Grimmigkeit und Hingabe in beinahe unzähligen Schlachten zu kämpfen.

Um eine Armee zu schaffen, müssen Zivilisten militarisiert werden, dies ist für die antike Welt ebenso wahr wie für die Gegenwart. Über verschiedene Perioden hinweg hat dieser Prozess eine Anzahl elementarer Dinge nach sich gezogen: das Tragen einer Uniform, die Einheitlichkeit der Ausrüstung inmitten einzelner Einheiten, der Schwur eines Eides, eine Ausbildung, die darauf ausgerichtet ist, Einheitlichkeit und Solidarität zu erzeugen, Teilnahme an gesellschaftlichen Ereignissen und die Durchführung von Wettkämpfen. Die Schaffung der makedonischen Armee zeigt viele dieser klassischen Elemente. Das Tragen einer Uniform war wahrscheinlich. Dies kombiniert mit der Standardisierung der Angriffswaffen innerhalb der führenden Einheiten der Armee dürfte zu einer beachtlichen Einheitlichkeit im Erscheinungsbild geführt haben. Diese Einheitlichkeit dürfte sicherlich aber nur bei den Einheiten (Taxeis) der schweren Infanterie, den Hypaspisten und der Gefährtenkavallerie geherrscht haben. Wahrscheinlich gab es auch in anderen Einheiten bis zu einem gewissen Grad eine einheitliche Ausrüstung, aber das Tragen einer Uniform beispielsweise innerhalb der Söldner war ungewöhnlich. Aus der Sicht der Feinde waren es beinah ausschließlich die makedonischen Einheiten in der Frontlinie, die alle ähnlich ausgerüstet waren. In welchem Umfang Philipp und Alexander die komplette Vereinheitlichung der Kleidung und der passiven Bewaffnung anstrebten, entzieht sich unserer genauen Kenntnis. Die historischen Quellen machen hierzu nur wenige Aussagen, und die überlieferten Abbildungen sind zu wenige, um diesen Punkt endgültig zu beantworten. Fragen wie die nach einem möglichen Wechsel vom phrygischen zum boiotischen Helm innerhalb der Kavallerie, nach dem Gebrauch des Piloshelms in der Infanterie oder auch nach der Verwendung des makedonischen Sternensymbols auf dem Schild sind nach wie vor offen. Alles, was wir sagen können, ist, dass es höchstwahrscheinlich eine ansehnliche, wenn nicht komplette Uniformität innerhalb den führenden Einheiten der makedonischen Armee gab. Und für die Operationen dieser makedonischen Armee waren zumindest einheitliche Waffen notwendig.

Bei der Verwendung der Sarissa, der Stoßlanze (im Grunde genommen eine Pike und zugleich die primäre Angriffswaffe), war es lebenswichtig, dass keine Lücken in dem Wall aus Speerspitzen entstanden. Die Sarissa war, wie wir später sehen werden, eine Offensivwaffe, und die schwere Infanterie in erster Linie ein Verband für den Durchbruch. Die schwere Infanterie war kein defensiver Verband. Falls wegen fehlender Ausbildung oder mangelhafter Ausrüstung eine Lücke in dem Wall aus Speeren entstanden wäre, hätten die Pezhetairoi niemals so erfolgreich operieren können, wie sie es letztlich taten.

Der Eid auf den König ist ein weiteres charakteristisches Merkmal für die Ausbildung der makedonischen Truppen. Das Ausbildungsprogramm war besonders streng, in der Tat eine Revolution. In der antiken Welt hatte man bisher so ziemlich nichts gesehen, das diesem glich:[7] *»Sie haben ihre militärische Organisation auf klingenden Füßen aufgebaut und die Männer mit geeigneten Waffen für den Krieg ausgestattet. Sie haben sowohl freie Übungen in voller Ausrüstung als auch Wettbewerbe abgehalten.«*

Polyaenus gibt uns etwas mehr Informationen:[8] *»Philipp benutzte für die Ausbildung der Truppen, bevor sie sich den Gefahren unterzogen, Märsche in voller Ausrüstung, die häufig über 300 Stadien gingen. Dabei trugen die Männer zu ein und derselben Zeit Helme, Schilde, Beinschienen, Piken und, soweit nötig, ihre Waffen, Proviant und Zeug für die täglichen Speisen.«*

Frontinus berichtet uns, dass die Widerstandskraft, die durch solche Übungen erzeugt wurde, von Philipp kühl überlegt genutzt wurde, damit sich seine Gegner bei Chaironaia abnutzten. Und selbst das wenige, das wir über Chaironaia wissen, zeigt, dass Taktik und Übung wichtigere Faktoren für den makedonischen Sieg waren als allein die Widerstandskraft. Philipp eröffnete die Schlacht, indem er seinen rechten Flügel gegen die Athener führte. Doch schon bald darauf zog er sich scheinbar zurück, und die Athener folgten ihm voreilig. Nach einem vorbereiteten Signal gingen die Makedonen zum Gegenangriff über und gewannen die Schlacht: Taktik und Ausbildung waren gleichermaßen der Schlüssel zum Sieg. Es ist überraschend, dass die Athener auf eine List hereinfielen, die ihrer eigenen Taktik bei Marathon sehr ähnlich war.

Alexander hat ganz klar die Bedeutung jener Ausbildungsgrundsätze erkannt, die sein Vater eingeführt hatte. Diodor erzählt uns, dass er schon zu Beginn seiner Regierungszeit seiner Armee befahl, regelmäßig Manöver abzuhalten. Nach den Feldzügen gegen Milet und Harlikanassos verbrachte Alexander viel Zeit damit, seine Truppen einem strengen Ausbildungsprogramm zu unterziehen. Als 30.000 junge Perser in die Armee aufgenommen wurden, mussten sich diese in der makedonischen Kriegsführung und an makedonischen Waffen ausbilden lassen.[9] Die Effizienz, die durch dieses System erzeugt wurde, ist am besten bei Curtius beschrieben:[10] *»Mit voller Konzentration, fixiert auf die Zeichen ihrer Kommandeure, haben sie ge-*

---

[7] Diodor, 17.17.3
[8] Polyaenus, strat, 4.2.10

lernt, den Standarten zu folgen und die Linien zu halten. Was befohlen wur-
de, befolgen sie bis auf den Mann hinab. Wenn es schnell zum Stehen
kommt, zur Ausführung von Umfassungsbewegungen, Rennen zum Flügel,
Wechsel der Schlachtordnung, sind die Soldaten mit Teil, so geschickt wie
ihre Führer.«

Diese äußerste Form von Disziplin hat eine Form von »Korpsgeist« her-
vorgebracht. Ein Gefühl, das durch zeremonielle Paraden gestärkt wurde
und durch den Gebrauch des Begriffes »Gefährtenkavallerie« und »Gefährten zu Fuß«. Letzteren hatte Alexander in der Bedeutung so ausgedehnt,
dass er die gesamte makedonische Infanterie mit einschloss und weniger
eine elitäre Leibwache bezeichnete, wie wir zuvor sahen.[11]

Während seines gesamten Werdegangs zeigte sich Alexander selbst als
extrem scharfsinniger Kommandeur, und zwar nicht nur auf dem Schlachtfeld, sondern auch in Friedenszeiten. Seine viel diskutierte Rivalität mit seinem Vater machte ihn nicht blind für die großen Fortschritte, welche die
makedonische Armee während Philipps Regierungszeit gemacht hatte. Alexander sollte dafür gelobt werden, dass er diese Vorteile erkannte und das
Reformprogramm fortsetzte.

Weiterhin wurde der Zusammenhalt durch das Durchführen von Mann-
schaftswettbewerben verstärkt. Unter der makedonischen Elite war die Jagd
besonders beliebt. Die Szene, die in Grab zwei bei Vergina gemalt ist, zeigt
vermutlich eine königliche Jagd und vermittelt einen guten Eindruck von einer Aktivität, welche durch die Quellen gut dokumentiert ist.

Die Pagenverschwörung des Jahres 327, als sieben Pagen versuchten,
Alexander zu ermorden, hatte ihren eigentlichen Anlass in den Geschehnis-
sen bei einer königlichen Wildschweinjagd, und während der Zeit in Indien
nahm Alexander an einer Elefantenjagd teil. Alexander gewann großes per-
sönliches Ansehen, als er mit eigener Hand einen Löwen gejagt und erlegt
hatte. Plutarch verband in dieser Szene das Ethos der Jagd mit dem des
Kriegers. Daneben wurde auch Jagd auf weniger furchterregende Beute gemacht. Offensichtlich wurde die Jagd als ein Vergnügen wahrgenommen,
erst recht, wenn das gejagte Tier ohne Furcht vor dem Jäger war.[12]

[9] Frontinus, 2.1.9; Diodor, 16.85.5-87; Polyaenos, strat. 4.2.2; Plutarch, Alex, 9.3; Diodor 17.2.;
     Arrian, 7.6; Plutarch, Alex. 71
[10] Curtius, 3.2.13-14
[11] Lloyd 1996, 172, über verbundene Einheiten.
[12] Plutarch, Alex. 40

Außerdem wurden relativ häufig unter Alexanders Herrschaft hochgradig organisierte Wettkämpfe ausgetragen. Es ist keineswegs überraschend, dass man dazu neigte, sie während der Feldzüge in kritischen Momenten abzuhalten, wenn die Gruppensolidarität der Verstärkung bedurfte oder wenn es aus anderen drängenden psychologischen Gründen nötig war. Kurz nach der Überfahrt nach Kleinasien, als die Armee Troja besuchte, veranstaltete Alexander mit einigen seiner Gefährten ein Wettrennen zur Ehre Achills.[13] Nachdem sich die Armee geweigert hatte, Alexander weiterhin zu folgen, sah er sich in Indien mit dem akuten Problem konfrontiert, die Solidarität wiederherstellen und den psychologischen Schaden reparieren zu müssen, den die Absage der Armee verursacht hatte. Ein Teil dieses Prozesses bestand wiederum im Ausrichten von Wettkämpfen.

Arrian berichtet regelmäßig von Spielen zu bedeutenden Anlässen, z. B. nach der Einnahme von Tyros (2.24.6), nach der Einnahme von Memphis (3.1.4), nach der Eroberung von Susa (3.16.9), nach der Einnahme von Zadrakarta, der Hauptstadt von Hyrkanien (3.25.1), nach der Gründung einer neuen Stadt (4.4.1), bei Taxila (5.8.3), nach der Schlacht am Hydaspes (5.20.1), nachdem man der Gedrosischen Wüste entkommen war (6.28.3), in Ekbatana (7.14.1) und bei Hephaistions Begräbnis (7.14.10). Gerade in weniger fordernden Zeiten spielten Wettkämpfe eine wichtige Rolle bei der Bildung und Aufrechterhaltung des Korpsgeists in der Armee: Plutarch überliefert uns, dass Alexander und seine Gefährten irgendeine Art Ballspiel gemeinsam spielten. Es ist klar, dass die Festessen oft durch Wettbewerbe oder Spiele auf die eine oder andere Art unterbrochen wurden.[14] Dasselbe kann über Armeen jeder Zeitepoche gesagt werden; in ruhigen Zeiten kommt dem Spielen und der Ausübung wettbewerbsbetonter Sportarten eine Schlüsselfunktion zu, um die Moral der Truppe und gleichzeitig auch ihre Fitness zu erhalten.

Ein weiteres wichtiges Element bei der Schaffung einer wirksamen Armee besteht darin, sie gegen Gewalt unempfindlich zu machen. Dies kommt entweder auf natürlichem Wege infolge der Gesellschaft, aus der die Individuen stammen, oder ist künstlich vermittelt. In diesem Zusammenhang waren die Makedonen klar im Vorteil. Auch während der Friedenszeiten, welche selten genug waren, pflegten sie konsequent einen Lebensstil in freier

[13] Plutarch, Alex. 15
[14] Plutarch, Alex. 73

Natur. Dieser war der Entwicklung von eher feinfühligen Empfindlichkeiten nicht förderlich. Zusätzlich hierzu müssen die Jahrzehnte praktisch nie enden wollender Kriege sie beinahe unempfindlich gegenüber Gewalt gemacht haben, eine traurige, aber leider wünschenswerte Eigenschaft beim Formen einer Armee.

Der letzte wesentliche Faktor für die Schaffung einer Armee ist die Führung. Die Führerschaft, die beide, Philipp und Alexander aufboten, ist legendär und noch heute dazu geeignet, uns zu beeindrucken. Wir sollten nicht vergessen, dass sich die Führungsqualitäten anscheinend reichlich über die Armee verteilten. Egal ob Alexanders Offiziere neu oder von Philipp eingesetzt worden waren, im Allgemeinen waren sie von höchster Qualität. Männer wie Parmenion, Perdikkas, Koinos, Kleitos und Ptolemaios wurden zu Legenden. Es ist offensichtlich, dass Alexander seine Offiziere mit großer Sorgfalt ausgewählt und ausgebildet hatte. Zeit, die offensichtlich gut angelegt war. Anscheinend hat Alexander hier eine ähnliche Politik betrieben, wie sie bei den Eliteeinheiten der deutschen Wehrmacht verfolgt wurde, wo jeder Einzelne in der Lage sein sollte, die Funktion des nächsthöheren Mannes in der Kommandostruktur zu übernehmen; dies sicherte größtmögliche Flexibilität auf dem Schlachtfeld. Diese talentierten jungen Offiziere werden in den Quellen oft von Alexander überschattet, was nicht weiter überrascht. Aber Curtius lobt sie ausdrücklich für ihre Tapferkeit in der Schlacht bei Gaugamela.[15]

ORGANISATION – DIE BEFEHLSHABER

Die traditionelle Phalanx der Hopliten verfügte über einen einzelnen, individuellen Kommandeur. Dies entspricht ziemlich sicher nicht den Strukturen der schweren makedonischen Infanterie. Jede Taxis war in der Lage, selbstständig oder im Verbund mit anderen Einheiten zu operieren. Aus diesem Grund musste jede Taxis ihren eigenen Kommandeur haben. Es gibt, warum auch immer, einen Hinweis bei Arrian über die Schlacht bei Gaugamela, der den Schluss zulässt, es hätte einen Kommandeur für alle gegeben. Während er eine detaillierte Aufstellung des makedonischen Zentrums gibt, stellt er fest, dass »*Krateros die gesamte Infanterie in diesem Abschnitt befehligte*«, dies müssten alle Pezhetairoi gewesen sein. Wenn es der Fall war, dass die makedonische Infanterie einen einzelnen Befehlshaber über alle

---

[15] Curtius, 4.16.31-3

Taxeis hinweg hatte, war diese Position mit großer Sicherheit nur nominell, während die wahre Macht in den Händen der einzelnen Kommandeure der Taxeis, den Taxiarchen, lag.

Die makedonische Infanterie war eine hoch qualifizierte Berufsarmee. Wie sie immer wieder während Alexanders Laufbahn zeigte, war sie äußerst flexibel und in der Lage, in jedem Gelände zu kämpfen. Mit nur einem Kommandeur wäre das unmöglich gewesen.

Die Pezhetairoi waren in sechs verschiedene Taxeis gegliedert, von denen jede ihren eigenen Taxiarchen hatte. Jede Taxis konnte als einzelne taktische Einheit eingesetzt oder mit anderen Taxeis zusammengefasst werden, um das zu bilden, was die Wehrmacht als Kampfgruppe bezeichnen würde. Betrachtet man es als gegeben, dass die schwere Infanterie wahrscheinlich keinen Korpskommandeur hatte, so ist deutlich, dass die makedonischen Pezhetairoi so etwas wie eine Weiterentwicklung der klassischen Phalanx darstellen. Tatsächlich ähnelten sie mehr einer modernen Armee, und es war dies, was moderne Autoren veranlasste, von Philipps »New Model Army« zu sprechen. Die Invasionsarmee bestand aus sechs Taxeis schwererer Infanterie und drei Taxeis Hypaspisten, insgesamt 12.000 Mann. Jede Taxis hatte eine nominelle Stärke von 1.500 Mann, ergibt 9.000 Pezhetairoi innerhalb der Invasionsstreitkräfte. Diodor berichtet, dass dieselbe Anzahl Infanteristen (12.000) mit Antipater in Makedonien zurückgelassen wurde. Außerdem nennt er 1.500 Reiter, die zurückbehalten wurden.[16] Es wird uns nicht ausdrücklich berichtet, aber die Vermutung liegt nahe, dass es 9.000 Pezhetairoi und 3.000 Hypaspisten waren, dieselbe Struktur, wie die Invasionsarmee. Die Größe der Streitmacht, die Alexander in Makedonien stationierte, spricht für die instabile politische Lage, die dort herrschte.

Ständig drohten Aufstände, doch überraschenderweise kam es nur zu einem einzigen, als im Jahr 331 der spartanische König Agis eine Rebellion organisierte, die von Antipater niedergeschlagen wurde. Sparta war nicht Mitglied des Korinthischen Bundes und daher nicht direkt unter makedonischer Kontrolle. Letztendlich wurde die Rebellion unterdrückt.

Falls Memnon von Rhodos, ein Söldnerführer im Dienste der Perser, lang genug gelebt hätte, um einen persischen Plan für die Eroberung Griechenlands von See her umzusetzen, hätten Alexanders Herrschaft und sein Nachlass wohl ganz anders ausgesehen.

[16] Diodor, 17.17.4; 17.17.5

Während Alexanders früher Jahre waren seine großen Schlachten durch den umfassenden Gebrauch des makedonischen Kerns seiner Armee gekennzeichnet. Gaugamela war der erste Fall, in dem Alexander jeden verfügbaren Mann einsetzen musste. Daher ist diese Schlacht so etwas wie ein Fixpunkt für die Analyse dieser Armee. Es ist auch die detaillierteste Übersicht über die makedonische Schlachtordnung, die wir haben. Wir wissen mit Sicherheit, dass sechs Taxeis an der Schlacht teilnahmen, sie werden alle von Arrian benannt und durch ihre Kommandeure identifiziert. Er stellt fest, dass, von rechts nach links betrachtet, nach der Gefährtenkavallerie die schwere Infanterie folgte, wie immer angeführt von den Hypaspisten unter dem Kommando von Nikanor. Es ist interessant, dass Arrian diese als Truppen für den Vorstoß beschreibt und nicht primär als defensive, wie es üblicherweise für die sogenannte schwere Infanterie angenommen wird. Diesen drei Taxeis folgte Philotas, der die Sicherung der rechten Flanke übernommen hatte, allerdings ist sein Standort nicht genauer beschrieben. Die Pezhetairoi-Taxeis wurden von Koinos, Perdikkas, Meleager, Polyperchon, Philippos (Amyntas) und Krateros befehligt. Amyntas, der ebenfalls genannt wurde, war zum Zeitpunkt der Schlacht nicht anwesend, da er Truppenaushebungen in Makedonien durchführte. Wer seine Taxis kommandierte, ist unklar: Arrian nennt Simmias, den Bruder von Amyntas, anstelle von Philippos oder Amyntas, aber er ist der einzige, der davon berichtet. Curtius und Diodor erwähnen Philippos, Sohn des Balakros. Der Fehler ist am ehesten Arrian zuzuschreiben, und der erwähnte Kommandeur war mit einiger Sicherheit Philippos.[17] Allerdings waren beide, Simmias und Philippos, eher unbedeutende Persönlichkeiten: Philippos wird niemals wieder erwähnt, während Simmias nur während der Verschwörung des Philotas wieder in Erscheinung tritt.

Die Vulgate-Quelle nennt Philippos übrigens als nur vorübergehenden Befehlshaber. Amyntas starb in Drangiana, das Kommando wurde dann seinem Bruder Attalos übertragen. Meleager, Polyperchon und Attalos überlebten Alexander und behielten ihre Kommandos bis zu seinem Tod. Man dürfte sie daher als lebendes Inventar angesehen haben. Zwischen dem Angriff auf die Pforten Persiens und der Rückkehr aus Indien sind uns die Namen von sechs anderen Taxiarchen überliefert: Alcetas, Antigenes, Kleitos der Weiße, Gorgias, Peithon und Philotas. Uns ist ebenfalls bekannt, dass mit Krateros,

---

[17] Arrian, 3.11.9; Curtius, 4.13.28; Diodor, 17.57.3

Koinos und Perdikkas drei der ursprünglichen Taxiarchen vor der Rückkehr aus Indien auf verschiedene andere Positionen befördert wurden.

Die Schlacht am Hydaspes kann als ein weiterer Fixpunkt bezeichnet werden, hier gab es zweifellos sieben Taxeis.[18] Und hier taucht, wie so oft bei der Beschäftigung mit antiken Quellen, die Frage auf, wie das – in diesem Fall die Namen – alles zusammenpasst. Ein Erklärungsversuch wäre, dass tatsächlich neun oder zehn Taxeis in Indien waren. Andererseits gibt es keinen positiven Beleg für Verstärkungen aus Makedonien nach 330, und entsprechend kann es sich nicht um zahlenmäßige Verstärkungen handeln, die nach der Schlacht am Hydaspes für die Aufstellung von zwei oder drei Taxeis geschickt worden wären. Und wir können auch nicht davon ausgehen, dass bereits zu diesem frühen Zeitpunkt orientalische Truppen in hoher Zahl (4.500 Mann) hätten in die Pezhetairoi eintreten dürfen. Viel wahrscheinlicher ist, dass die zusätzlichen Namen zeitlich begrenzte Kommandeure wie Simmias oder Philippos oder Aristobulos bezeichneten, also zeitlich befristete Taxiarchen bei Gaugamela.

Fest steht: Es gab drei Taxiarchen, welche über Alexanders Tod hinaus ihr Kommando innehatten. Wie erwähnt waren dies Meleager, Polyperchon und Attalos. Daher sind zu ihnen keine weiteren Kommentare nötig.

Die Taxis des Perdikkas

Perdikkas Taxis wird nach der Schlacht von Gaugamela nicht wieder erwähnt, und wir wissen, dass er vor dem Feldzug nach Sogdien befördert wurde. Seine Taxis muss hiernach einen neuen festen Kommandeur und einen neuen Namen erhalten haben. An den Pforten Persiens erscheint Philotas als Taxiarch, und es ist wahrscheinlich, dass seine scheinbar neue Taxis diejenige ist, die vorher durch Perdikkas kommandiert wurde. Es ist unwahrscheinlich, dass dies ein neues, zusätzlich aufgestelltes Bataillon war, denn Alexander hatte zwischen Gaugamela und den Pforten Persiens nicht die Zeit für irgendwelche größere Reorganisationen und Umgruppierungen gehabt. Der einzige Ort, an dem er einige makedonische Verstärkungen erhielt, war Susa, und die Quellen weisen ausdrücklich darauf hin, dass die frischen Truppen in die bestehenden sechs Taxeis integriert wurden.

An dieser Stelle gibt es ein Problem: Als Ptolemaios beauftragt wurde, Bessos zu fangen, erhielt er das Kommando über eine Anzahl von Truppen,

[18] Arrian, 5.12 ff.

zu denen auch die Taxis von Philotas zählte. Sie war die einzige schwere Infanterie, die abkommandiert wurde. Nun berichtet Arrian, dass Alexander zwei Marschkolonnen gebildet habe, die von Ptolemaios und Leonnatos befehligt wurden. Die übrigen Einheiten befehligte er selbst. Arrian geht jetzt einfach davon aus, dass Ptolemaios von Philotas und Philippos jeweils eine Taxis erhalten hatte. Bei der Taxis des Philippos kann es sich aber nicht um schwere Infanterie gehandelt haben, denn von diesen gab es am Hydaspes nur sieben, und die siebente des Kleitos ist bereits benannt.[19]

Mutmaßlich hat Arrian den Begriff Taxis nicht im technischen Sinne genutzt und ihn auch auf Einheiten außerhalb der schweren Infanterie bezogen. Dies war weniger ein Fehler Arrians als vielmehr einer seiner Quellen. Einige von ihnen hatten ein geringeres Verständnis für militärische Angelegenheiten als er. Das Problem wurde noch dadurch verschärft, dass Arrian die Quellen einfach abschrieb. Beiden, Philotas und Leonnatos, wurden zwei Taxeis übergeben, im Fall des Leonnatos die des Attalos und des Balacros. Die Letztere ist eindeutig die Einheit Speerwerfer, die Balacros bei Gaugamela und Jaxartes befehligte.

Gerade dieser Feldzug erforderte schnelle Aufmärsche und Bewegungen, und daher liegt es nahe, dass hier keine schwere Infanterie eingesetzt wurde: Die Pezhetairoi waren für eine solche Operation falsch ausgerüstet und völlig ungeeignet. Arrian geht davon aus, dass die schwere Infanterie den traditionellen griechischen Hopliten entsprach, was sicherlich so nicht stimmt. Bei Bedarf setzte die schwere Infanterie nicht die Sarissa ein, sondern trug stattdessen den normalen Infanteriespeer. Dies, gepaart mit ihrer leichten Panzerung, machte den Hauptunterschied zur leichten Infanterie aus, die viel beweglicher und flexibler war, was für einen Feldzug wie den am Jaxartes unabdingbar war. Mutmaßlich waren tatsächlich zwei Taxeis an dem Feldzug beteiligt, die des Philotas und die des Attalos, und sie waren, wie oben beschrieben, notwendigerweise als leichte Infanterie, als Peltasten, ausgerüstet.

Krateros Taxis

Bis die Armee Baktra erreicht hatte, gab es bei dieser Taxis keinen Wechsel im Kommando. Als Alexander aufbrach, um den Aufstand in Sogdien zu unterdrücken, ließ er Krateros als Militärkommandeur der Region

---

[19] Arrian, 3.16.11; 4.24.10; 4.22.7

Baktra zurück.[20] Nach dieser Zeit agierte Krateros regelmäßig als Alexanders Stellvertreter, meistens mit der Erlaubnis, unabhängig zu handeln. Es wäre ungewöhnlich, dass er seinen neuen Posten antrat und das Kommando über seine Taxis behielt. Es muss ein neuer Taxiarch ernannt worden sein. Wir wissen, dass ihm vier Taxeis zugewiesen wurden, die von Polyperchon, Attalos, Meleager und Gorgias. Die ersten drei Namen sind gesichert, wie bereits berichtet ist es aber das erste Mal, dass wir von Gorgias als Kommandeur einer Taxis hören. Wahrscheinlich muss es sich um die vorher von Krateros befehligten Truppen gehandelt haben, da es mehr als wahrscheinlich ist, dass seine Truppen unter seinem Gesamtkommando geblieben sind.

Nachdem Alexander aus Sogdien zurückgekehrt war, schickte er Krateros nach Katanes und Austanes, um die Bevölkerung dieser beiden Regionen zu dezimieren. Krateros erhielt für diese Aufgabe vier Taxeis. Diese vier waren wahrscheinlich die, welche er vorher befehligt hatte. Formal waren diese Polyperchon, Attalos und Alcestas übergeben, dazu kam *»seine eigene«*.[21] »Seine eigene« bezieht sich auf die Taxis, die vorher von Krateros befehligt wurde und nun unter dem Kommando von Gorgias stand. Die dritte Taxis, die erwähnt wird, wurde von Meleager befehligt und nicht von Alcestas. Alcestas hatte vor Gandhara kein eigenes Kommando inne. Dies ist sehr wahrscheinlich ein einfacher Fehler, der auf Arrian oder eine seiner Quellen zurückgeht.

Koinos Taxis

Koinos kommandierte seine Taxis sicherlich noch in Gandhara. Er wurde aber wahrscheinlich bei Taxila zum Hipparchen der Kavallerie befördert. Eine Hipparchie, die er später am Hydaspes kommandierte.[22] Seine Taxis muss davor einen neuen Kommandeur erhalten haben. Es gibt drei Namen, die wir nicht aufzählen müssen: Kleitos der Weiße, Antigenes und Peithon. Wer war denn nun Koinos Nachfolger? Es war sicherlich nicht Kleitos, da Alexander seine Taxis bei sich in Gandhara hatte, während Kleitos Taxis bei Hephaistion und Perdikkas war[23]. Peithon wird in den Erzählungen schon bald nicht mehr genannt. Daher muss der neue Kommandeur von Koinos Taxis sein Sohn Antigenes sein. Entsprechend waren die sieben Taxeis am

[20] Arrian, 4.17.1
[21] Arrian, 4.22.1
[22] Arrian, 4.24.1; 4.25.6; 4.28.8; Aelian, Tact. B. 533
[23] Arrian, 4.22.7

Hydaspes die von Alcestas, Polyperchon, Meleager, Attalos, Gorgias, Kleitos und Koinos. Zu diesem Zeitpunkt war Koinos nicht mehr Kommandeur seiner Taxis. Er war zum Kommandeur einer Hipparchie befördert worden. Sein Bataillon wurde nun von Antigenes kommandiert.

Wir können sicher sein, dass Antigenes tatsächlich in der Schlacht eine Taxis kommandierte. Die Vermutung, dass es sein Vater Koinos war, ist ebenfalls keine wirkliche Alternative, selbst wenn der alte Name weiter benutzt wurde. Nach der Schlacht am Hydaspes wird die Taxis von Koinos nur zwei Mal erwähnt. Kurz vor Koinos Tod war sie am Fluss Acesines und wird danach als Antigenes Taxis genannt.

Kleitos Taxis

Wie bereits erwähnt, verfügte Alexander über sechs Taxeis. Die des Kleitos war die siebte. Sie wird zum ersten Mal ausdrücklich genannt, nachdem die Armee den Hindukusch überquert hatte, daher kann ihre Entstehung auf die Zeit von Baktra datiert werden.[24]

Als Alexander den Hydaspes überquerte, hatte er die Taxis des Kleitos gemeinsam mit der des Koinos bei sich. Koinos Taxis kann legitimerweise als eine der besten Einheiten innerhalb der schweren Infanterie angesehen werden, die ausgewählt wurde, um den Angriff gegen Tyros und Aornos anzuführen. Es ist gerade deshalb naheliegend, dass Alexander persönlich diese zwei Taxeis bei sich führte, weil das neue siebte Bataillon nicht aus grünen Rekruten bestand. Wenn wir voraussetzen, dass es eine jener beiden Einheiten war, welche Alexander vor der Schlacht bei der tückischen Überquerung des Hydaspes während der Nacht im Monsunregen begleiteten, dann können wir annehmen, dass es eine abgehärtete Taxis war, die von Antipater nach Asien in Marsch gesetzt worden war, nachdem er den spartanischen König Agis besiegt hatte. Agis führte einen ernst zu nehmenden Aufstand gegen die makedonische Herrschaft an, obwohl die Peloponnes nicht direkt unter makedonischer Herrschaft stand. Nach heftigen Kämpfen wurde der Aufstand im Jahr 331 unterdrückt.

Wie oben berichtet, wurde Kleitos nach Koinos Tod, unmittelbar bevor Alexander Segel zu seiner Fahrt den Indus abwärts setzte, zum Befehlshaber seiner Hipparchie ernannt. Peithon (der letzte Taxiarch, der hier genannt werden muss) übernahm das Kommando, das vorher Kleitos innehatte.

[24] Arrian, 4.22.7

Während des Feldzugs gegen die Maller erscheint das Bataillon erstmals unter Peithons Namen.[25] Dieser Mann ist aber nicht derselbe Peithon, der später als der Sohn des Agenor bezeichnet wird, dem späteren Satrapen von Sind.

Der Peithon, der das Kommando von Kleitos übernahm, war ganz deutlich eine wichtige Persönlichkeit. Während des Maller-Feldzuges wurde ihm zusätzlich zu seiner eigenen Taxis vorübergehend die Befehlsgewalt über zwei Hipparchien der Reiterei übergeben. Diese so herausragende Position mit Macht und Verantwortung hätte ein einfacher Taxiarch nicht erreichen können, denn ein Taxiarch stand im Rang niedriger als ein Hipparch, und Letzterer unterstellte sich sicher nicht der Befehlsgewalt des Ersteren. Alexander verbesserte das Ansehen der Infanterie, indem er dieser den Titel »Pezhetairoi«, Gefährten zu Fuß, verlieh und sie damit in den Status der Gefährtenkavallerie erhob. Da die Kavallerie als Truppengattung einen höheren Status genoss, war ein Hipparch im Rang höher als ein Taxiarch.

Sehr wahrscheinlich war Peithon einer von Alexanders Leibwächtern und Sohn des Krateros. Dieser hatte zwar ein Interimskommando über eine Taxis inne, war aber tatsächlich nie ein ordentlicher Taxiarch geworden.

Die Quellenlage scheint die These zu stützen, dass es sechs Taxeis während der frühen Phase des Feldzugs gab, bis die Armee Baktra erreicht hatte. Dort ist erstmals diese siebte Taxis erwähnt, die wahrscheinlich von Antipater gesandt worden war. Das siebte Bataillon aber hat mit Sicherheit existiert, und wir können ebenfalls mit begründeter Gewissheit sagen, dass es niemals mehr als sieben waren.

DIE AUSRÜSTUNG DER INFANTERIE

Wir sollten diesen Abschnitt damit beginnen, dass wir die grundsätzliche Angriffswaffe der schweren Infanterie darstellen, da dies essenziell für unser Verständnis dafür ist, wie sich die Infanterie bewegte, wie sie operierte und welche Funktion sie auf dem Schlachtfeld wahrnahm. Sofort verabschieden aber sollten wir uns von der Vorstellung, dass sie den Amboss in der häufig zitierten Analogie von der makedonischen Armee als Hammer und Amboss darstellte.

Die grundsätzliche Angriffswaffe der Pezhetairoi war die Sarissa oder Pike. Die literarischen Quellen erzählen uns viel über die Sarissa. Appian be-

[25] Arrian, 6.6.1

32

schreibt die Sarissa als einen langen Speer, während ein unbekannter byzantinischer Historiker den langen Speer der Infanterie mit dem Speer der Kavallerie verglich. Aelian stellt die Dorata der Peltasten der Sarissa der schweren Infanterie gegenüber und notierte dabei, dass die Makedonen über eine viel längere Waffe verfügten. Lucian überliefert uns, dass die Sarissa vorne eine scharfe Eisenklinge hatte und eine Spitze am Ende der Waffe, um diese in den Boden zu rammen, um so einen angreifenden Reiter oder Infanteristen aufzuspießen.[26] Die Spitze am hinteren Ende diente auch als Gegengewicht. Diese Verlagerung des Schwerpunktes erlaubte es, das hintere Ende der Waffe dichter am Mann zu führen. Erst so war es möglich, den größeren Teil der Waffe aus der Front der Infanteristen herausragen zu lassen. Diese Fähigkeit, angreifenden Feinden standzuhalten, war von größter Wichtigkeit. Häufig findet sich bei antiken Historikern die Sichtweise, dass die makedonische Infanterie grundsätzlich wie eine Art antiker Panzer über die Feinde hinwegrollte. Dies war oft der Fall, doch der bewehrte Lanzenfuß versetzte die Makedonen in die Lage, sich einzugraben und auf den feindlichen Schlag zu warten, bevor sie ihren eigenen Vormarsch fortsetzten.

Theophrast, eine zeitgenössische Quelle, berichtet, dass die längste Sarissa zwölf Ellen oder 5,50 m lang war, während Asclepiodotos anmerkt, dass die kürzeste Pike nicht kürzer als zehn Ellen oder 4,50 m war. Um 300, also nicht lange nach Alexanders Tod, hat Kleonymos von Sparta die Sarissa auf 16 Ellen (7,30 m) verlängert. Zusätzlich zu dieser 16-Ellen-Pike war auch ein 14 Ellen (6,40 m) langes Exemplar in Gebrauch. Dieses wurde vorwiegend von den späteren Spartanern eingesetzt.[27]

Der Schaft der Sarissa war aus Holz vom Hartriegel gefertigt. Dieses bot die optimale Kombination aus Geradheit, Härte und Flexibilität. In dieser Hinsicht galt Hartriegel allen anderen verfügbaren Hölzern als überlegen. Es galt auch als tauglich wegen seiner großen Verbreitung über den Balkan hinaus und wurde sowohl im Fernen Osten wie auch in Syrien verwendet. Der Mangel an Hartriegelholz weiter östlich in Alexanders späterer Regierungszeit spricht bei gleichzeitiger Weigerung, die Sarissa zu kürzen, für die gewaltigen Möglichkeiten der makedonischen Logistikmaschine, die die Armee anscheinend auch über lange Distanzen mit allem zu versorgen wusste, was die Armee benötigte – auch mit Sarissa-Schäften.

[26] Appian, 11.19 – 10; Koechly 3.223 – 4
[27] Theophrast, Hist Pl., 3.12.; Asclepiodotos, Tact. 5.1; Polybios, 18.29; 29.2; Aelian, Tact, 14

darin, dass die Sarissa für den Transport leicht hätte auseinandergenommen werden können, oder das Vorderteil hätte in schwierigem Gelände allein benutzt werden können (wobei in diesem Fall eher der normale Speer der Hopliten eingesetzt worden sein dürfte).

Die bildlichen Darstellungen unterstützen aber in jedem Fall bis zu einem gewissen Umfang die schriftlichen Quellen. Allein aus den überlieferten Abbildungen können wir schließen: Die Sarissa hatte eine Speerspitze mit einer großen Klinge an der Vorderseite und einen spitzen Lanzenfuß an der Rückseite. Am vorderen Schaft war ein Schutz bündig mit der Speerspitze angebracht. Dieser Schaft hatte eine einheitliche Stärke über die ganze Länge. Im vorderen Bereich gab es einen um den Schaft gewickelten Griff (eventuell aus Leder).

Das erhaltene Material, das im vergangenen Jahrhundert von den Archäologen entdeckt wurde, erlaubt noch weitere Rückschlüsse. Die Anzahl von Sarissaispitzen, die gemeinsam mit denen von Speeren und Wurfspeeren gefunden wurden, sind in Menge und Qualität ausreichend, um Aussagen zu ihren Unterschieden zu ermöglichen. Der Fund von Vergina beinhaltet sowohl die eisernen Teile von Infanterie- und Kavallerie-Sarissai als auch Speere der Hopliten und Wurfspeere der Peltasten.

Der normale Speer, wie er in Vergina im Grabhügel 68 Grab E gefunden wurde, hatte eine eiserne Speerspitze von 28,7 cm Länge und 127 g Gewicht und einen eisernen Lanzenfuß von 6,35 cm Länge und einem Gewicht von 42,5 g. Die Speerspitze und der Lanzenfuß wurden in 1,88 m Entfernung voneinander gefunden. Dazwischen lagen Holzfragmente. Entsprechend kann der normale Speer auf eine Länge von 2,3 m und ein Gesamtgewicht von 1,13 kg geschätzt werden.

Die Sarissa der Kavallerie bestand aus einer 50 cm langen, zweischneidigen Klinge, die ein Gewicht von 536 g hatte, und einer schmaleren Speerspitze von 28 cm Länge und einem Gewicht von 267 g. Die Gesamtlänge der Kavallerie-Sarissa dürfte zirka 2,75 m betragen haben, ihr Gewicht 1,9 kg. Die Sarissa der Infanterie bestand aus einem vierschneidigen, konusförmigen Lanzenfuß mit einer Gesamtlänge von 45 cm und einem Gewicht von 1,04 kg und einem spitz zulaufenden Kopfteil mit einer langen, ausladenden zweischneidigen Klinge, die 51 cm lang war und 1,22 kg wog. Dabei ist der oben beschriebene Schutz für den vorderen Schaftbereich mit eingeschlossen.

Die Fragmente der Infanterie-Sarissa konnten aus verschiedenen Gründen als solche identifiziert werden: der Schaftschützer war vorhanden, und den Lanzenfuß mit Spitze haben die literarischen und bildlichen Quellen bestätigt. Der ähnliche Durchmesser der Hülse von Kopf- und Fußteil der Waffe sowie des Schaftschutzes zeigen, dass sie von einer größeren Waffe als dem üblichen Speer des Hopliten, dem Wurfspeer oder der Kavallerie-Sarissa stammen, auch sind Abmessungen und Gewichte der Spitze und des Fußteils der Pike im Vergleich zum Speer oder Wurfspeer deutlich größer: Die Infanterie-Sarissa hat tatsächlich existiert.

Betrachtet man die archäologischen Funde isoliert, so kommt man zu folgendem Ergebnis: Die vordere Spitze ist doppelt so lang und schwer wie die am Fuß. Der vordere Schaftschützer erhöht das Gewicht im vorderen Bereich der Waffe. Beide, die vordere wie auch die hintere Spitze der Infanterie-Sarissa sind größer und schwerer als die entsprechenden Teile der Kavallerielanze, des Speers oder Wurfspeers. Der gleiche Hüllendurchmesser der Spitzen und des Schaftschutzes zeigt, dass der Schaft der Pike über die ganze Länge einen einheitlichen Durchmesser gehabt hat.

DER UMGANG MIT DER WAFFE

Beim Marsch in offener Formation benötigte jeder Infanterist einen Raum von vier Ellen (zirka 180 cm). Die offene Formation wurde meistens für lange Märsche genutzt[28]. Es ist wahrscheinlich, dass die Infanteristen die Sarissa tatsächlich während des Marsches getragen haben. Vielmehr dürften die Sarissai im Gepäcktross zu finden gewesen sein, und die Infanteristen dürften den traditionellen Hoplitenspeer getragen haben. Die offene Formation hat auch in bestimmten Gefechtssituationen Anwendung gefunden, etwa um sich dem Feind schnell zu nähern und gleichzeitig die Verluste durch feindliche Projektile zu reduzieren. Letzteres wurde durch die Positionierung der Sarissa in der offenen Formation erreicht: Sie wurde senkrecht gehalten, sodass sie einige der feindlichen Geschosse abfingen. Diese Position war auch die einfachste, um diese sehr unhandliche Waffe zu tragen, wenn sie gerade in Gebrauch war. So konnte sie aber auch zur Verteidigung verwendet werden, sofern vom Gegner erwartet wurde, dass er Streitwagen, Karren oder Wagen einsetzte.[29]

[28] Polybios, 12.19.7; Aelian, Tact, 11
[29] Arrian, 1.1.9; 3.15.5-6

In der geschlossenen Formation benötigte jeder Mann zwei Ellen Platz, etwa 92 cm. Diese Formation war die Standardformation für Manöver auf dem Schlachtfeld oder für das Gefecht, wenn eine ausgedehnte Front erforderlich war oder man auf weniger disziplinierte Truppen stieß.[30]

Die letzte Formation, die von der makedonischen Infanterie gebildet werden konnte, war die »kompakte Formation« oder auch die »Formation der geschlossenen Schilde«. In dieser Formation benötigte der Einzelne nur einen Raum von einer Elle. Die kompakte Formation fand Anwendung, um ähnlich disziplinierten Gegnern gegenüberzutreten oder wenn Masse und Zahl wichtiger waren als die Breite der Front. Diese Formation war dann besonders sinnvoll, wenn ein höheres Maß an Verteidigungsmöglichkeiten erforderlich war, etwa um einen Angriff durch Infanterie oder besonders durch Kavallerie zu bekämpfen.[31] Wenn die Sarissa in beiden Händen getragen wurde, war es unbedingt notwendig, dem Feind die Schulter zuzuwenden. Hierdurch war ein geringerer Platz links und rechts vom Pikenträger erforderlich, sodass seitlich ein Abstand von einer Elle erreicht werden konnte. Realistischerweise war es jedoch für keine der Linien möglich, weniger als zwei Ellen Abstand zum Vorder- und Hintermann zu haben. Denn der Abstand zwischen den beiden Händen beim Tragen der Waffe erforderte zusätzlichen Raum. Dieser Abstand von zwei Ellen wurde von allen Rängen beibehalten. Die kompakte Formation verkürzte die Front deutlich und wurde nur selten angewandt. Eine Formation wie diese konnte nicht in den planmäßigen Schlachten verwendet werden, dies gilt besonders für solche wie Gaugamela, wo die ernsthafte Gefahr bestand, dass Alexander durch einen zahlenmäßig stark überlegenen Gegner überflügelt werden könnte. Eine verkürzte Front hätte Dareios in die Hände gespielt. Diese Formation war die Ausnahme, aber die Makedonen bewahrten sich ihre Flexibilität und machten von ihr Gebrauch, wenn es die taktische oder topografische Situation erforderte.

Die Taxis der schweren makedonischen Infanterie forderte außergewöhnlich disziplinierte, rangtiefe Raumaufteilung. Zum Beispiel wurden bei der Benutzung einer 14 Ellen langen Sarissa vier Ellen für den Raum zwischen den Händen des Infanteristen und dem Fuß benötigt. Die verbleibenden zehn Ellen ragten nach vorne heraus. In diesem Fall würden vier Reihen Sarissai in Abständen von zwei Ellen außerhalb der Frontlinie her-

[30] Arrian, 1.4.1-3; 1.6.1-4
[31] Xenophon, Cyropaedia, 7.178; Diodor, 17.57.5; Aelian, Tact, 11.4-5

vorstehen und fünf Reihen ihrer Köpfe würden sich dem Gegner entgegenstrecken bei einer fünf Glieder tief gestaffelten Infanterie. Die Sarissai der zweiten Reihe würden zwei Ellen hinter denen der ersten Reihe hervorstehen, die der dritten Reihe zwei Ellen hinter der zweiten Reihe usw. Die zwei Ellen Abstand zwischen den hervorstehenden Spitzen der jeweils nachfolgenden Reihe wurden durch den vorderen Schaftschützer gesichert. Waren sie dem Feind entgegengestreckt, dann dürften sie wie ein undurchdringlicher Wall von großen Speerspitzen ausgesehen haben. Aus der Perspektive eines feindlichen Soldaten, der auf die Makedonen vorrückte, die ebenfalls langsam und unaufhaltsam auf ihn zumarschierten, muss der Anblick beeindruckend gewesen sein. Wie konnte ein Soldat, der kaum mehr als einen Wurfspeer trug, fünf Reihen Speerspitzen überwinden, um überhaupt den Feind bekämpfen zu können? Es überrascht kaum, dass die feindliche Infanterie nur selten für längere Zeit Widerstand gegen die Makedonen leistete. Curtius bietet uns eine ausgezeichnete Beschreibung der Makedonen während der Schlacht bei Issos. Er beschreibt die Makedonen als eine Armee, die nicht mit Gold und Silber, sondern mit Bronze und Eisen glänzte. Sie waren uneingeschränkt eine professionelle Armee.[32]

Der diesbezüglich hohe Wirkungsgrad dieser Art von Formation erforderte ein hohes Maß an Disziplin und Ausbildung bei jedem Mitglied der Taxis, aber im Besonderen bei den vorderen Reihen. Dies ist der Grund, warum die beiden vorderen Reihen mit Offizieren bemannt wurden, die mehr Sold erhielten als der Rest, obwohl uns Curtius überliefert, dass die übrigen Männer nicht weniger qualifiziert waren als die Offiziere.

Eine offensichtliche Parallele mit der modernen Kriegsführung findet sich erneut bei Teilen der Wehrmacht: Jeder Soldat war so ausgebildet, dass es ihm möglich war, die Position des Mannes über ihm in der Befehlskette einzunehmen. Die Einheit würde nicht unter dem Verlust ihres Kommandeurs leiden. Sie würde nicht untergehen, falls sie die Führung verlöre. Dieser Grundsatz wird um so verständlicher, wenn man bedenkt, dass, wie gesagt, die ersten Reihen aus Offizieren gebildet wurden. Diese litten im Kampf besonders. Die Formation konnte nur gut funktionieren, wenn jede Sarissaspitze im Verhältnis zu den anderen Spitzen in ihrer Umgebung richtig positioniert war. Sonst hätten sich Lücken in der Frontlinie ergeben, welche von jedem relativ kompetenten Gegner einfach ausgenutzt werden

---

[32] Curtius, 3.3.26-27

konnten – besonders, wenn dieser mit leichten, beweglichen Truppen und nicht mit Hopliten operierte.

Die extreme Länge der Sarissa war ein gewaltiger taktischer Vorteil für die schwere makedonische Infanterie, wenn der erste Kontakt mit einem Feind stattfand, der mit Peltasten und Hopliten ausgerüstet war. Mehrere feindliche Reihen konnten vernichtet werden, bis die Makedonen ernsthaft getroffen werden konnten. Es war daher eine Waffe, mit der man den Feind erschüttern konnte, und erneut zeigt sich, dass die häufig zitierte Analogie von Hammer und Amboss völlig falsch ist. Die feindliche Infanterie ergriff oft schnell die Flucht, und die Verluste unter den Infanteristen waren normalerweise recht gering. Nur wenn die Schlacht andauerte, stiegen sie an. Das hat seine Gründe in der Sarissa selbst, die auch ernste Nachteile mit sich brachte. Die enormen Abmessungen und das Gewicht der Waffe sorgten dafür, dass sie äußerst schwierig zu handhaben war. Sie erforderte von den Soldaten einen hohen Krafteinsatz und Geschicklichkeit. Sie bedeutete auch, dass das Überqueren eines unebenen Bodens, eines Flusses oder der Marsch durch einen Wald schwierig war. Es ist sogar möglich, dass die Makedonen nur in der Schlacht bei Gaugamela mit der Sarissa kämpften, denn alle anderen Schlachten wurden auf unebenem Boden geschlagen, der ihre Entfaltung schwierig machte.

Die Sarissa war keine Defensiv- oder Nahkampfwaffe. Ein kurzer Speer oder ein Schwert eigneten sich viel besser, um einen feindlichen Angriff abzuwehren. Daher überrascht es nicht, dass die Verluste der makedonischen Infanterie deutlich anstiegen, sobald der Feind die erste Angriffswelle überstanden hatte. Wenn die Sarissai niedersanken und die Infanteristen ihre zweite Waffe, das Schwert, zogen, dann klafften sofort Lücken in den Linien und öffneten den Wall aus Lanzen. Damit ging der Hauptvorteil der Waffe, ihr koordinierter Einsatz, verloren. Das, verbunden mit dem völligen Mangel an passiver Bewaffnung (dazu später mehr), lässt kaum einen anderen Schluss zu als den, dass die schwere makedonische Infanterie den »Rammbock« von Alexanders Armee darstellte, nur geeignet, um die feindliche Schlachtordnung zu durchbrechen, vergleichbar der Gefährtenkavallerie.

So heißt es also endgültig Abschied zu nehmen von der tradierten Analogie von »Hammer und Amboss«. Der Amboss, die makedonische Phalanx, war nicht defensiv, ebenso wenig übrigens wie die thessalische Reiterei.

Alexanders Armee war entwickelt und gestaltet worden, um den Feind anzugreifen, um offensiv zu sein. Sie diente dazu, den Feind so schnell wie möglich zu schlagen. Alexander hatte wenig oder gar kein Interesse an defensiven Operationen. Er brauchte sie auch nie.

VERTEIDIGUNGSWAFFEN

Wir haben eine Anzahl von schriftlichen Quellen, die sich mit der Ausrüstung der schweren Infanterie beschäftigen. Polyaenus berichtet, dass Philipp seine Truppen 300 Stadien (ca. 58 km) weit in voller Ausrüstung mit Helmen, Schilden, Beinschienen, Pieken und ihrem Proviant marschieren ließ. Der Kodex von Amphipolis bestätigt im Wesentlichen die Aufzählung des Polyaenus und hält die Geldstrafen fest, die für den Verlust irgendeines Ausrüstungsstücks aufgebracht werden mussten: zwei Obolen für einen Schutzgürtel für den Bauch, zwei Obolen für einen Helm, drei Obolen für eine Sarissa oder ein Schwert, zwei Obolen für Beinschienen und eine Drachme für einen Schild. Wie bei Polyaenos findet sich auch hier keine Erwähnung eines Harnischs.[33]

Weil der Gebrauch der Sarissa beide Hände erforderte, konnte der Infanterist nur einen kleinen Schild tragen, der von seinem Nacken aus die linke Schulter schützte. Asklepiodotos ist unsere einzige Quelle für den Durchmesser und die Form des Schildes: Er überliefert uns, dass der makedonische Schild aus Bronze gefertigt, acht Hand breit und nicht sehr hoh war, also vermutlich relativ flach und kaum konkav.[34] Zweifel gibt es auch bezüglich der Maßangabe: Entsprach die griechische Hand 7,6 cm? Dann maß der Schild 61 cm im Durchmesser. Zum Vergleich: Die Durchmesser von Hoplitenschilden, die bei Olympia gefunden wurden, reichten von 78,7 bis 100 cm.

Leider wurden diese kleinen Schilde niemals in der antiken Kunst dargestellt, doch der Grund hierfür ist offensichtlich: Sofern Bilder von der mit Sarissa bewaffneten Infanterie existieren, beherrscht die Sarissa das Bild, sodass die Künstler die Schilde wegließen, weil sie entweder für die Darstellung nicht wichtig waren oder völlig in der Menge von Menschen und Sarissai untergingen.

Trefflich spekulieren lässt sich auch darüber, ob die Sarissa die einzige Waffe war, die von der schweren Infanterie eingesetzt wurde. Es scheint

---

[33] Polyaenos, strat, 4.2.10
[34] Asklepiodotos, Tact, 5

möglich, dass die schweren Infanteristen die Sarrisa am Granikos oder bei Issos benutzten, doch erforderten die Operationen Alexanders auch Schnelligkeit und Ausdauer, und das passt nicht zu Sarissa und dem kleinen Schild. Daher ist denkbar, dass die Truppe wie reguläre Hopliten mit Speer und Schild ausgestattet worden war.

Der Haken an dieser überaus interessanten Theorie ist nur, dass es keine Belege dafür gibt, dass Philipp oder Alexander die Produktion einer größeren Zahl von Hoplitenschilden für die schwere Infanterie in Auftrag gegeben hätten. Besonders in Alexanders ersten Regierungsjahren, von denen wir wissen, dass Gold rar war, dürften schon die dafür erforderlichen Ausgaben dies verboten haben. Überdies hätte die schwere Infanterie viel Übung benötigt, um beide Ausrüstungsarten zu handhaben, was ebenfalls gegen die Verwendung der Schilde von Hopliten spricht.

Es scheint viel wahrscheinlicher, dass in solchen Fällen der normale Hoplitenspeer oder ein Wurfspeer in Kombination mit dem kleinen Schild geführt wurde. In diesen Situationen dürften sie im Grunde wie iphikratische Peltasten agiert und den Bogenschützen, den Agrianen, sehr ähnlich gesehen haben. In den vielen Situationen, in denen in erster Linie Geschwindigkeit gefordert wurde, wurden verhältnismäßig wenige Verteidigungswaffen mitgeführt. Ein normaler Schild (griech.: Panopli) der Hopliten hätte den Marsch sicherlich verlangsamt und wäre für die Truppe eine noch größere Strapaze gewesen als das Tragen der Sarissai. Überdies ist es unwahrscheinlich, dass der Tross mit den schweren Panoplies belastet wurde, nur für den Fall, dass man sie vielleicht benötigen könnte. Natürlich, einige Schilde fanden sich sicherlich beim Nachschub, denn die alliierten griechischen Verbände waren sicher auch als Hopliten ausgestattet, und von Zeit zu Zeit mussten Ausrüstungsgegenstände doch ersetzt werden.

Wir wissen, dass Philipp größten Wert auf Geschwindigkeit und Mobilität legte. Aus diesem Grunde verbannte er Karren aus dem Tross und begrenzte die Zahl der Sklaven, die die Armee begleiteten. Er erlaubte nur einen Sklaven pro Kavalleristen beziehungsweise für zehn Infanteristen. Es wurde erwartet, dass die Truppen die Nahrung für sich selbst trugen. Dies gab der Armee die größtmögliche Mobilität. Es ist nicht klar, ob Alexander noch konsequenter als Philipp vorging. Es ist jedoch wahrscheinlich, dass er ähnliche Ansichten vertrat, obwohl die Anwesenheit und Plünderung des makedonischen Trosses bei Issos die Existenz eines solchen beweisen.

Während des Feldzugs durch Asien hatten sich sicherlich immer mehr Menschen zur Armee gesellt. Diesen menschlichen Anhang – Frauen, Kinder, Sklaven, Marketender, Priester – zog die Armee über Kilometer hinter sich her. Alexander wird ihnen nicht ernsthaft erlaubt haben, seinen Vormarsch zu verlangsamen. Der Tross wurde zu einem bestimmten Treffpunkt hin dirigiert, während der Hauptteil der Armee die Region ohne nennenswerten Widerstand unterwarf.

Diese Tatsachen legen den Schluss nahe, dass die schwere Infanterie nur sehr leicht gepanzert war. Die Forderung nach höchstmöglicher Mobilität und schneller Verlegung verlangte ein möglichst geringes Ausrüstungsgewicht. Normalerweise geht man davon aus, dass die Masse der Sarissai ein ausreichendes Maß an Schutz bot, sodass der Harnisch zu einem drückenden und teuren Luxus wurde. Es dürfte auch eine finanzielle Notwendigkeit für Alexander und Philipp bestanden haben, den Wert der Ausrüstung zu reduzieren, da sie weit mehr Truppen mit leichten Rüstungen ausstatten mussten, als sie es unter anderen, weniger kriegerischen Umständen getan hätten. Die finanzielle Situation war für beide äußerst angespannt.

Ungepanzert waren sie gleichwohl nicht, der Brustpanzer zum Beispiel war nicht vollkommen abgeschafft worden: Offiziere neigten dazu, sich mit einem zu versorgen. Teilweise, weil er ein Statussymbol war, teilweise aus purer Notwendigkeit. Diese Offiziere waren nämlich in den zwei ersten Reihen jeder Taxis zu finden. Da diese gegenüber dem Feind am meisten exponiert waren, benötigten sie auch den besten Schutz.

Wenn man ein kurzes Fazit ziehen möchte, dann vielleicht dieses: Die schwere Infanterie scheint auf diesem Weg die beste Kombination aus defensiven Notwendigkeiten, Mobilität und offensiven Möglichkeiten.

DAS GEHEIMNIS DER ASTHETAIROI

Es gibt bei Arrian sechs Abschnitte, wo in der Ur-Handschrift der Begriff »Asthetairoi« anstatt »Pezhetairoi« zu lesen ist.[35] Das Wort selber erscheint sonst nirgendwo in der antiken Literatur, was zwangsläufig Fragen aufwirft. Der Begriff »Asthetairoi« taucht ein Mal gemeinsam mit den »Pezhetairoi« auf. Daher darf mit gutem Grund vermutet werden, dass es

---

[35] Arrian, 2.23.2; 4.23.6; 6.6.1; 7.21.3; 7.11.3. Jeder moderne Herausgeber mit Ausnahme der Übersetzung von Brunt, erschienen bei Loeb, hat den Text dahingehend angepasst, dass in jedem Fall Pezhetairoi zu lesen ist.

sich nicht einfach um Synonyme handelt. Ein ähnliches Argument darf auch für die Hypaspisten angeführt werden: Auch diese sind ganz eindeutig etwas anderes. Daher kann mit einiger Berechtigung vermutet werden, dass es sich dabei um eine bisher unbekannte oder unerforschte Einheit der makedonischen Infanterie handelt. Das ergibt sich aus dem Zusammenhang, in dem Arrian den Begriff »Asthetairoi« benutzt. Jedes Mal, wenn das der Fall ist, scheint es sich um eine Einheit der schweren Infanterie zu handeln, die in besonderer Beziehung zum König steht. Ihre Funktion scheint sich nicht erkennbar von der der Pezhetairoi zu unterscheiden. Und noch etwas kann in diesem Zusammenhang von Bedeutung sein: Der erste Hinweis auf die Asthetairoi lässt lediglich auf eine Taxis schließen, aber alle weiteren Schriftstellen benutzen den Plural (»Taxeis«). Zwei Stellen implizieren sogar sehr deutlich, dass die Taxeis der Asthetairoi die Hälfte der schweren Infanterie innerhalb der gesamten makedonischen Schlachtordnung darstellten. Und jetzt wird es richtig interessant: Die drei Taxeis, die als Asthetairoi bezeichnet werden, die des Koinos, Polyperchon und Alkestas, wurden ursprünglich im alten Königreich des Oberen Makedoniens aufgestellt. Daraus ließe sich nun schlussfolgern, dass Asthetairoi als Gattungsbegriff für die Infanterieeinheiten aus dem Oberen Makedonien verwendet wurde. Sollte dies zutreffen, hieße das, dass diese Truppen erst lange, nachdem sie in ihre regulären Kader organisiert waren, in den nationalen Streitkräften aufgegangen wären.

Ein andere Interpretation geht davon aus, dass die Asthetairoi keine ganzen Taxeis waren, sondern eine Teileinheit, eine Eliteeinheit innerhalb jeder Taxis. Doch überzeugt auch diese Theorie nicht vollständig. Arrian, beispielsweise 2.23.2, scheint verschiedentlich den Begriff auf die Taxis als Ganzes anzuwenden – was ein Indiz dafür wäre, dass es sich eben um die ganze Taxis und nicht nur um eine Eliteeinheit innerhalb der Taxis handelt. Die genannte Passage beschreibt die Erstürmung der Mauern von Tyros mit Hilfe von Sturmbrücken, die auf Schiffen montiert waren. Folglich konnte weder die ganze Taxis noch die komplette Abteilung Hypaspisten, die Alexander begleitete, damit gemeint sein: Denn sie werden weiterhin mithilfe ihres üblichen Titels beschrieben. Beide, Koinos und Alexander, nahmen so viele Männer mit, wie sie in den Schiffen unterbringen konnten. Der Text gibt keine Hinweise darauf, dass diese Männer eine besonders ausgewählte Elite waren. Vielmehr zeugt die Tatsache, dass die Angehörigen der regulären schweren Infanterie für amphibische Operationen wie den Angriff auf Tyros eingesetzt wurden, vom hohen Ausbildungsniveau der Infanteristen, mehr nicht. Und dass sie in dieser Situation mit einem Hoplitenspeer und sicherlich nicht mit der Sarissa ausgestattet gewesen sein dürften, liegt auch nahe.

Wer oder was waren also die Asthetairoi? Bei Arrian ist deutlich zu erkennen, dass es während der Belagerung von Tyros, wo Arrian zum ersten Mal von den Asthetairoi berichtet, nur eine Taxis, die von Koinos, gab, die so bezeichnet wurde.[36]

Bei Issos wurde Koinos Taxis befördert, in dem sie von der Position im Zentrum der Schlachtordnung, die sie am Granikos einnahm, an den Ehrenplatz auf der äußersten Rechten der schweren Infanterie verlegt wurde und damit den Anschluss zu den Hypaspisten bildete. Diese Flügelposition behielt sie während der Schlachten bei Issos und Gaugamela bei.

Die Taxis, welche diese Position einnahm, wechselte normalerweise täglich. Es wäre ein merkwürdiger Zufall, wenn Koinos Taxis bei beiden Ereignissen den rechten Flügel gebildet hätte. Sollte dies zutreffen, gäbe es nur eine Chance von 1 : 6 für die Taxis von Koinos, an jedem einzelnen der beiden fraglichen Tage diese Position einzunehmen, und lediglich eine Chance von 1 : 36, hier an beiden Tagen aufgestellt zu werden. Das wäre ein merkwürdiger Zufall und widerspricht, so weit wir es wissen können, der Rationalität und Systematik, mit der Alexander seine Armee strukturiert hatte.

Die äußerste rechte Position innerhalb der Schlachtordnung einzunehmen wurde von jeher als Ehre wahrgenommen. Dies galt auch außerhalb Makedoniens. Die besten Verbände wurden hier aufgestellt mit dem Ziel, die tendenzielle Rechtsbewegung der Hopliten während des Vormarschs zu stoppen. Diese hatte ihre Ursache in der natürlichen menschlichen Tendenz, sich einen besseren Schutz zu verschaffen durch den Schild des Mannes, der sich zur Rechten befand. In dieser Lesart ist der Titel Asthetairoi eine Auszeichnung in Anerkennung außerordentlicher Tapferkeit. Die Tatsache, dass diese Einheiten aus dem Oberen Makedonien stammen, wäre dann tatsächlich rein zufällig.

Diese Lesart wird durch die Tatsache gestützt, dass es während der Belagerung von Tyros nur eine Einheit Asthetairoi in der Armee gab. Sie wurde

---

[36] Arrian, 2.23.2

für die schwierigste Aufgabe, den letzten Angriff gegen die Südwälle der Stadt, eingesetzt. Ein weiteres Indiz für diese Theorie ist die Tatsache, dass die Zahl der Einheiten der Asthetairoi über die Zeit hinweg anstieg bis zu einem Punkt, an dem die Hälfte der Taxeis als Asthetairoi bezeichnet wurde. Wenn diese Interpretation richtig ist, so wäre es ein interessantes Stück Propaganda von Alexanders Seite aus. Denn die Verleihung solcher Ehrentitel dürfte die betroffenen Truppen noch enger an die Person des Königs gebunden und gleichzeitig die regionale Zugehörigkeit und die Loyalität zu den einzelnen Taxiarchen reduziert haben. Und genau das wollte Alexander ja immer, wie er ja auch gleich zu Beginn seines Feldzugs durch die Einführung des Begriffs »Pezhetairoi« oder »Gefährten zu Fuß« versucht hatte, entsprechende Schritte zu unternehmen. Insgesamt bestand die makedonische Infanterie aus drei Teilen, den Pezhetairoi, den Asthetairoi und den Hypaspisten, mit den wir uns jetzt auseinandersetzen wollen.

DIE HYPASPISTEN

Die Hypaspisten waren die am meisten beschäftigten und am schwersten arbeitenden Verbände in der makedonischen Schlachtordnung. Sie haben nicht weniger als 28 Erwähnungen in den Seiten des Arrian erhalten. Unter Berücksichtigung dieser Tatsache ist es vielleicht überraschend, dass die meisten grundsätzlichen Details über diese Einheit alles andere als sicher sind. Dies schließt sowohl ihre Ursprünge und ihre Organisation wie auch ihre Ausrüstung mit ein. Jeder dieser Punkte wird im Folgenden daher untersucht.

DIE URSPRÜNGE DER HYPASPISTEN

Das Wort »Hypaspistai«, allgemein wird im Deutschen auch das Wort »Hypaspisten« verwendet, findet sich eigentlich nur in den Texten von Arrian. Tatsächlich ist Arrian unter den alten Alexanderhistorikern der einzige Schriftsteller, der dem Korps diesen Namen gab. Die anderen Autoren neigen dazu, Begriffe wie »Doryphoroi« und »Somatophylakes« oder deren lateinische Entsprechungen »armigeri« oder »custodes corporis« zu verwenden.[37] Diese Tatsache alleine scheint darauf hinzudeuten, dass der Begriff »Hypaspistai« direkt von Ptolemaios stammt, Arrians Hauptquelle für militärische Fragen und Verwaltungsangelegenheiten. Im makedonischen Dialekt bedeutet er »Leibwache«, wobei er seine ursprüngliche Bedeutung »Schildträger« vollkommen verloren hat. Höchstwahrscheinlich war der Namenswechsel in den griechischen Quellen eine Reaktion der griechischen Autoren auf die sehr differenzierten militärischen Begrifflichkeiten der Makedonen. Um verständlich zu bleiben, zogen sie es wohl vor, stattdessen weniger korrekte, dafür geläufigere Ausdrücke zu verwenden.

Die Ursprünge dieser Einheit lassen sich ein bisschen einfacher finden. Obwohl sie eine Eliteeinheit waren, wurden sie nicht aus irgendeiner Art von gesellschaftlicher Elite rekrutiert. Vielmehr wurden sie aus denselben sozialen Schichten wie die Pezhetairoi angeworben, der Landbevölkerung Makedoniens. Anders als die Pezhetairoi wurden sie aber nicht entspre-

---

[37] Diodor, 7.5.40; Plutarch, Alexander, 51.6; Curtius, 6.8.24; Curtius 7.5.40

chend den Stämmen rekrutiert. Keine Taxis der Hypaspisten war in einem bestimmten Stamm oder in einer bestimmten Region verwurzelt. Daher waren sie ausschließlich an die Person des Königs gebunden. Der ursprüngliche Name war vermutlich gewählt worden, um genau diese Beziehung zu festigen.

Jeder Hypaspist war persönlich aufgrund seiner geistigen und körperlichen Fähigkeiten ausgewählt worden und erhielt eine intensivere Ausbildung als der gewöhnliche Pezhetairoi, denn von einem Mitglied der königlichen Leibwache wurde deutlich mehr erwartet. Der König, der zuerst ein Hypaspistenkorps aufstellte, war aller Wahrscheinlichkeit nach Philipp II., irgendwann nach 356.

Daher waren sie wohl noch eine relativ junge Einheit, als Alexander 336 den Thron bestieg. Die Tatsache, dass sie keine regionalen Bindungen hatten und quasi handverlesen waren, banden sie an den König und sicherten ihm ihre Loyalität, etwas, das von höchster Bedeutung in Alexanders Denken war.

Die Hypaspisten waren die Eliteeinheit der schweren makedonischen Infanterie, und als solche bezogen sie ihre Stellung in Feldschlachten immer auf dem äußersten rechten Flügel der Infanterie. Diese Position galt als besonders ehrenhaft. Ihre Aufgabe in der Schlacht bestand darin, flexibel reagierend immer die Lücke zwischen der schweren Infanterie und der Reiterei geschlossen zu halten. Grundsätzlich agierten diese Eliteinfanteristen auch als Alexanders Spezialeinheiten. Jede besonders gefährliche Aktion oder eine, die die Bildung einer zweiten Heeresgruppe erforderte, wurde unter Einbeziehung der Hypaspisten durchgeführt. Die Agrianen können ebenfalls in diese Kategorie mit einbezogen werden, wie wir noch sehen werden.

DIE AUSRÜSTUNG DER HYPASPISTEN

Die Wissenslücken über die Hypaspisten treten bei kaum einem anderen Aspekt dieser Einheit deutlicher zu Tage als bei dieser wirklich grundlegenden Frage. Die Feststellung, dass die Hypaspisten leichter bewaffnet sein mussten als die Pezhetairoi, ist leicht nachvollziehbar: Die Darstellung von Soldaten auf Münzen, von denen man glaubt, sie seien Hypaspisten, zeigt Soldaten ohne Schutzwaffen, die nur einen Speer bei sich führten. Die Tatsache, dass Alexander die Hypaspisten gemeinsam mit Agrianen und Speerwerfern auf Eilmärschen bei sich führte, während er die Pezhetairoi zurückließ, damit sie im langsameren Marsch folgten, sowie ein Vergleich zwischen Hypaspisten und den Peltasten Philipps V. sind weitere starke Argumente.

Als Kronzeuge muss einmal mehr Arrian ins Feld geführt werden, der in der Passage 2.4.3, wo Alexanders Marsch zur Kilikischen Pforte beschrieben wird, keine Zweifel aufkommen lässt. Dort berichtet Arrian, dass Alexander, um die Verteidiger zu überraschen, die schwere Infanterie unter Parmenion zurückließ und im Schutz der Dunkelheit mit der Garde und den Agrianen vorrückte. Im Übrigen benutzt Arrian oft den Begriff »Garde«, wenn er sich auf die Hypaspisten bezieht. Nun wäre das allein noch kein zwingender Beweis für die Behauptung, dass die Hypaspisten leichter bewaffnet waren als die Pezhetairoi. Arrian zieht aber hier einen Vergleich zwischen den Truppen, die Alexander mit sich genommen hat und dem Rest der Armee als Ganzes, nicht nur speziell mit den Pezhetairoi.

Denkbar wäre, dass Alexander die Hypaspisten aufgrund ihrer überlegenen Ausbildung und Disziplin zu Einsätzen wie diesem heranzog, die sehr wahrscheinlich dann mit einem Hoplitenspeer oder einem Wurfspeer und nicht mit der Sarissa ausgerüstet waren. Wie wir oben gesehen haben, wäre diese auf dem Nachtmarsch durch das bergige Gelände nur eine Last gewesen.

Vermutlich aber waren die Hypaspisten bei Issos und Gaugamela in der Kampflinie zur Rechten der Pezhetairoi aufgestellt und in ähnlicher Weise ausgerüstet. Als Plänkler bewaffnet, hätten sie keinem längeren Frontalangriff standgehalten. Die schweren Infanterieeinheiten einschließlich der Hypaspisten waren in erster Linie Sturmtruppen und nicht für ausgedehnte Kampfhandlungen vorgesehen. Nur dann konnten sie ihre wichtigste Waffe, die Sarissa, wirkungsvoll einsetzen. Und während der Feldschlachten führten auch die Hypaspisten jene Offensivwaffe; es gibt keine literarischen oder archäologischen Belege dafür, dass die Hypaspisten leichter ausgestattet waren als die Pezhetairoi. Unstrittig dürfte auch sein, dass das hohe Ausbildungsniveau der Hypaspisten diese auch befähigte, einen Hoplitenspeers oder einen Wurfspeer als Primärwaffe zu führen, sofern es die Umstände erforderten. Fassen wir also kurz zusammen: Auch die schwere Infanterie war in der Lage, mit einem Hoplitenspeer umzugehen. Es ist vielleicht mehr ihre Fähigkeit, in jedem Gelände zu operieren, welche die Hypaspisten wirklich vom Rest der schweren Einheiten unterschied.

Arrian selbst nimmt es mit den militärischen Ausdrücken nicht immer allzu genau, Begriffe wie »leicht« und »schwer« nutzt er häufig widersprüchlich und konfus. Daher kann er kaum als Kronzeuge herangezogen werden, wenn es um die exakte Darstellung von Ausrüstung und Bewaffnung der beteiligten Einheiten geht. In 3.18.1 stuft er die thessalische Kavallerie als schwer ein, dagegen sei die Kavallerie der Gefährten leicht. Mit dieser Ansicht steht er alleine auf weiter Flur.

Moderne Historiker sind immer wieder zu schnell bei der Übernahme solcher Begriffe. Natürlich, solche Unterscheidungen haben ihre Berechtigung, doch bei einer so dürftigen Quellenlage, wie wir sie bei Alexanders Armee haben, bleibt viel Raum bei der Verwendung und Interpretation von Fachausdrücken. Die Einheiten der makedonischen Infanterie sind dafür ein schönes Beispiel. Wie wir gesehen haben, werden die Pezhetairoi regelmäßig als schwere Infanterie bezeichnet, auch wenn sie im Vergleich zu den traditionellen Hopliten nichts dergleichen waren. Wir müssen uns eben immer vergegenwärtigen, dass diese Begriffe nicht wissenschaftlich exakt verwendet wurden.

Arrian kann für die Konfusion sicherlich nicht verantwortlich gemacht werden. Der Gebrauch von militärischen Begriffen ist immer ziemlich subjektiv. Peltasten beispielsweise hatten eine leichte Ausrüstung, während die der Hopliten schwer war. Der wesentliche Unterschied bestand in der Panzerung. Die Peltasten trugen keine, die Hopliten schon. Nun hatten lediglich die Pezhetairoi in den vordersten Linien der Front irgendeine Panzerung. Warum also sollten die ebenfalls als Fronttruppen eingesetzten Hypaspisten keine gehabt haben? Daher ist sicher auch der Schluss zulässig, dass die Ausrüstung beider Einheiten ähnlich oder gar gleich war. Doch welche Art von Infanterie waren sie nun tatsächlich?

ORGANISATION

Hinsichtlich der taktischen Untereinheiten innerhalb der Hypaspisten haben wir so gut wie keine Informationen aus den Quellen. Die Tatsache, dass es 3.000 Hypaspisten gab, wird bei den überlieferten Historikern nirgends ausdrücklich erwähnt und lässt sich nur aus der Tatsache ableiten, dass die Hypaspisten in der Schlacht bei Issos dieselbe Frontlänge beanspruchten wie zwei Taxeis der Pezhetairoi. Diese allgemeine Angabe führte zur Annahme, dass es drei Arten von Hypaspisten gab: die königlichen Hypaspisten oder die Leibwache des Königs, das bekannte Hypaspistenkorps und ab dem Jahr 327 die Argyraspiden, welche offensichtlich neu aufgestellt worden waren und eine Eliteeinheit darstellten.

Schöne Theorie, aber pure Spekulation: Mit ziemlicher Sicherheit gab es niemals mehr als das originale Hypaspistenkorps innerhalb der Fronttruppen, und das war ursprünglich in taktische Einheiten von 500 Mann gegliedert. Eine von ihnen war die Agema, also die königliche.[38] Andere Interpreten der Texte kamen zu dem Schluss, dass die Hypaspisten immer in drei Einheiten zu 1.000 Mann organisiert waren, den sogenannten »Chiliarchien«. Auf jeden Fall ist richtig, dass die Hypaspisten zeitweise so gegliedert waren, aber die Textstellen bei Arrian, in denen er den Begriff zitiert, sind alle in späteren Büchern zu finden. Die früheste Erwähnung findet sich am Ende von Buch 4.[39]

Der Begriff »Chiliarch«, der den Kommandeur einer Chiliarchie bezeichnet, erscheint bei Arrian bereits in einem früheren Buch. Während der Belagerung von Harlikanassos wurde einem makedonischen Offizier mit dem Namen Adaios der Titel »Chiliarch« übertragen.[40] Im Text gibt es keine Hinweise darauf, dass Adaios ein Offizier der Hypaspisten gewesen wäre. Andere Teile der Infanterie könnten auch in Verbänden von 1.000 Mann organisiert gewesen sein, die Söldner zum Beispiel. Daher ist diese Textstelle sicher kein ausreichender Beweis dafür, dass die Hypaspisten zu irgendeinem Zeitpunkt vor der Belagerung des Aornos-Felsens in dieser Art gegliedert waren.

Am aufschlussreichsten ist die Stelle bei Curtius (5.2.3 ff). Im vorangeschrittenen Jahr 331, als die Armee in der Nähe von Susa stand, berichtet Curtius:

»Damit die Männer nicht durch Müßiggang und Entspannung faul wurden, ernannte er (Alexander) Richter und lobte erneut Belohnungen für die aus, die an einem Wettbewerb bezüglich ihres militärischen Könnens teilnahmen. Diejenigen, die als die Tapfersten beurteilt wurden, konnten ein Kommando über 1.000 Mann erhalten. Es war zu diesem Anlass, dass die Streitmacht erstmals in diese Zahl aufgeteilt wurde. Vorher hatte sie Kohorten von 500 Mann, und Tapferkeit war nicht der Maßstab für Belohnung.«

---

[38] Zum Beispiel Arrian, 4.21.9 und 4.30.3 sowie Curtius, 5.2.3 ff
[39] Arrian, 4.30.6
[40] Arrian, 1.22.7

Was dann folgte, ist eine Liste von acht Männern, welche die Preise empfingen. Das endgültige Urteil war offensichtlich abhängig von der Bestätigung durch die Armee, und die Namensliste zeigt den Grad der Ehrung in absteigender Reihenfolge.

Kurz vor diesem Wettbewerb hatten 6.000 makedonische Infanteristen und 500 Reiter unter dem Kommando des Amyntas, Sohn des Andromenes, die Armee verstärkt.[41]

Es ist gut möglich, dass sich unter den Verstärkungstruppen eine Einheit von Hypaspisten, also mindestens 1.000 Mann, befanden. Das hätte deren Sollstärke auf 4.000 Mann erhöht und eventuell eine Umgruppierung zur Folge gehabt, was die überlieferten Zahlenangaben beim Hypaspistenkorps erklären würde. Dazu wiederum würde passen, dass den Siegern des Wettbewerbs der Rang eines Pentacosiarchs (Befehlshaber über 500 Mann) verliehen wurde. Demnach wären die 4.000 Hypaspisten in vier Chiliarchien zu 1.000 Mann und jede Chiliarchie wiederum in zwei Pentacosiarchien unterteilt gewesen.

Dieses Argument ist wiederum so einfach, dass es schon fast wieder misstrauisch macht. Laut Arrian handelte es sich bei der Verstärkung nur um Pezhetairoi und nicht um eine Mischung aus Pezhetairoi und Hypaspisten. Ebenso wenig lässt sich belegen, dass überhaupt jemals die Zahl der Hypaspisten auf 4.000 angestiegen wäre. Existierende Belege unterstützen die Auffassung vom 3.000-Mann-Korps. Zum Beispiel wurde Ptolemaios in Indien (Gandhara) das Kommando über den dritten Teil der Hypaspisten gegeben. Dies ist sehr viel wahrscheinlicher ein Drittel von drei Taxeis als ein Drittel von vier.[42] Von Diodor wissen wir ebenfalls, dass die Hypaspisten um 318, nun unter der Bezeichnung »Argyraspiden«, 3.000 Mann umfassten. Unter Berücksichtigung dieser Truppenstärke konnte Alexander diese Gruppe als die Elite der schweren Infanterie präsentieren, eine Einheit, der andere nachstreben konnten.[43]

Doch was sagt uns also diese Textstelle bei Curtius? Wir können daraus vielleicht ableiten, dass er über die Hypaspisten berichtet, obwohl er dies nicht ausdrücklich sagt. Das wiederum legt die Tatsache nahe, dass die Organisation eines solchen Wettkampfes sehr aufwändig gewesen sein dürfte.

---

[41] Arrian, 3.16.10; Curtius, 5.1.40
[42] Arrian, 4.24.10
[43] Diodor, 19.28.1

Und Alexander wird nicht so einen großen Aufwand betrieben haben, wenn es um die Reform der Truppen des Korinthischen Bundes (diese wurden kurz darauf bei Ekbatana entlassen), der Söldner oder der Alliierten vom Balkan gegangen wäre. Überdies gibt es auch keine Anzeichen dafür, dass die Organisation der schweren Infanterie jemals in diesem Sinne geändert wurde. Daher stellt sich die Frage nach der Glaubwürdigkeit des Curtius, immerhin ist er der einzige, der diese Reform erwähnt.

Einmal mehr muss bei der Bewertung differenziert vorgegangen werden. Glaubhaft erscheint, dass eine Reform stattfand und die Hypaspisten nicht mehr in Pentacosiarchien, sondern in Chiliarchien organisiert waren. Eine solche Reform wäre relativ leicht und unkompliziert durchzuführen gewesen und letztlich wäre es nebensächlich, dass kein anderer Schriftsteller, von dem wir wissen, das erwähnte.

Die Chiliarchen der Hypaspisten waren Männer von hohem Ansehen und letztendlich im Rang höher als ein Taxiarch der Pezhetairoi. Es ist beinahe unvorstellbar, dass ein Mann wie Alexander es irgendjemandem oder irgendeinem Prozess erlauben würde, einen Offizier zu berufen oder einen Kommandeur (oder wichtigen untergeordneten Kommandeur) seiner eigenen Leibwache, ohne dass er das letzte Wort darüber gehabt hätte.

Eine einfache Erklärung für die Stelle bei Curtius ist, dass entweder bei ihm oder in einer seiner Quellen zwei Geschehnisse zusammenflossen, die sich beide ereigneten, während die Armee in der Nähe von oder in Susa war. Das erste war die Neuorganisation der Hypaspisten in Chiliarchien, das zweite bestand in einer Zeremonie, in deren Verlauf militärische Ehren verliehen wurden und während der Männer, welche in den vorhergehenden Feldzügen ihre außergewöhnliche Tapferkeit bewiesen hatten, mit ihren Auszeichnungen und Belohnungen präsentiert wurden. Während dieser Zeremonie ernannte Alexander eine Reihe von Richtern für diesen Zweck, und die Soldaten der Ränge und Linien waren aufgefordert, ihre Zustimmung oder Ablehnung für die Vorschläge des Richtergremiums kundzutun. Konnte es einen besseren Beweis für die Tapferkeit auf dem Schlachtfeld geben, als auf diese Art von seinen Waffenbrüdern geehrt zu werden? Man kann sich leicht vorstellen, wie solch ein Ereignis auf die Truppe gewirkt haben mag, und es macht auch vor dem Hintergrund der zunehmenden Kriegsmüdigkeit (soweit es die Griechen betraf) Sinn. Diese Art von Zeremonie hätte die Moral der Truppe hervorragend gestärkt und belegt überdies, dass Alexander ein Mann war, der durchaus die Psyche seiner Truppen kannte. Das Prinzip ist ja schon so alt wie der Soldatenstand an sich: Auszeichnungen sind für die Kommandierenden selbst von geringer Bedeutung, da es sich nicht um Beförderungen handelt, aber sie bedeuten eine Menge für die Truppe.

Scheinbar hat Diodor dieselbe Quelle wie Curtius zu diesem Punkt benutzt, aber seine Darstellung ist zu vage und zu komprimiert, um irgendwie eine richtige Hilfe zu sein. Alles, was wir mit einem gewissen Grad an Sicherheit sagen können, ist, dass die Armee neu strukturiert wurde. Weder wissen wir, in welchen Teilen, noch kennen wir Details dieser Umstrukturierung.[44]

Die Reform wurde in dem entscheidenden Jahr 331 durchgeführt. In dieser Zeit wurden viele andere Teile der Armee neu organisiert, einige neue wurden geschaffen, andere aufgelöst. Über den Grund für diese Reform können wir nur spekulieren, etwa, dass sie durchgeführt worden wäre, um die Armee beweglicher zu machen. Hierbei hätte man dann die Anforderungen berücksichtigt, welche die veränderte Topografie an die Armee stellte.

Dieses Argument kann für die Gefährten gelten, deren 16 neue Lochoi sicherlich beweglicher waren als die alten acht Ilai, aber kaum bei den Hypaspisten: Sie wandelten sich von Einheiten mit 500 Mann zu Einheiten mit 1.000 Mann. Es mag sein, dass Alexander realisierte, ähnlich wie es die Römer später taten, als sie von der Manipularlegion zur Kohortenlegion wechselten, dass 500 Mann zu wenig sind, um selbstständig als taktische Einheit operieren zu können. Wenn dieses Argument richtig ist (und ich finde es äußerst plausibel), dann hätte Alexander einen beachtlichen Grad an Wissen über die Gebiete und Topografien Baktriens und Sogdiens (heutiger Raum Turkmenistan, Usbekistan, Tadschikistan und Afghanistan) verfügt, in welche er einfallen wollte. Diese Art von Intelligenz ist etwas, das in Quellen nur selten ausdrücklich hervorgehoben wird, und wir können das nur schlussfolgern.

Halten wir also fest: 3.000 Hypaspisten gehörten der Armee an, und diese waren tatsächlich in drei Einheiten organisiert. Ihre geringere Stärke gegenüber den regulären schweren Einheiten mit 1.500 Mann ermöglichte ihnen eine größere operative Flexibilität. Daher waren sie die Einheiten, die mit den schwierigsten Aufgaben betraut wurden. Alexander setzte sie wäh-

[44] Diodor, 17.65.2 ff

rend seiner gesamten Regierungszeit bei fast jeder Mission ein, die er selber führte. Die Standardzusammensetzung solcher gemischten Verbände waren Hypaspisten, Agrianen und möglicherweise einige andere kleinere Einheiten wie die Söldner oder kretische Bogenschützen. Für Einheiten, die größer als 1.500 Mann waren, dürfte es zum Beispiel weitaus gefährlicher gewesen sein, Gebirgszüge bei Nacht zu überqueren oder die Verteidiger an den Persischen Toren seitlich zu umgehen.

DIE MAKEDONISCHE KAVALLERIE

Die folgenden zwei Kapitel widmen sich den wohl wichtigsten Truppen in Alexanders Schlachtordnung: der schweren Kavallerie. Jedes Element in seiner Armee wurde dafür ausgebildet, eine bestimmte Funktion wahrzunehmen, wie unbedeutend diese auch immer sein mochte, während zur gleichen Zeit eine größere taktische Flexibilität durch die Möglichkeit gewahrt wurde, mehr als nur eine Aufgabe zu leisten.

Es gibt nur geringe Zweifel daran, dass Alexanders Eroberungszug ohne die schwere Kavallerie praktisch unmöglich gewesen wäre. Diese Einheiten bildeten die wichtigste Waffe der Armee für den Durchbruch. Prinzipiell wurde erwartet, dass sie den entscheidenden Schlag führte oder die Armee vor gegnerischen Umgehungsmanövern abschirmte. Typischerweise war sie dafür verantwortlich, durch die feindlichen Linien zu brechen wie am Granikos, bei Issos und Gaugamela und am Hydaspes unter Parmenion. Dagegen spielten die thessalischen Reiter eine defensive Rolle am linken Flügel.

Die makedonische Kavallerie kann in zwei Gruppen unterteilt werden, die Gefährtenkavallerie und die Prodromoi. Jeder dieser Gruppen wird im weiteren Verlauf einzeln dargestellt. Jedoch werden wir zuerst die Gesamtstärke der Kavallerie klären, die Alexander 334 zu Beginn des Feldzugs zur Verfügung stand.

DIE STÄRKE DER KAVALLERIEEINHEITEN

Diodor ist der Einzige, der uns eine Übersicht über die Stärke der einzelnen Einheiten innerhalb der makedonischen Streitkräfte beim Überschreiten des Hellesponts gibt.[45] Wie es bei Diodor regelmäßig der Fall ist, lässt seine Aufzählung viel zu wünschen übrig. Es gibt Probleme mit der Darstellung fast aller Teile der Armee, nicht zuletzt der Kavallerie, doch können wir durch eine intensive Analyse der Texte viele von ihnen klären. Unter diesem Aspekt haben wir Glück, obwohl die anderen Quellen keine detaillierten Zahlen über die einzelnen Truppen nennen, sondern nur absolute Zahlen. Diese sind wie folgt:

[45] Diodor 17.17.4

Autor	Referenz	Kavallerie gesamt
Livius	9.19.5	4.000
Aristobulos	FgrH 138 F 4	4.000
Justin	11.6.2	4.500
Kallisthenes	FgrH 124 F 35	4.500
Diodor*[46]	17.17.4	4.500
Diodor	17.17.4	5.100
Ptolemaios	FgrH 138 F 4	5.000
Arrian	1.11.3	mehr als 5.000
Anaximenes	FgrH 72 F 29	5.500

Für die genannten Truppenstärken war Arrians bevorzugte Quelle Ptolemaios, während Diodor Kallisthenes als Quelle heranzog.[47] Die Gesamtstärke von 4.500, die Diodor nennt, stimmt mit seiner Quelle Kallisthenes und mit Justin überein. Die tatsächliche Zahl von 5.100 korrespondiert wiederum ganz genau mit Arrian und dessen Quelle Ptolemaios. Die Differenz von 600 Mann beruht auf einer Einheit, die Ptolemaios/Arrian mitgezählt haben, während Diodor/Kallisthenes sie außen vor gelassen haben. Andererseits gibt Anaximenes eine Zahl an, die im Ganzen größer ist als jede andere der genannten Quellen. Wenn wir davon ausgehen, dass es sehr wahrscheinlich ist, dass die genannten Historiker im Allgemeinen dazu neigten, die Größe von Alexanders Armee wie auch die ihrer Verluste zu unterschätzen, so können wir vermutlich unter Bezug auf die vorderen eine Zahl akzeptieren, die in Richtung der oberen Grenze der genannten Stärke oder sogar darüber liegt. Schließlich war es viel glorreicher, mit einer sehr kleinen Armee eine deutlich größere zu schlagen.

Falls wir als Ausgangspunkt die von Arrian, Ptolemaios und Diodor berechnete Stärke von 5.100 als prinzipiell richtig akzeptieren, stellt sich die Frage, wie wir die Abweichungen der anderen Quellen erklären können. Warum nennt Kallisthenes eine Zahl, die 600 Mann niedriger ist als die von Ptolemaios genannte Zahl? An dieser Stelle ist es wichtig, festzuhalten, dass

---

[46] 4.500 ist die Gesamtzahl, die bei Diodor genannt wird. 5.100 ist die Summe aus der Addition der Truppenstärke der einzelnen Einheiten, die Diodor nennt.

wir nicht den ursprünglichen Text des Kallisthenes vorliegen haben, sondern nur die Aussage im Werk des Polybios, dass Alexander über 40.000 Infanteristen und 4.500 Reiter für den Einfall in Asien verfügte. Kallisthenes könnte möglicherweise zwei detaillierte Aufstellungen über die Armee gemacht haben. Die erste über die Truppen, die in Makedonien mobilisiert wurden, die zweite über die Armee, welche in Kleinasien einmarschierte. Dies ist in der Tat Spekulation und nicht verifizierbar. Ich denke aber nicht, dass es ungewöhnlich wäre, wenn Kallisthenes als offizieller Historiker des Feldzugs zwei detaillierte Listen angefertigt hätte. Eine über die Armee, welche Pella verließ, die andere nach ihrer sicheren Ankunft in Kleinasien. Dies gilt besonders, wenn die Gesamtzahl nach der Eingliederung der Reste der Expeditionstruppen festgehalten wurde. Nach dieser Interpretation nennt Polybios die Zahlen aus der ersten Liste des Kallisthenes und nicht die aus der zweiten. Letztere enthält ein Kontingent, das erst zwischen Pella und dem Hellespont zur Armee stieß. Eventuell könnte es sich bei dem vermissten Kontingent um 600 thrakische Kavalleristen handeln.[48] Ohne Zweifel hatte die Armee ein thrakisches Kontingent, und es ist höchst wahrscheinlich, dass dieses zur Armee stieß, während sie durch Thrakien zog, und nicht zuerst nach Pella reiste.

Wenn die Zahl von 5.500 Reitern bei Anaximens irgendwie korrekt ist, wie kann dann der Unterschied von 400 Reitern gegenüber Ptolemaios erklärt werden? Sofern wir die Idee akzeptieren, dass Ptolemaios die Truppenstärke der gesamten Armee vor dem Einmarsch und Anaximenes eine Summe nennt, welche die Reste der Expeditionsstreitkräfte mit einschließt, stellt sich die Frage, ob diese nur aus 400 Reitern bestanden. Es kann als beinah sicher angenommen werden, dass Philipp erkannte, dass die wesentliche Stärke seines persischen Gegners seine Kavallerie und nicht die Infanterie war. Wenn wir dies berücksichtigen, erscheint es merkwürdig, dass die einzige Kavallerie, welche die Expeditionsstreitkräfte begleiteten, 400 berittene Söldner gewesen sein sollen.

Aber genau dies ist nicht direkt überliefert. Ihre Gegenwart wird von der Tatsache hergeleitet, dass sie in Diodor 17.17.4 nicht anwesend sind, aber später bei der Belagerung von Harlikanassos präsent waren, obwohl keine

---

[48] Dies steht im Gegensatz zu Bosworth 1980, S. 99: »Wir können nicht länger dogmatisch davon ausgehen, dass die Zahlen bei Polybios korrekt sind«, aber er bietet keine positive antwort an, sondern stellt nur fes, dass die Abweichungen »bei dem gegenwärtigen Kenntnisstand nicht erklärt werden können.«

Verstärkungen in der Zwischenzeit genannt werden. Sofern die Expeditionstruppen nur aus 400 Kavalleristen bestanden haben, dann können die Zahlen von Kallisthenes, Ptolemaios und Anaximenes mit geringem Aufwand durch die Annahme, dass die absoluten Zahlen verschiedene Phasen des Vormarsches widerspiegeln, in Übereinstimmung gebracht werden.

Waren aber bei den Expeditionsstreitkräften wirklich nur 400 Reiter? An diesem Punkt müssen wir zunächst auf das Problem der Prodromoi eingehen. Es wurde oft vermutet, dass Diodor sie in seine Armeeliste mit aufgenommen hat. Er benutzt das Wort Prodromoi, aber tatsächlich sagt er: *»900 thrakische und paionische Reiter mit Kassander als Kommandeur.«* [49] Wie unten erläutert, kann das Wort Prodromoi ein allgemeiner Ausdruck sein, der einfach die Aufklärer bezeichnet, oder er bezieht sich speziell auf ein Korps der makedonischen leichten Kavallerie. In diesem Fall glaube ich, dass Diodor den Begriff im erweiterten Sinne nutzt und allgemein die Aufklärer ohne eine bestimmte ethnische Herkunft meint.

Es könnte der Fall sein, dass die 600 makedonischen Prodromoi, über die Alexander zweifellos verfügte, in Diodors Zahl von 1.800 makedonischen Kavalleristen mit enthalten sind. [50] Aller Wahrscheinlichkeit nach waren die Prodromoi die erste Kavallerie in der westlichen Kriegsführung, die speziell als Aufklärer ausgebildet, ausgerüstet und beschäftigt wurde.

Es ist sicherlich wahr, dass Diodor diese Kavallerie nicht Gefährten nannte, aber die Zahl von 1.200 berittenen Gefährten (1800 Reiter abzüglich 600 Prodromoi) ist viel zu gering für die Rolle, die sie in Feldschlachten und zu anderen Zeiten tatsächlich spielten. Weiter wissen wir, dass es acht Ilai Gefährtenkavallerie gab und dass jede Ile in höchstwahrscheinlich aus 200 Reitern bestand. Eine Ausnahme bildete die Agema, die doppelt so stark war. Dies ergibt insgesamt 1.800 Reiter. Eine Gefährtenkavallerie mit 1.200 Mann ist daher einfach nicht möglich.

Falls Diodor in 17.17.4 über die leichte Kavallerie vom Balkan und nicht von den makedonischen Prodromoi spricht, stellt sich die Frage, wo sie 334 waren. Ich glaube, dass es sehr unwahrscheinlich ist, dass Philipp 400 Reiter mit Parmenion und den Expeditionsstreitkräften im Jahr 336 entsandte und sich darunter Makedonen befinden sollten. Die Infanterie dieser Streitmacht bestand höchstwahrscheinlich aus Söldnern. Alexanders Makedonen

[49] Diodor 17.17.4
[50] Diodor 17.17.4

dürften für ihn zu wertvoll gewesen sein, um sie zu diesem Zeitpunkt nach Asien zu schicken, obwohl sich die Prodromoi vermutlich schon in Asien aufhielten, als die Armee einmarschierte. Sie waren gut geeignet für die Art von Aufklärungsaktivitäten, die in Kleinasien gebraucht wurden. Falls die makedonischen Prodromoi auch bei den Expeditionsstreitkräften waren, schlossen die 10.000 Mann, die 336 nach Kleinasien entsandt wurden, 1.000 Kavalleristen mit ein und waren viel besser ausgestattet, um die Stärken ihrer persischen Gegner zu treffen und mit ihnen umzugehen. Eine kleine Bestätigung hierfür ist, dass Amyntas der Kommandeur der Prodromoi am Granikos war, einer der Kommandeure der Expeditionsstreitkräfte von 336. Falls diese Annahmen alle richtig sind, würden die berittenen Streitkräfte etwa wie folgt aussehen:

Truppenstärke	Einheit	Wo stießen sie zur Armee?
1.800	Gefährtenkavallerie	Pella
1.800	thessalische Reiterei	Pella
600	Kontingent des Korinthischen Bundes	Pella
300	Paionische Prodromoi	Pella
600	Thrakische Prodromoi	auf dem Weg zum Hellespont
400	Söldner	In Asien
600	Makedonische Prodromoi	In Asien

Nach dieser Berechnung wären die Truppen, die nach Kallisthenes von Pella aus aufbrachen, 4.500 Mann stark. Die Stärke der Verbände, die den Hellespont überquerten, wird von Ptolemaios mit 5.100 angeben. Einschließlich der Söldnerkavallerie nennt Anaximenes eine Stärke von 5.500 Reitern. Aber die realistische Gesamtstärke der Kavallerie dürfte nach der Landung in Asien eher bei 6.100 Reitern gelegen haben, dabei wurden einige Verluste in den Jahren 336 bis 334 angenommen.

VERSTÄRKUNGEN

Die ersten Verstärkungen für die Kavallerie, von denen wir nach dem Einmarsch in Asien hören, sind 300 makedonische Pferde, die bei Gordium zu Alexander stießen. Kurz nach diesen ersten Verstärkungen, so berichtet Kallisthenes entsprechend der Überlieferung durch Polybios, sind weitere 500 Reiter zum Heer gestoßen, bevor es Kilikien erreichte.[51] Arrian erzählt von einer weiteren Gruppe von makedonischen Verstärkungen, die bei Susa hinzukamen, nennt jedoch keine Zahlen. Höchstwahrscheinlich sind es jene, von denen Curtius und Diodor berichten, dass sie bei Babylon dazu stießen. In diesem Fall waren es 500 makedonische Reiter gemeinsam mit 6.000 schweren makedonischen Infanteristen.[52] Die Abweichung in der Örtlichkeit ist ein geringeres Problem und ist vielleicht ein Fehler in unseren Quellen. Dies würde bedeuten, dass Alexander bis Ende 331 aus Makedonien 3.700 einheimische Reiter erhalten hat: 1.800 Gefährten, 600 Prodromoi und 1.300 Mann weitere Verstärkung. Hierbei gehe ich davon aus, dass die Prodromoi Makedonen waren, wie ich bereits oben dargelegt habe.

Es ist wahrscheinlich, dass weitere 500 makedonische Kavalleristen die Armee 328/27 erreicht haben dürften, zu der Zeit, als die siebte Taxis schwerer Infanterie gebildet wurde. Mit höchster Wahrscheinlichkeit dürfte Alexander bis zu seiner Rückkehr aus Indien nun keine weiteren makedonischen Verstärkungen erhalten haben. Eine Periode, in der er schwere Verluste hinnehmen musste, ganz zu schweigen von den Soldaten, die er als Besatzungen der Garnisonen zurücklassen musste. Dabei sollte angemerkt werden, dass am häufigsten Söldner für den Garnisonsdienst eingesetzt wurden. Einige Makedonen wurden auch aus dem Dienst entlassen, weil sie zu alt, verwundet oder sonst nicht mehr für den aktiven Dienst geeignet waren.

Die Verluste sind immer schwer zu bewerten. So wie es die Tendenz zum Unterschätzen der Stärke der Armee gab, wurden auch die Verluste heruntergespielt in dem vorsätzlichen Bemühen, Alexanders Siege noch glorreicher erscheinen zu lassen. Dies ist sicherlich nicht einfach ein Problem der Alexander-Historiker, sondern für all unsere Quellen für fast jede Epoche. Der einzige Vorfall, bei dem die Verluste korrekt ermittelt wurden, ist ein Ereignis, bei dem Alexander nicht anwesend war und damit nicht bloßgestellt werden konnte.[53] Die Verluste in einer Schlacht stellten vermutlich

[51] Polybios, 9.19.2
[52] Arrian, 3,16,10; Curtius, 5.1.40; Diodor, 17.65,1

nur einen geringen Anteil der gesamten Verluste dar. Krankheiten, Entkräftung und Erschöpfung waren bedeutendere Faktoren, besonders während des Desasters in der Gedrosischen Wüste. Vermutlich betrugen allein die Verluste während des Feldzugs in Gedrosien mehr als 50.000, wobei die Masse der Verluste unter den Zivilisten gezählt wurde, die dem Tross folgten. Wir können davon ausgehen, dass Alexander sichergestellt hatte, dass die Rationen während des wenig durchdachten Marsches zuerst den Makedonen gegeben wurden.

PRODROMOI

Zu unserer Überraschung sollten wir als Erstes zur Kenntnis nehmen, dass die ethnische Herkunft der Prodromoi alles andere als klar ist. Arrian berichtet häufig über die Prodromoi ohne Bezug auf ihre ethnische Herkunft, aber in 3.8.1 bezieht er die Paionen in die Einheit mit ein, während er die beiden an anderen Stellen differenziert.[54] Diodors Liste der Armee von 334 trägt auch nicht zur Klärung der Situation bei, da die Thraker und die Paionen Prodromoi genannt werden.[55] Einige Historiker folgen Diodors Befund, indem sie die Thraker Prodromoi nennen und sie mit den restlichen Balkanvölkern verbinden. Doch dies ist eine Minderheit, und ihre Position geradezu falsch. Die Verwirrung kann höchstwahrscheinlich sehr einfach aufgelöst werden. Das Wort »Prodromoi« kann als »Aufklärer« übersetzt werden. Dies kann nicht nur benutzt werden, um eine bestimmte Einheit zu benennen, sondern auch eine Rolle oder Funktion. Die Kavallerie vom Balkan war unzweifelhaft eine leichte Kavallerie, wie es die Prodromoi waren, daher konnten diese beiden für Aufklärungsmissionen herangezogen werden. Wir können vermutlich annehmen, dass jedwede Verwirrung über ihre ethnische Herkunft aus dieser untechnischen und unspezifischen Verwendung des Begriffes herrührt. Die Reiterei vom Balkan konnte als Aufklärer agieren, aber sie wurden nicht in einer spezifischen Art als Prodromoi bezeichnet.

Da Arrian sie häufig gemeinsam mit den Gefährten erwähnt, die an keiner Stelle als Makedonen bezeichnet werden, denke ich, können wir davon ausgehen, dass die Prodromoi Makedonen waren. In ähnlicher Weise

---

[53] Arrian, 4.6.2; 3.7
[54] Arrian 1.14.6; 2.9.2; 3.12.3
[55] Diodor 17.17.4

spricht er auch niemals von den Hypaspisten oder der schweren Infanterie als Makedonen. Aufgrund dieser Auswertung kann es also kaum ein Zweifel geben, dass Einheiten, die nicht aus Makedonien stammen, sorgfältig unterschieden werden.[56] Obwohl dieses Argument aus dem Schweigen abgeleitet wird, ist es kein unvernünftiges. Wir können sogar noch ein Stück weiter gehen: Es scheint, die Prodromoi waren während der Feldschlachten immer an der Seite der Gefährtenkavallerie aufgestellt und klar von der Reiterei der Balkanvölker getrennt. Dies weist stark daraufhin, dass es verschiedene Einheiten waren.

In seiner Darstellung der Schlacht am Granikos berichtet Plutarch, dass Alexander mit 13 Ilai Kavallerie über den Fluss hinweg angriff.[57] Diese dreizehn Ilai waren mit größter Sicherheit die acht Schwadronen der Gefährten und die fünf der Prodromoi. Jedoch, wie oben dargelegt, bezieht er in diesem Abschnitt den begriff Prodromoi einfach auf die ganze leichte Kavallerie. Plutarch benutzt den Begriff nicht in einem bestimmten Sinn. Von diesen fünf Ilai, von denen eine die der Paionen war, verbleiben vier makedonische Ilai Prodromoi. Diese Zahl entspricht glücklicherweise Arrians 1.12.7, wo er ebenfalls vier Ilai Prodromoi nennt, und 4.4.6, wo er vier Ilai Sarissophoroi auflistet. Sarissophoroi und Prodromoi sind üblicherweise dieselben Einheiten, nur waren sie für ihre verschiedenen Aufgaben unterschiedlich ausgerüstet, im ersten Fall als Kundschafter, im zweiten Fall als reguläre Kavallerie, ausgestattet mit der Sarissa der Kavallerie. Plutarch gibt keinen Hinweis auf die nationale Herkunft der 13 Ilai. Vorstellbar ist, dass es sich um Thraker oder Söldner gehandelt hat. Ich glaube aber, dass die oben erläuterte Interpretation am plausibelsten ist, da sie von beiden, Arrian und Plutarch, unterstützt wird. Eine Gesamtstärke der Prodromoi von 600 Mann scheint am wahrscheinlichsten, wie unten noch ausgeführt wird.

Es scheint, dass die Prodromoi zu den beweglichsten Verbänden der Armee zählten. Wir sollten sie uns als die berittene Variante der Agrianen vorstellen bezüglich Flexibilität und der Vielfalt an Aufgaben, die sie wahrnahmen. Wie oben dargelegt, bedeutet das Wort eigentlich »Kundschafter«, und in dieser Funktion wurden sie oft der Armee weit vorausgeschickt, um genauere Informationen über die Region zu erhalten, welche das Heer demnächst durchqueren wollte. Sie sollten nicht nur nach dem Gelände Aus-

[56] Arrian 1.12.7; 1.14.1; 2.9.2; 3.12.3; 3.18.2; 3.20.1; 3.21.2
[57] Plutarch, Alex, 16.3; siehe auch Hamilton 1969, S. 40

schau halten, das sich am besten zum Durchmarsch eignete, sondern auch nach Wasserquellen und Nachschubgütern. Diese Aufgabe war von grundsätzlicher Bedeutung für den Erfolg des Unternehmens. Ihre Fähigkeiten als Kundschafter werden offensichtlich durch das Fehlen von Versorgungsproblemen unter Beweis gestellt, sieht man von einigen bemerkenswerten Ereignissen wie dem Desaster bei der Durchquerung der Gedrosischen Wüste ab. Während ihres Einsatzes als Kundschafter waren sie so leicht wie möglich ausgerüstet. Sie trugen nur geringe Panzerungen und eher einen Wurfspeer als eine Sarissa. Die Vielseitigkeit dieser Truppe wird offensichtlich, wenn wir sie in den großen Feldschlachten betrachten. Während dieser Schlachten waren sie mit der Kavallerie-Sarissa ausgestattet und werden dann regelmäßig als Sarissophoroi oder Lanzenreiter bezeichnet. Ihre Aufgabe bestand darin, als Verband gegen die feindliche Kavallerie zu agieren, wobei sie in offener Formation eingesetzt wurden. Dies war nötig, um Gefahren durch die spitzen Lanzenschuhe der Sarissa der eigenen Einheiten zu vermeiden, während man hinter der Frontlinie ritt.

Egal wie nützlich die Prodromoi in den ersten Jahren des Feldzugs gewesen sein dürften, so waren sie offenkundig nicht unbedingt notwendig. Nach der Reorganisation der Armee im Jahr 329 hören wir nichts mehr von ihnen. Es ist möglich, dass sie demobilisiert und nach Hause geschickt oder als Garnisonstruppen im Osten zurückgelassen wurden. Es scheint jedoch sehr viel wahrscheinlicher, dass solch eine gute Frontkavallerie einfach in die neu formierten Hipparchien der Gefährtenkavallerie eingegliedert wurde, wie unten diskutiert (wenn man davon ausgeht, dass sie Makedonen waren).

Nach der Reorganisation bestand nicht mehr die Forderung, dass sie die Aufgaben der Prodromoi/Sarissophoroi wahrnahmen, wie sie es bisher getan haben. Ihre Aufgaben als Kundschafter wurden von einer wachsenden Zahl leichter persischer Kavallerie übernommen, die von der Armee rekrutiert wurde. Tatsächlich bedeutete die Eingliederung in die Hipparchien, dass sie Gefährten wurden und in den Feldschlachten wie bereits zuvor neben den bestehenden Gefährteneinheiten aufgestellt wurden. Demzufolge gab es zwischen den beiden nach dem zentralen Jahr keine Unterschiede mehr.

DIE GEFÄHRTENKAVALLERIE

Die Gefährtenkavallerie war mitten unter den wichtigsten Verbänden der makedonischen Schlachtordnung. Sie war eine schwere Kavallerie, deren Mitglieder sich aus dem makedonischen Adel rekrutierten. Zu Beginn des Feldzuges bestand sie aus 1.800 Reitern. Es ist nicht bekannt, ob irgendwelche berittenen Gefährten in Makedonien bei Antipater zurückgelassen wurden, sicher ist nur, dass Kavallerie zurückgelassen wurde. Jedoch wurde sie nicht näher spezifiziert. Ursprünglich gab es acht Ilai (Schwadronen) der Gefährten, jede 200 Mann stark, eine von ihnen war die königliche Schwadron oder Agema mit doppelter Mannschaftsstärke.[58] Die Agema hatte die Aufgabe, den König zu verteidigen, wann immer er zu Pferde kämpfte. Wenn Gouverneure oder Kommandeure benötigt wurden, wählte man sie üblicherweise aus dieser Gruppe aus. Sie waren die vertrauenswürdigste und fähigste Einheit der makedonischen Kavallerie. Es scheint, dass die Gefährten nach territorialen Strukturen organisiert waren. Von fünf Ilai kennen wir den Namen: die von Bottiaea, Amphipolis, Apollonia, Anthemus und die sogenannte leugeische Ile.[59] Es gibt nur wenige Schwierigkeiten, die ersten vier dieser Ilai zu benennen. Dies waren makedonische Regionen in Richtung Thrakien, wo Philipp Ansiedlungen angeordnet hatte. Die Ausnahme bildet die leugeische Ile. Bereits der Name selbst ist ein Problem. Er verweist auf keinen bekannten Platz in Makedonien, und Korrekturen an dem Text Arrians scheinen mehr Probleme zu verursachen als zu lösen. Arrians sogenannte Qualifikation gibt uns den Schlüssel zur Lösung des Rätsels. Vermutlich bezieht er sich nicht auf einen bestimmten geografischen Ort, sondern auf eine ursprünglich makedonische Bezeichnung für die Schwadron, die vielleicht aus dem Kernland Makedoniens rekrutiert wurde und somit eine viel ältere Einheit ist. Die anderen genannten Ilai sind als solche während der Herrschaft Philipps II. gebildet worden und stammen aus den Siedlungsgebieten. Falls dieser Logik gefolgt werden kann, dann können wir vernünftigerweise vermuten, dass die anderen Ilai, von denen wir kaum mehr wissen, als dass es sie gab, ebenfalls aus dem makedonischen Kernland stammen und deshalb nicht nach Regionen benannt sind.

Die durchschnittliche Stärke einer Ile war zu Beginn des Feldzugs 200 Mann. Zählt man die Agema mit ihren 400 Mann dazu, kommt man wie ge-

---

[58] Arrian, 1.12.7; 1.14.1; 2.9.3; 3.11.8 usw.
[59] Arrian, 1.2.5; 12.7; 11.9.3; 2.9.3.

sagt auf eine Mannschaftsstärke von 1.800 Reitern. Die Organisation überdauerte, bis die Armee im Jahr 331 Susa erreichte. Zu diesem Zeitpunkt sehen wir die erste von mehreren Restrukturierungen der Gefährten. Zu dieser Zeit erhielt Alexander Verstärkungen aus Makedonien. Diese wurden unter den bestehenden Ilai verteilt. Von nun an wurde jede Ile in zwei Lochoi gegliedert, die unter dem Kommando eines Lochagos standen. Diese Neuorganisation erfolgte 331, weil die Zahl der Gefährten nun größer war als 334 und die Ilai zu groß wurden, um als einzelne taktische Einheit befriedigend operieren zu können. Sie waren ganz einfach zu schwerfällig und unhandlich.

Hipparchien

334 stand die Gefährtenkavallerie unter dem Gesamtkommando von Philotas, aber nach seinem Tod im Jahr 330 wurde dieses Kommando zwischen Hephaistion und Kleitos aufgeteilt. Vermutlich erhielt jeder das Kommando über vier Ilai, obwohl uns nur berichtet wird, dass die acht Ilai zwischen diesen Kommandeuren aufgeteilt wurden. Jedem Kommandeur wurde dabei der Titel Hipparch verliehen. Jedoch erfolgte die Bildung der Hipparchien nicht zwangsläufig zur selben Zeit. Dies kam tatsächlich zwei Jahre später im Jahr 328. Es wurde vielleicht nach der Ermordung des Kleitos eingebracht, als Alexander persönlich das Kommando über Kleitos vier Ilai übernahm. Dies wurde vielleicht durch die Tatsache gefördert, dass im Jahr 327, als die Armee im Parapamisus (Hindukusch-Gebirge) geteilt wurde, Hephaistion und Perdikkas mit einer großen Streitmacht, zu der vier Ilai Gefährten gehörten, auf direktem Weg nach Indien geschickt wurden. Der Rest der Gefährten, der vorher von Kleitos befehligt wurde, begleitete Alexander selbst. Diese Organisation, die W. Tarn vorstellt, scheint aber nicht wahrscheinlich gewesen zu sein. Arrian spricht nicht davon, dass Hephaistion alleine das Kommando über die Truppen hatte, die auf direktem Weg nach Indien geschickt wurden. Tatsächlich impliziert er sehr stark, dass Hephaistion und Perdikkas gemeinsam das Kommando hatten, vermutlich über die Gefährten wie auch über die übrigen Einheiten. 328/27 wurde in der Tat beiden, Krateros und Koinos, das Kommando über Abteilungen der Armee gegeben, die auch Gefährten enthielten. Das zeigt, dass die Kommandostruktur innerhalb der Armee fließend und nicht auf eine kleine Gruppe von Generalen beschränkt war.[60]

[60] Arrian, 4.23.1; 4.22.7; 4.22.1 (Krateros); 4.17.3 (Koinos)

Bereits vor der Ermordung des Kleitos spät im Jahr 328 gibt es Hinweise auf die Hipparchien, und diese bedürfen der Untersuchung, weil sie vielleicht eine entwickelte Organisation zeigen.[61] Der erste Hinweis findet sich im Winter 334/33: Alexander entsandte Parmenion mit einer Hipparchie Gefährten und der thessalischen Reiterei, dem Rest der verbündeten Truppen und dem Tross nach Sardis.[62] Dies könnte ein Hinweis auf eine Gruppe von Ilai sein. Eine einzelne Ile von 200 Mann wäre nur ein kleines Detail, verglichen mit den vielen Tausend aus den anderen Verbänden, die Parmenion zu diesem Zeitpunkt befehligte. Alexanders Winterfeldzug in Lykien und Pamphylien zeigt, dass nur sehr wenige Ilai der Gefährten teilnahmen, da sie in den Quellen nur am Rande erwähnt werden. Vermutlich war das Gelände für ihren Einsatz nicht geeignet. Arrian sieht die acht Ilai der Gefährten zu gleichen Teilen zwischen Alexander und Parmenion geteilt und benutzt hierfür den Begriff »Hipparchie«, um eine Gruppe von Ilai zu bezeichnen, wie es im Grundsatz später getan wird.

Daraus, dass die Gefährten nur selten in Lykien und Pamphylien erwähnt werden, darf nicht gefolgert werden, dass sie nicht dort waren, sondern nur, dass sie nicht eingesetzt wurden. Die Zehntausende der Alliierten und Söldner, die Alexander ohne Zweifel am Granikos kommandierte, werden nirgends erwähnt, und wieder bedeutet dies nicht, dass sie nicht anwesend waren, sondern dass sie in Reserve gehalten wurden. Der Ausdruck »Hipparchie« wird in Arrians Quellen sicherlich anachronistisch verwendet. Es gibt eine Reihe von Ereignissen vor dem Schlüsseljahr 328, wo eine Gruppe von Ilai nicht als Hipparchie bezeichnet wird. Es ist zu vermuten, dass dies kein Beispiel für Arrians peinliche Pedanterie ist, sondern er einfach die Begriffe verwendet, die von seinen Quellen benutzt werden.[63]

Das zweite Beispiel stammt aus Sogdien aus dem Jahr 330. Ptolemaios erhielt drei Hipparchien der Gefährten und die gesamten Hippakontistai (siehe unten) sowie den Auftrag, den Rebellenführer Bessos gefangen zu nehmen.[64] Dieser Hinweis ist sehr viel aufschlussreicher: Es ist die erste Nennung des Wortes »Hipparchie« in einem Textstück, das eindeutig von Ptolemaios stammt. Diese Passage ist verwirrend, erzählt sie uns doch kurz zuvor von der Ernennung Hephaistions und Kleitos zu Hipparchen. Doch

---

[61] Arrian, 1.24.3; 3.29.7; 4.4.6–7; Diodor, 17.57.1
[62] Arrian, 1.24.3
[63] Arrian, 1.18.3; 2.20.4
[64] Arrian, 3.29.7

wenn es tatsächlich drei Hipparchien gab, dann sollte es am Ende auch drei Hipparchen geben. Es ist möglich, dass sich dies eher auf »drei Gruppen Ilai« bezieht als auf drei einzelne Ile unter einer erneuten anachronistischen Verwendung des Wortes Hipparchie. Es ist interessant zu notieren, dass der Begriff Ile von diesem Zeitpunkt an kaum noch in Arrians Bericht erscheint: Dort könnte ein Umbau und eine Neuorganisation der Kavallerieverbände in abgestufter Form zwischen 331 und 328 durchgeführt worden sein, als die acht Hipparchien scheinbar vollkommen ausgeprägt zu sein schienen.

Jedoch würde ich argumentieren, dass die Hipparchie prinzipiell eine war, die nach der Ermordung des Philotas im Jahr 330 entstand und die nachfolgende Benennung von zwei Hipparchen im Jahr 328 erfolgte, als es sicher acht Hipparchien gab. Der Mord an Philotas ist der Schlüssel zu dieser Entwicklung und Neuorganisation: Es wurde für Alexander klar ersichtlich, wie gefährlich es war, eine so große Zahl von Eliteverbänden einer einzelnen Person anzuvertrauen, der scheinbar nicht vertraut werden konnte (wie bei Philotas, Parmenions Sohn, geschehen). Die Neuorganisation und die Reduzierung der Kommandos waren teilweise darin begründet, die Person des Königs wieder in den Mittelpunkt der Armee zu rücken. Die Neustrukturierung der Infanterie und die Schwächung des Regionalprinzips hatten einen ähnlichen Hintergrund.

Wir wissen, dass es im Jahr 328 acht Hipparchien gab, doch wie viele waren es zur Zeit des Feldzuges in Indien? Es liegt keine vollständige Liste der Hipparchien aus dieser Zeit vor, so wie es auch keine Liste der Ilai aus der Zeit vor 328 gibt. Wir können jedoch aus den Quellen ableiten, dass Alexander in Indien über acht Hipparchien verfügte. Solange Alexander das Heer am Zusammenfluss der Flüsse Hydaspes und Akesines in vier Teile teilte (später waren es fünf; siehe unten), wurden diese von Krateros, Hephaistion, Ptolemaios und Alexander selbst geführt. Jede Abteilung hatte den Befehl erhalten, sich an der Verbindung der Flüsse Hydaspes und Hydraotes wieder zu vereinigen. Dies wurde teilweise gemacht, um ein größeres Territorium auf dem Weg nach Hause erobern zu können, teilweise, um die Versorgung der Hauptstreitmacht mit Wasser und Nahrungsmitteln zu entlasten. Jede Abteilung konnte sich ihre Versorgungsgüter in der Region suchen, die sie durchquerte. Wir wissen, dass Alexander die Hälfte der Gefährten während des Feldzuges gegen die Maller bei sich führte, und wir können begründet vermuten, dass dies die Agema mit eingeschlossen haben

wird, war sie doch seine persönliche Leibwache.[65] Er kommandierte ebenfalls die beiden Hipparchien, über die wir im Besonderen gesprochen haben, die des Perdikkas und die von Kleitos dem Weißen. Diese beiden waren für selbstständige Operationen abgestellt. Dennoch hatte Alexander am
Hydraotes zwei Hipparchien bei sich. Die eine wurde von Demetrios befehligt. Es gibt keinen Hinweis, dass Perdikkas bereits vor dem Angriff auf die
Stadt der Maller zu Alexander zurückkehrte.[66] Demnach scheint es, dass
»die Hälfte der Hipparchien« vier sein müssen. Perdikkas war noch nicht
zurück, Hephaistion wartete bereits am vereinbarten Treffpunkt, Ptolemaios
kämpfte irgendwo und Krateros befehligte zu diesem Zeitpunkt überhaupt
keine Gefährtenkavallerie.[67] Daher scheint es, dass es acht Hipparchien einschließlich der Agema waren.

Es gibt weitere Hinweise für die Zahl der Hipparchien: In den Quellen
sind die Namen von sechs Hipparchien aufgezeichnet, die Namen der sieb-
ten und achten sind vermutlich an diesem Punkt verlorengegangen. Die
sechs waren:[68]

Hephaistion	Arrian 5.12.2; 21.5
Perdikkas	Arrian 5.12.2; 22.6; 6.6.4
Demetrios	Arrian 4.27.5; 5.12.2; 16.3; 21.5; 6.8.2
Krateros	Arrian 5.11.3
Kleitos der Weiße	Arrian 5.22.6; 6.6.4
Koinos	Arrian 5.16.3

Obwohl ich glaube, dass acht Hipparchien einschließlich der Agema
während des Feldzuges in Indien existierten, können wir nicht die Tatsache
außer Acht lassen, dass uns von der Hinzufügung einer fünften Hipparchie
berichtet wird. Dies scheint unsere Meinung zu widerlegen, doch dass muss
es nicht. Die Verluste während des Indienfeldzuges und während des
schlecht geplanten Durchmarsches durch die Gedrosische Wüste müssen
schwer gewesen sein, und es ist sicherlich begründet, wenn man annimmt,

---

[65] Arrian, 6.6.1.
[66] Arrian, 6.6.1; 6.7.2; 6.9.1.
[67] Arrian, 6.11.8; 6.13.1.
[68] Brunt, 1963, 30.

dass an einem gewissen Punkt die acht (oder neun, wenn man die Agema als neunte ansieht) unterbesetzt waren und in vier, später fünf zusammengefasst wurden. Es scheint, das Hipparchien, welche nur die halbe Stärke hatten, für Alexander nur von geringem Nutzen waren. Tatsächlich war ihre Verschmelzung miteinander die perfekte Lösung. Es ist weiterhin wahrscheinlich, dass die erste Abteilung der acht oder neun Hipparchien 329 oder 328 entstand, vielleicht kurz nach Kleitos Tod. Dies hatte wiederum den Effekt, dass landsmannschaftliche Bindungen in den Hintergrund gerieten. Gleichzeitig sorgten wechselnde Kommandeure dafür, dass die einzelnen keine Loyalität zu ihrem jeweiligen Kommandeur aufbauten. In der Hauptsache sollte sich die Loyalität der Armee nämlich einzig und allein auf Alexander selbst beziehen.

Die Umstrukturierung in die Hipparchien war sicherlich eine erhebliche Veränderung und nicht nur ein einfacher Wechsel in der Bezeichnung oder des Kommandos. Vor diesem Hintergrund stellt sich die Frage, warum die Neuorganisation in Hipparchien überhaupt geschah. Warum war sie notwendig?

Dies mit einem gewissen Grad an Sicherheit zu beantworten, ist ohne die detaillierten Aussagen unserer Quellen sehr schwierig. Es wurden verschiedene Ideen diskutiert. Aber alle sind in sich problematisch. So könnte die Reorganisation aus grundsätzlichen militärischen Gründen motiviert gewesen sein.[69] Nach dieser Interpretation organisierte Alexander seine Gefährtenreiterei in acht Hipparchien, nachdem er die thessalische Reiterei entlassen hatte. Die Hipparchien bestanden weiterhin aus zwei Ilai, ferner war jede Ile in zwei Lochoi aufgeteilt. Damit hatte der Hipparch einen höheren Rang als der alte Ilarch, der Kommandeur einer Ile, daher könnte dies ein bewusster Versuch gewesen sein, die Anzahl der ranghohen Kavallerieoffiziere zu erhöhen, vielleicht als Gegengewicht zur Infanterie und ebenfalls, um den Pool zu vergrößern, aus dem die Satrapen und andere höherrangige Personen ausgewählt wurden.

Die ursprüngliche Stärke der Gefährten betrug 1.800 Mann. Durch Verstärkungen bis 328 stieg ihre Zahl auf 3.600 an. Schließt man die Prodromoi mit ein, ergibt sich eine Gesamtstärke der Kavallerie von 4.400 Reitern. Jedoch dürften sie auch Verluste gehabt haben, sodass es wahrscheinlich ist, dass insgesamt 4.000 Kavalleristen in den Hipparchien waren.

[69] Hammond, 1998, 418; ders. 1980, 450 ff.; Hammond, 1980, 191

Eine andere Theorie erklärt die Reorganisation aus taktischen Gründen, nämlich um die schwere Kavallerie flexibler zu machen. Dies hatte wiederum mit den wechselnden Kriegsschauplätzen zu tun, auf denen sich Alexander wiederfand, und dem unterschiedlichen Charakter der Kämpfe, die er führte. Feldschlachten wurden nicht mehr geführt und waren in der nächsten Zeit auch nicht vorgesehen, der neue Standard war der Guerillakrieg. Sofern die Änderung zum Teil taktisch bedingt war, könnten die Hipparchien einen vollständig neuen Charakter erhalten haben, denn jede Hipparchie dürfte von nun an nicht nur aus der traditionellen schweren Kavallerie bestanden haben, sondern auch aus leichter Kavallerie. Dies würde es den neu geformten Hipparchien erlaubt haben, sich als Plänkler und als Verbände für schnelle Eingriffe zu entfalten, aber es blieb auch die Möglichkeit offen, wieder in ihre Rolle als Schlachtenreiterei in der Linie im traditionelleren Sinn zurückkehren. Dies würde insgesamt den Effekt einer wachsenden Flexibilität innerhalb des Heeres gehabt haben, bei gleichzeitiger Reduzierung der Zahl und der Notwendigkeit kleiner spezialisierter Verbände.

Noch eine andere Theorie besagt, dass die Restrukturierung gänzlich oder zumindest weitgehend politisch motiviert war. Zwischen den acht Ilarchen, die an der Schlacht bei Gaugamela teilnahmen, und denen, die später genannt werden, scheint es einen bedeutenden Unterschied in der Vornehmheit und dem Format gegeben zu haben. Von den früheren Ilarchen sind nur drei überliefert: der Schwarze Kleitos, der die Agema befehligte, Hegelochos, ein früherer Admiral Alexanders, und Demetrios, der als einer der bekannten Ilarchen seine Position behielt.

Die Ilarchen hatten einigen Einfluss, so war es ihnen beispielsweise erlaubt, am Kriegsrat teilzunehmen. Trotzdem waren sie bis auf die drei genannten Namen unbedeutende Figuren.[70] Andererseits bekleideten später einige der mächtigsten Männer in der Armee das Amt des Hipparchen: Hephaistion, Perdikkas, Krateros, Koinos, Kleitos der Weiße und in viel geringerem Umfang auch Demetrios. Gemäß dieser Deutung war die Ursache der Umstellung Alexanders wachsendes Misstrauen gegenüber seinen hohen Offizieren. Die Empfindungen, die der Schwarze Kleitos vor seiner Tötung zum Ausdruck bringt, die also von einem vormals loyalen Kommandeur kamen, müssen Alexander aufs höchste beunruhigt haben, und er konnte nicht wissen, wie weit diese Gefühle gingen. Die Aufteilung der Ka-

[70] Arrian, 2.7.3; 10.2.; 16.8; 3.9.3

vallerie zwischen so vielen bewährten Männern wie möglich würde das Risiko eines Aufstandes reduzieren. Dies scheint sehr plausibel, wir wissen, dass Alexander alles tat, um sich selbst zum Zentrum der Loyalität des Heeres zu machen, und es ist gut dokumentiert, dass er mit Voranschreiten der Zeit immer stärker an Paranoia litt. Allerdings würde ich argumentieren, dass es in dieser Phase von Alexanders Biografie unwahrscheinlich ist, dass hierin die hauptsächliche Ursache für diese strukturelle Veränderung zu sehen ist. Trotz seiner wachsenden Paranoia blieb Alexander immer der große Taktiker und Stratege. Es wäre unwahrscheinlich, dass er ein kurzfristiges politisches Problem im Vorgriff auf einen Sieg während irgendeinem seiner Feldzüge anging. Gerade deswegen ist es unwahrscheinlich, dass die Politik der wesentliche Auslöser für die Umstrukturierung war. Es war nicht notwendigerweise schlecht, die Hipparchien auf diese Weise zu teilen.

Diese Erklärung ist für sich allein keine ausreichende Begründung dafür, dass Alexander die Organisation seiner Kavallerie so drastisch änderte. Er hätte diese mächtigen Männer einfach zu Ilarchen machen können, und ihr Ansehen wäre automatisch mit dem Ansehen der Stellung gewachsen, die sie einnahmen. In der militärischen Praxis würde es unsolide wirken, die allgemein bekannten Bezeichnungen wie Lochos oder Ile zu ändern. Diese Bezeichnungen waren in ganz Griechenland und nicht nur in Makedonien in Gebrauch. Ich denke, ein völlig neuer Name (Hipparchie) sollte uns eine völlig neue Sache erwarten lassen.[71] Dann würde es so scheinen, als seien die Hipparchien tatsächlich eine völlig neue Schöpfung und nicht einfach die größere Variante einer Ile.

Es gibt noch eine dritte Möglichkeit: Zwischen dem vorangeschrittenen Jahr 331 und 328 wurde die Gefährtenreiterei exklusiv wieder aufgebaut, mit dem Ziel die landsmannschaftlichen Bindungen jeder Ile zurückzudrängen. Nachdem mit Amyntas Verstärkung aus Makedonien eingetroffen war, wurden neue Untereinheiten innerhalb der Ilai gebildet. Diese wurden Lochoi genannt. Diese Lochoi wurden dann in neuen Einheiten zusammengefasst, den Tetrarchiai, eventuell wurden vier Lochoi zusammengefasst, jede der vier aus einer anderen Ile. Die Tatsache, dass sie aus vier verschiedenen Ilai kamen, ist der zentrale Punkt, denn es bedeutet, dass sie aus vier verschiedenen Regionen Makedoniens kamen. Demzufolge würde es vier Tetrarchiai zusammen mit der Agema gegeben haben. Diese Tetrarchiai entwi-

[71] Brunt, 1963, 31

72

ckelten sich dann zu den Hipparchien, welche seit 329 bei Ptolemaios genannt werden. Wenn dies wahr ist, waren die Hipparchien kaum größer als die alten Ilai, aber sie waren viel uneinheitlicher und hatten nur eine geringe oder gar keine gemeinsame regionale Zugehörigkeit. Dies wiederum dürfte den Effekt gehabt haben, dass ihre Loyalität gegenüber ihren ursprünglichen, aus der selben Region stammenden Offizieren abnahm, welche zur selben Zeit durch verdientere Offiziere abgelöst wurden, wie oben erläutert wurde. Damit dürfte die Wirkung einhergegangen sein, dass die Truppen eine größere zentrale Loyalität gegenüber der Person des Königs empfunden haben, ein zentrales Thema, wie bereits dargelegt wurde. Dies wäre ein weiteres Anzeichen für Alexanders wachsendes Misstrauen gegenüber seinen Kommandeuren und dafür, dass er jede Loyalität, welche das Heer gegenüber einem anderen als ihm selbst fühlen könnte, unterdrücken wollte.

Ich glaube nicht, dass diese drei scheinbar miteinander streitenden Theorien sich gegenseitig ausschließen. Sicherlich ist es wahr, dass die Hipparchien größer waren als die Ilai (vermutlich betrug ihre Mannschaftsstärke 1.000 Mann). Es scheint auch wahrscheinlich, beurteilt man ihre operativen Aktivitäten, dass die Hipparchien vielseitiger waren als die alten Einheiten. Hierfür haben sie aus einer Kombinationen von schwerer und leichter Kavallerie bestanden. Ebenfalls gilt es als sehr wahrscheinlich, dass Alexander versuchte, den Status der Gefährtenreiterei zu bessern, um so ein Gegengewicht gegen die politische Macht der Infanterie zu bilden. Verschiedne Hipparchen waren vorher Taxiarchen. Dies dürfte ihnen ohne Zweifel als Beförderung verkauft worden sein, als würden sie größere Truppen mit einer weit größeren Verantwortung kommandieren.

Es ist ebenso wahrscheinlich, dass Alexander sich die Treue der Armee sichern wollte und nicht zuließ, dass sie den Kommandeuren der Einheiten galt, die aus den selben Regionen kamen wie ihre Männer. Sicherlich wollte er auch die Macht und den Einfluss einschränken, welche Männer wie Parmenion vorher ausgeübt hatten.

Diese Umstrukturierung scheint aus militärischen und politischen Gründen notwendig gewesen zu sein. Sie ist auch ein Hinweis auf Alexanders Vision, dass eine Veränderung innerhalb eines Teils der Armee eine Reihe aktueller und zukünftiger Probleme lösen konnte. Daraus, dass wir nur selten davon hören, dass die makedonische Kavallerie Alexander ernsthafte politische Probleme bereitete, können wir schließen, dass die Reform erfolgreich war. Die Probleme mit Meutereien in Alexanders späteren Jahren waren von der Infanterie verursacht, und nicht von der Kavallerie. Die zukünftigen Einsätze zeigten überdies, dass die Reform auch militärisch erfolgreich war.

ORIENTALISCHE EINHEITEN

Es gibt keinen Zweifel, dass Alexander nach dem Tod des Dareios in ständig wachsendem Masse orientalische Truppen einsetzte. Arrian berichtet uns über Einheiten von Arachosen, Baktriern, Parapamisadern, Skythen, Sogdiern und Indern. Sie alle waren Teil der großen Armee, die Alexander 324 zusammenstellte.[72] Weiter wird uns berichtet, dass das Heer die bemerkenswerte oder vielleicht unglaubliche Größe von 120.000 Kämpfern an einem Ort erreichte (Arrian, Indica 19.5). Diese Zahl berücksichtigt nicht die große Zahl an Menschen, die sich im Umfeld eines solchen Lagers aufhielten und sich so mit dem Heer vereinigten, obwohl Alexander wie schon Philipp vor ihm alles unternahm, ihre Zahl auf ein Minimum zu reduzieren. Nur eine sehr kleine Zahl von ihnen dürften Makedonen gewesen sein.

Es muss jedoch festgestellt werden, dass der Zeitpunkt schwierig zu bestimmen ist, an dem Alexander erstmals damit begann, orientalische Truppen einzusetzen. Für das Ende des Jahres 330 berichtet Arrian von einem neuen Kavallerieverband, der Hippakontistai genannt wurde.[73] Wir wissen, dass diese Truppe etwas vollkommen Neues war, denn Arrian sagt es uns wie so vieles. Wir wissen ferner, dass sie berittene leichte Speerwerfer waren und daher zur leichten Kavallerie zählten, aber ihre ethnische Herkunft ist nirgendwo bezeugt. Die Theorie, dass sie persische Deserteure gewesen wären, ist höchst unwahrscheinlich, ist doch belegt, dass sie einen bedeutenden Anteil der Garnison von Areia stellten. Falls sie doch Perser waren, wäre dies ein einmaliger Fall, war es doch Alexanders allgemeine Praxis, alliierte Griechen oder Söldner für den Garnisonsdienst heranzuziehen, aber keine Perser. Vielleicht waren sie makedonische oder europäische Kavallerie: Die Paionen werden nie wieder erwähnt, und vielleicht waren die Paionen und die Hippakontistai ein und dasselbe. Die Hippakontistai waren vielleicht griechische Kavallerie und haben im Wesentlichen dieselben Aufgaben wahrgenommen wie die Prodromoi. Der Schlüsselbeweis ist, das Arrian die Hippakontistai mit regulären Einheiten der makedonischen Armee ver-

---

[72] Arrian, 5.11.3; 5.12.2; 5.2.2-4; 3.6; 6.2.3
[73] Arrian, 3.24.1

knüpft: den Gefährten und den Agrianen. Das bedeutet zwar nicht, dass sie ein Teil von ihnen waren, wohl aber, dass sie an deren Seite gekämpft haben. Zu diesem Zeitpunkt integrierte Alexander aber noch keine Perser in die Gefährtenreiterei (siehe unten).Ich denke, dies ist mehr ein Anzeichen für Alexanders wachsendes Verlangen, Verbindungen zwischen Makedonen und Persern zu schaffen, so wie er es mit der Massenhochzeit von Susa und später mit der Integration der persischen Einheiten in die Taxeis der schweren makedonischen Infanterie und in die Reihen der Gefährten tat. Dies war eine äußerst wichtige Politik. Wenn Alexander seine eroberten Gebiete für immer regieren wollte, musste er die Perser dazu bringen, ihn als den rechtmäßigen Nachfolger des Großkönigs Dareios und nicht als Eroberer anzusehen. Diese Politik war bei den eigentlichen Makedonen unbeliebt, aber Alexanders Vision war es, diese Politik umzusetzen. Wenn er die neu gewonnenen Territorien regieren wollte, benötigte er die Zusammenarbeit mit dem persischen Adel.

Ein weiterer möglicher Hinweis darauf, dass persische Truppen zu einem früheren Datum eingesetzt wurden, sind die Hippotoxotai.[74] Da Arrian sie als Dahaer beschreibt, gibt es um diese Einheit viel weniger Verwirrung. Diese einzelne Region ergab sich Alexander im Winter 327/328, und wir können annehmen, dass sie bereits kurz nach diesem Datum ein Kontingent stellte. Die Hippotoxotai waren höchstwahrscheinlich berittene Bogenschützen oder vielleicht eine Kombination aus leichter Kavallerie und Bogenschützen. Allerdings wird dies nirgends ausdrücklich erwähnt. Die orientalischen Truppen, die bisher erwähnt wurden, waren alle in besonderen nationalen Einheiten zusammengefasst und wurden entweder alleine oder in Verbindung mit den Gefährten eingesetzt. Es bleibt nun die Frage, ob und zu welchem Zeitpunkt Orientalen den Gefährten in den Hipparchien an die Seite gestellt wurden. Hier gibt es grundsätzlich zwei Denkschulen.

Die erste glaubt, dass orientalische Truppen bis spätestens 324 in die Hipparchien eingegliedert wurden und dass die Beschwerden, die während der Meuterei von Opis formuliert wurden, und ihre Unbeliebtheit bei den makedonischen Truppen dies sehr deutlich zeigen. Baktrische, sogdische und arachosianische Reiterei wurden gemeinsam mit Reitern aus Zarangian, Areian, Partien und Euacae in einer Brigade zusammengefasst.[75]

---

[74] Arrian, 5.12.2; 16.4; vgl. Curtius, 9.2.24
[75] Arrian, 7.6.3

Hinzu kommt, dass eine fünfte Hipparchie geschaffen wurde, die nicht »vollständig barbarisch war«; dies impliziert scheinbar, dass es nicht unerwartet gewesen wäre, falls sie komplett barbarisch gewesen wäre. Eine Beschreibung, die scheinbar gebräuchlicher war, war »nicht komplett makedonisch«, welche darauf deutet, dass einige Perser dazwischen waren. Tatsächlich legt Arrians Wortwahl nahe, dass es sich bei der fünften Hipparchie um eine handelte, die fast vollständig aus Persern bestand. Verschiedene orientalische Adelige gehörten sogar der Agema an. Doch wurden sie mit makedonischen Waffen ausgestattet und an diesen ausgebildet, und nicht an ihren ursprünglichen Wurfspeeren. Die Zarangianer, Areianer und Parthyaeaner wurden spät im Jahr 325 bei Karmina in die Armee integriert, die Eucaer kurz darauf.[76] Die Aussage, dass eine fünfte Hipparchie geschaffen wurde, legt nahe, dass es für einige Zeit nur vier gegeben hat, jedoch wissen wir, dass es im Jahr 326 bereits acht waren.

Die Reduzierung von acht auf vier Hipparchien könnte sehr eng mit den Verlusten während des Feldzuges in Indien und des Marsches durch Gedrosische Wüste verknüpft sein. Zu einem bestimmten Zeitpunkt während dieser Periode wurden die überlebenden Gefährten zusammengefasst, um sie vor einer ernsthaften Unterbesetzung und operativer Wirkungslosigkeit zu bewahren. Das Anwachsen der Kampfkraft, das mit der Erhöhung der Hipparchien von vier auf fünf einhergegangen sein muss, war das Ergebnis orientalischer Verstärkungen (vielleicht auch einiger weniger makedonischer), weshalb die fünfte Hipparchie überwiegend aus Orientalen bestand. Ich denke, es ist falsch, zu glauben, dass die fünfte Hipparchie nur einen kleinen Anteil orientalischer Einheiten hatte und dass sie die ursprüngliche Agema war. Für Letzteres gibt es keinen Beweis, und Arrians Feststellung deutet sehr stark darauf hin, dass die fünfte Hipparchie tatsächlich überwiegend aus orientalischer Kavallerie bestand. Arrians Beschreibung der Meuterei in Opis scheint dies zu belegen: hier werden die fünfte Hipparchie und die Agema als getrennte Einheiten behandelt[77]. Nach dieser Deutung wurden die Orientalen erst sehr spät, vielleicht erst 324 oder kurz davor in die Armee eingegliedert. In Anbetracht von Alexanders Bedürfnis, den persischen Adel in die neue Regierung einzubinden, um so die neu gewonnenen Gebiete regieren zu können, scheint es unmöglich, zu glauben, dass er nicht

[76] Arrian, 6.27.3
[77] Arrian, 7.6.3

schon lange vor 324 etwas unternahm, um dies zu realisieren. Außerdem gibt es noch ein starkes militärisches Argument: Alexander benötigte Männer, und Persien war ein schier grenzenloses Reservoir für eine hochwertige Reiterei. Dass Alexander hiervon nicht auf irgendeine Art Gebrauch machte, ist unvorstellbar. Dies hätte auch zur Folge gehabt, die Zahl der im Wesentlichen unbeschäftigten persischen Soldaten zu reduzieren, woraus ein nicht zu unterschätzendes Potenzial für Unruhen und Banditentum erwachsen wäre.

Die zweite Theorie ist zum Schluss in Teilen ein Argument aus dem Schweigen, und obwohl es im Allgemeinen nicht klug ist, solch ein Argument zu benutzen, scheint es mir doch sehr viel plausibler. Es ist auffällig, dass alle orientalischen Einheiten, welche in unseren Quellen genannt werden, nationale Verbände sind oder gerade in die Hipparchien eingegliedert wurden, dass sie aber insgesamt nur einen kleinen Teil des Potenzials darstellen, das für Alexander verfügbar war. Es ist ebenfalls klar, dass alle westlichen und zentralen Satrapien (persische Provinzen) bis zum Ende des Jahres 330 sicher in Alexanders Hand waren. In unseren Quellen werden aber keine Truppen aus diesen Satrapien erwähnt, die an einem seiner folgenden Feldzüge teilgenommen haben. Dies waren aber jene Regionen, aus denen die besten Kavallerieverbände stammten, die das ehemalige Perserreich anzubieten hatte. Hier waren aber auch die Menschen, die Alexander gewinnen musste, um für sein neues Reich ein gewisses Maß an Sicherheit zu erlangen.

Im Gegensatz dazu wurden die Truppen aus dem Nordosten des ehemaligen Perserreiches, zum Beispiel Baktrier und Sogdier, bis 328 integriert, kurz bevor diese Regionen völlig befriedet waren. Arrian 7.6.3 (der Abschnitt, der über die Klage während der Opismeuterei berichtet) bezieht sich sicherlich auf die endgültige Neuorganisation des Jahres 324 und kann nicht als Beweis herangezogen werden, dass die Orientalen schon viel eher in die Hipparchien eingegliedert waren.

Das Fehlen jeder Erwähnung der Truppen aus dem Westen und dem Zentrum des Perserreiches in unseren Quellen ist ein starker Hinweis darauf, dass sie niemals als selbstständige Einheiten operierten. Genauso gut könnte es aber auch darauf hindeuten, dass sie bereits zu einem sehr frühen Zeitpunkt in die Hipparchien integriert waren. Dies hätte einen gewissen Grad an Anonymität zur Folge gehabt.

Einer der besten Gründe, dieser Argumentation zu folgen, ist ihre allgemeine Wahrscheinlichkeit. Von 330 an gibt es vernünftige militärische und politische Gründe, Einheiten aus den gerade eroberten Satrapien einzusetzen. Militärisch, weil Alexander immer über zu wenig gut ausgebildete Kavalleristen verfügte. Seine Makedonen waren von unschätzbarem Wert, aber sie waren eine begrenzte Ressource. Der Charakter von Alexanders Kriegsführung nach der Schlacht von Gaugamela wich entschieden von den großen Feldschlachten ab, die er bis dahin geschlagen hatte. Jedoch reduzierte sich dadurch nicht sein Bedarf an Reitern, sondern er erhöhte sich noch. Einheiten, die sich als Reaktion auf jedwede Situation schnell bewegen konnten, waren nun sehr gefragt, und das persische Reich stand immer in dem Ruf, dass seine Stärke auf der Kavallerie beruhte.

Politisch war es lebenswichtig, die iranischen Truppen zu beschäftigen. Seitdem Alexander Dareios Friedensangebot im Jahre 333 abgelehnt hatte, versuchte er schrittweise, sich selbst zur legitimen Alternative des Großkönigs zu erheben.

Ich sage ganz bewusst eher als Alternative denn als Nachfolger. Die althergebrachte Sichtweise ist, dass Alexander sich selbst tatsächlich als Nachfolger der Achaimeniden darstellte, was aber nicht der Fall war. Stattdessen benutzte er tatsächlich verschiedene kaiserliche Titel und Symbole und war von daher eher eine Alternative als ein Nachfolger.[78] Für diese Position kann es keinen deutlicheren Beweis geben als die Beschäftigung seiner neuen Staatsangehörigen in der Armee. Wir können noch ein bisschen weiter an dieser Linie entlanggehen und sagen, dass es politisch den größtmöglichen Einfluss auf die Iraner hatte, wenn sie an der Seite der Gefährten in eine Ilai integriert waren und nicht einfach in einer eigenen Kavallerieeinheit zusammengefasst wurden, wie es mit den Völkern des Nordostens geschehen war. Daher gibt es einen deutlichen Unterschied, wie er die orientalische Kavallerie einsetzte und wie er die Reiterei der griechischen Verbündeten nutzte. Die Griechen bildeten zu keiner Zeit einen bedeutenden Teil seiner Armee, sondern waren Geiseln, mit denen das Wohlverhalten der griechischen Städte sichergestellt werden sollte. Das ist der Grund, warum sie niemals in der Art und Weise in die makedonischen Einheiten eingebettet wurden wie die Perser. Sie wurden niemals an der Seite der makedonischer Einheiten eingesetzt, und ihnen wurde niemals ein entsprechendes Maß an Verantwortung übertragen.

[78] Fredricksmeyer, 2000, 137 ff

78

Es gibt Ausnahmen von dieser allgemeinen Aussage: die Agrianen und die Thessalier sind die offensichtlichsten. Die bedeutendste Tat der Griechen während des Feldzugs bestand darin, Männer für Garnisonen und neugegründete Städte zu stellen sowie bei Gaugamela, vielleicht auch am Granikos und bei Issos als zweite Linie zu agieren. Sie hatten hierbei die Aufgabe, die Einkreisung des Heeres zu verhindern. Dies war zweifellos eine wichtige Aufgabe, aber keine, die tatsächlich zum Sieg in der Schlacht führen würde, obwohl sie dabei helfen konnte, eine Niederlage Alexanders zu verhindern, sollte sich die Schlacht nicht im gewünschten Sinne entwickeln. Die persischen Einheiten wurden weitaus besser behandelt, indem sie mit makedonischen zusammengefasst wurden oder später an ihrer Seite standen. Wir haben keine Informationen über Ressentiments, die hierdurch in den Einheiten der griechischen Verbündeten hervorgerufen wurden, doch können wir vermuten, dass solche existiert haben dürften.

Es gibt bei Arrian verschiedene Stellen, die zu der Vermutung Anlass geben, dass die Hipparchien eher aus der Gefährtenreiterei gebürtiger Makedonen bestanden. Aber der Beleg hierfür ist nicht in sich schlüssig.[79] Wir müssen erneut zu Arrian 7.6.3, der Passage über die Opismeuterei, zurückkehren. Diese zeigt, dass der Hauptpunkt für den Streit innerhalb der Makedonen die Ausrüstung der persischen Einheiten, die ohnehin schon zu den Hipparchien gehörten, mit der makedonischen Kavallerie-Sarissa war. Wenn dies die richtige Interpretation ist, dann waren die persischen Truppen bereits ein Bestandteil der Hipparchien, und sie waren dies wohl auch schon während des Feldzugs in Indien. Perser könnten ebenso schon vor 328 in die Hipparchien eingebunden gewesen sein. Falls dies der Fall war, dann hätte eine Hipparchie vielleicht aus einer Ile schwerer makedonischer Kavallerie und einer Ile persischer leichter Kavallerie bestehen können, obwohl diese nicht alle leichte Kavallerie gewesen sein dürften, einige waren wahrscheinlich schwer gepanzert gewesen. Zentralpersien bildete das größte Reservoir für die schwere Kavallerie, und dies waren die Einheiten, die alle Feldschlachten für Alexander gewannen. Daher waren dies die Truppen, die Alexander rekrutierte und nutzte, wann immer es möglich war. Daher verfügte jede Hipparchie, welche nun schätzungsweise aus der gleichen Anzahl Makedonen und Perser bestanden, über ein größeres Maß an Flexibilität als vorher, was zum Teil auch auf der Eingliederung der Prodromoi in

[79] Arrian, 5.12.2; 6.7.2

die Reihen der Gefährten beruht, wie bereits oben diskutiert. Die Aufteilung in schwere und leichte Kavallerie ist jedoch unklar, da sie gemeinsam eine größere operative Beweglichkeit erreicht hatten.

Allerdings sind wir gezwungen, als Ergebnis zu akzeptieren, dass, sofern sich nicht weitere Belege finden, der erste positive Beleg für die Integration orientalischer Verbände in die Hipparchien für das Jahr 324 oder kurz davor zu finden ist, obwohl es nachvollziehbare Argumente dafür gibt, dass sie bereits vorher mit einbezogen wurden. Wir müssen weiterhin akzeptieren, dass wir einfach nicht wissen, warum Alexander keinen größeren Nutzen aus der größten natürlichen Ressource der zentralen Satrapien zog: ihrer Reiterei.

DIE AUSRÜSTUNG DER MAKEDONISCHEN KAVALLERIE

Im ersten Kapitel wurde die Sarissa der makedonischen Infanterie dargestellt. Entsprechend scheint es angebracht, dieses Kapitel hier mit der Diskussion über die Existenz einer speziell entwickelten Sarissa für die Kavallerie zu beenden. Bis vor kurzem tendierten die Historiker dazu, einem von zwei Lagern anzugehören: Entweder benutzte die Kavallerie niemals eine Sarissa, obwohl sie manchmal eine Waffe einsetzte, die etwas stärker als der normale Speer war, oder sie benutzte Sarissai, die in ihren Abmessungen denen entsprachen, welche bei der Infanterie eingesetzt wurden. Die Möglichkeit, dass eine Waffe speziell für die Zwecke der Kavallerie entwickelt worden war, wurde weitgehend nicht beachtet, doch werden wir sie hier untersuchen.

Der große Vorteil der Sarissa war, dass sie es durch ihre Handhabung ermöglichte, den Gegner zu übertreffen, es war möglich, den Gegner zu schlagen, bevor er einen Treffer landen konnte. Dieser grundsätzliche Vorteil, dessen sich die Lanzenträger erfreuten, war nicht spezifisch für die Antike, sondern überdauerte bis in moderne Zeiten. Der letzte dokumentierte Angriff einer mit Lanzen bewaffneten Kavallerie erfolgte am 3. September 1939, als die polnische Kavalleriebrigade Pomorska die Panzer der deutschen 3. Panzerdivision angriff, wobei das Ergebnis nur allzu leicht vorhersehbar war.

Zunächst sollten wir die antiken und modernen Quellenaussagen untersuchen, bevor wir in den bildlichen Darstellungen und archäologischen

Funden nach Belegen für die Existenz der Kavallerie-Sarissa suchen. Nach Aristoteles benutzte Alexanders Reiterei sowohl das Schwert als auch die Sarissa. Ferner wissen wir von einem anonymen byzantinischen Historiker, dass er den »Langspeer« dem »Speer der Kavallerie« gegenüberstellte.[80] Andererseits verwendet Appian ähnliche Begriffe für die Ausrüstung der Infanterie wie auch für die der Kavallerie. Ferner berichtet Arrian, dass Alexander, als er die Perser in seine Armee eingliederte, den persischen Wurfspeer gegen den Kavalleriespeer austauschte, welcher die Sarissa meint. Aelian gibt uns die bedeutende Information, dass die Kavallerie-Sarissa nicht kürzer als acht Ellen war. Im weiteren Verlauf dieses Abschnitts werde ich versuchen, die Begriffe Sarissa oder Kavallerie-Sarissa zu verwenden, obwohl ich manchmal auch von Lanzen sprechen werde. Die antiken Quellen verwenden scheinbar eine verwirrende Vielzahl von Begriffen, um über das zu berichten, was vermutlich immer dieselbe Sache ist: die Kavallerie-Sarissa. Wir sehen Sarissa (Pike), Dory (Lanze), Xyston (Speer) und Kontos, alle diese Begriffe scheinen untereinander austauschbar. Strabo gibt uns einen wertvollen Hinweise hinsichtlich des Gewichts der Kavallerie-Sarissa, wenn er berichtet, dass sie auf zwei Arten genutzt werden konnte, nämlich im Nahkampf oder wie ein Wurfspeer. Letzteres war mit der Sarissa der Infanterie einfach unmöglich. Asklepiodotos bestätigt ebenfalls, dass die Kavallerie etwas anderes benutzte als die anderen Reiterverbände jener Tage, wenn er feststellt: »*Die Kavallerie, welche in geschlossenen Vierteln kämpft, benutzt … einen langen Speer und wird hierfür auch Doratophoroi oder auch Xystophoroi genannt.*«[81] Außerdem gibt es bei Arrian zahlreiche Verweise auf die Sarissophoroi. Wie bereits erwähnt, waren dies die Prodromoi, die unter gewissen Umständen in den Feldschlachten mit der Kavallerie-Sarissa ausgerüstet wurden. Dies verdeutlicht wiederum, dass Alexanders makedonische Kavallerie bisweilen etwas anderes benutzte als den traditionellen Speer.[82]

Aus den überlieferten Texten wissen wir, dass der Schaft der Kavallerie-Sarissa ebenfalls aus dem Holz des Hartriegels war. Hartriegel wurde seit dem Ende des 7. Jahrhunderts für Wurfspeere genutzt, teilweise wegen seiner überlegenen Kombination aus Elastizität und Stärke, teilweise aber auch

[80] Koechly, 3.215.6; 3.223-24
[81] Asklepiodotos, Tact. 1.3
[82] Appian, 11.19.7–10; Arrian,7.6.5; Aelian, Tact. 12; Strabo, 10.1.12

wegen seiner relativ niedrigen Aufprallfestigkeit. Letzteres führte dazu, dass eher die Sarissa brach, als dass der Kavallerist vom Pferd gestoßen wurde, wenn seine Waffe auf den Gegner prallte. Die Kavallerie-Sarissa hatte zwei Speerspitzen. Die waren notwendig, da der Kavallerist in dem Fall, dass der Speer brach, diesen einfach umdrehen und so das andere Ende benutzen konnte.[83] In diesem Punkt weicht die Kavallerie-Sarissa von der Infanterie-Sarissa ab, welche nur eine Speerspitze hatte. An ihrem hinteren Ende befand sich ein mit einer Spitze versehener Lanzenschuh, der in den Boden gerammt werden konnte, um einen anstürmende Kavalleristen oder tatsächlich auch einen Infanteristen aufzuspießen. Aus den überlieferten schriftlichen Quellen alleine, wenn man nicht anderes beachtet, können wir zu dem Schluss kommen, dass die Kavallerie-Sarissa folgende Eigenschaften hatte:

- Sie war 8 Ellen lang.
- Sie wurde aus Hartriegelholz gefertigt.
- Sie war an beiden Enden mit Speerspitzen versehen.
- Sie war leicht genug, dass man sie wie einen Speer werfen konnte.

Die bildlichen Darstellungen von antiken Waffen sind oft problematisch. Dies ist manchmal durch das Material bedingt, auf dem das Bild aufgebracht wurde, manchmal durch den Erhaltungsgrad, oder, wie im Fall von Münzen, durch die Größe der Abbildung.

Aber es gibt einen Fund, der vielleicht die schriftliche Überlieferung stützt. Das Basrelief einer Grabstätte aus Appollonia in Epeirus zeigt eine berittene Figur, die eine Kavallerie-Sarissa mit zwei Spitzen trägt. Gut sichtbar ist, dass der hintere Punkt der Waffe deutlich größer ist als der vordere. Vermutlich wollte man durch das zusätzliche Gewicht den Schwerpunkt nach hinten verlagern, damit sie dichter am hinteren Ende angefasst werden konnte und so ein größeres Stück nach vorne ragte. Aufgrund der Abmessung der Grabstätte ist es unmöglich, die Größe der Waffe zu bestimmen. Der Künstler sah die Notwendigkeit, die Waffe zu kürzen, um sie an die Abmessungen der Figur anzupassen.

Das Fresko des Grabes aus Naoussa zeigt einen makedonischen Kavalleristen bei der Ausbildung mit seinem Knecht. Der Kavallerist hält die Sarissa in einer 3:5-Position, womit gemeint ist, dass zirka 40 Prozent der Sarissa nach hinten und etwa 60 Prozent der Waffe nach vorne herausragt. Das be-

[83] Arrian, 1.15.6; Polybios, 6.25.6; 11.8.4

legt, dass die hintere Spitze schwerer als die vordere gewesen sein muss, da die Waffe nur so in der 3:5-Position ausbalanciert war. Einige Historiker haben argumentiert, dass es keinen nennenswerten Unterschied gab zwischen der Sarissa, welche die Kavallerie benutzte, und der, die bei der Infanterie verwendet wurde. Darüber hinaus wurde behauptet, dass es zwischen den beiden Spitzen der Sarissa keine Unterschiede im Gewicht oder der Abmessung gegeben hat.[84] Dies ist jedoch falsch, da die Waffe ausbalanciert war, wie es deutlich in der bildlichen Darstellung zu sehen ist, welche wir untersucht haben. Es gibt aber auch einen weiteren archäologischen Beweis für diesen Punkt.

Das Alexander-Mosaik aus der Casa del Fauno in Pompeji, das sich im Museo Archeologico Nazionale in Neapel befindet, zeigt die Verwendung eines Riemens an der Lanze. Diesen dürfte der Kavallerist verwendet haben, um zu verhindern, dass die Waffe in seiner Hand rutscht. Daneben dürfte er verwendet worden sein, um sicherzustellen, dass die Waffe nicht einfach herunterfallen konnte, indem das Band in Form einer Schlaufe um das Handgelenk gewickelt wurde. Um Verletzungen der Vorder- oder Hintermänner während des Marsches zu verhindern, konnte der Riemen dazu verwendet werden, die Waffe über der Schulter zu tragen.

Im Vordergrund des Mosaiks befindet sich neben Alexander eine weggeworfene Lanze. Sie ist vermutlich deswegen weggeworfen worden, weil beide Speerspitzen fehlen, aber der Riemen und die Schlaufe für das Handgelenk sind vorhanden. Schräg links hinter Alexander befindet sich eine Figur mit einem boiotischen Helm, die gerade mit der Rückseite ihrer zerbrochenen Sarissa einen Stoß über dem Kopf ausführt. Diese zwei Personen, die Figur mit dem boiotischen Helm und Alexander, zeigen die zwei grundsätzlichen Kampfweisen mit der Kavallerie-Sarissa. Wir können verschiedene Punkte aus der bildlichen Darstellung ableiten:

- Die Kavallerie-Sarissa hatte an beiden Seiten des Schafts Speerspitzen.
- Der Schaft hat offensichtlich über die gesamte Länge denselben Durchmesser, und wenn die Sarissa im Kampf benutzt wurde, wurde sie in einer 3:5-Haltung getragen.

---

[84] Markle (1977, 333) glaubt, dass es keinen nennenswerten Unterschied gab zwischen der Sarissa, welche die Kavallerie benutzte, und der, welche bei der Infanterie verwendet wurde. Ferner glaubt er, dass es zwischen den Speerspitzen an den beiden Enden der Sarissa keine Unterschiede

- Die Sarissa wurde in einer Hand gehalten und konnte entweder für einen Stoß aus dem Unterarm oder zum Niederstechen des Gegners aus dem Oberarm benutzt werden.
- Ein weiterer Bestandteil der Kavallerie-Sarissa war ein Riemen, der dem Reiter beim Fassen und Halten der Lanze während des Kampfes half und der es darüber hinaus ermöglichte, die Sarissa während des Marsches über der Schulter zu tragen.

Die Qualität und Quantität der gefundenen Sarissaspitzen und auch der Spitzen von Hopliten- und Wurfspeeren ist ausreichend, um deutlich zwischen ihnen zu unterscheiden. Der Hoplitenspeer, der bei Vergina, Tumulus LXVIII, Grab E, gefunden wurde, hatte eine Speerspitze von 27,5 cm Länge und einem Gewicht von 127 g sowie einen eisernen Lanzenschuh mit Spitze, der 6,35 cm lang ist und 42,5g wiegt. Ferner wurden Holzstücke zwischen den beiden gefunden, die deutlich darauf hinweisen, dass sie einst eine Waffe bildeten. Die Infanterie-Sarissa war deutlich länger. Ihre eiserne Spitze war 51 cm lang und wog 1.224 g, der eiserne Lanzenschuh mit Spitze maß 45,75 cm und wog 1.046 g.[85] Die Kavallerie-Sarissa lag irgendwo zwischen den beiden. Die hintere Speerspitze bestand aus einer zweischneidigen, ausladenden Klinge, war 49,5 cm lang und wog 526 g. Die vordere Spitze war deutlich schmaler, 28 cm lang und wog 267 g. Die zwei Speerspitzen der Kavallerie-Sarissa können einer Waffe zugeordnet werden. Sieht man davon ab, dass sie gemeinsam gefunden wurden, lässt sich zusammenfassend feststellen:
- Der Fund von zwei Speerspitzen mit unterschiedlichen Maßen bestätigt die bildlichen Überlieferungen.
- Die Anschlusstücke der Speerspitzen haben den gleichen Durchmesser.
- Beiden Speerspitzen waren mit der gleichen Methode am Schaft befestigt: sie waren mit zwei im Durchmesser entgegengesetzten Löchern versehen, durch welche Nägel durchgetrieben werden konnten.
- Die Tüllen der Speerspitzen sind vergleichbar mit einigen anderen identifizierten Speerspitzen, aber die große doppelschneidige und weit ausladende Erscheinung der Lanzenspitzen setzt sie deutlich von diesen ab.
- Der kleinere Durchmesser der Ansatzstücke und das geringere Gewicht im Vergleich zur Sarissa der Infanterie unterscheiden die beiden Waffentypen deutlich voneinander.

[85] Andronicos, 1970, 91-107

Ein Rückblick auf die vorliegenden Belege erlaubt es uns, verschiedene Schlüsse allgemeiner Natur zu ziehen. Zuallererst: Die Kavallerie-Sarissa hat tatsächlich existiert. Und zweitens: Sie wich in Gewicht, Gestaltung und Konstruktion von ihrem Gegenstück bei der Infanterie ab.

Die Kavallerie-Sarissa war etwa 2,75 m lang und wog zirka 1,9 kg. Dies bestätigt Strabos Kommentar, dass sie leicht genug war, um sie werfen zu können. Die Lanze selbst hatte zwei Speerspitzen, die eine beträchtlich größer als die andere. Die größere von den beiden befand sich am hinteren Ende und fungierte zum Teil auch als Gegengewicht. Dies erlaubte es, die Waffe in der 3:5-Position zu halten. Außerdem war die Waffe mit einem Riemen versehen, der dem Benutzer verschiedene Möglichkeiten zum Tragen der Waffe gab und das Risiko minimierte, die Waffe im Kampf zu verlieren.[86]

---

[86] Strabo,10.1.12

DIE KAVALLERIE DER VERBÜNDETEN

DIE THESSALISCHE REITEREI

Während der frühen Phase des Krieges war die thessalische Reiterei vermutlich das wichtigste nichtmakedonische Kontingent in der gesamten Armee. Die thessalische Reiterei war kein Kontingent, das von Alexander neu angeworben wurde, sie kämpfte schon unter Philipp an der Seite der Makedonen, und das schon viele Jahre vor seinem Tod.

So ernteten sie Ruhm während der Schlacht von Chaironaia, wo sie an der entscheidenden Kavallerieattacke unter Alexanders Führung teilnehmen durften. Allerdings bleibt festzuhalten, dass die Details dieser Schlacht bestenfalls lückenhaft bekannt sind. Das einzige, was vortrefflich herausgestellt wird, ist, dass es Alexander war, der die Heilige Schar der Thebaner zurückschlug.

Am Ausgangspunkt des Feldzugs kommandierte Alexander 1.800 Gefährten, und es scheint, dass er annähernd dieselbe Zahl Thessalier befehligte. Es ist nicht klar, ob er Teile der thessalischen Reiter bei seinem Regenten Antipater in Griechenland zurückließ. Ich glaube das jedoch nicht, da ich es als gegeben ansehe, dass es nicht sehr schwierig war, die ursprünglichen Aushebungen in Thessalien zu erhöhen. Die Bildung einer stehenden Einheit war daher nicht erforderlich. Er verfügte über ausreichend makedonische Truppen, um Griechenland in Ordnung zu halten, und so erschienen sie auch erst kurz vor der Revolte von Agis. Diese Truppen wurden aus dem thessalischen Adel ausgehoben, der seit vielen Jahren den Ruf hatte, die beste Kavallerie in der griechischen Welt hervorzubringen. Die ursprünglich 1.800 Mann wurden mit weiteren 200 Männern im Jahr 334 in Gordium verstärkt. Diese Truppen waren Teil einer ersten Welle von Verstärkungen, die Alexander erhielt. Arrian erwähnt weiter nichts über die erste Phase des Feldzuges, obwohl es möglich ist, dass wir einfach nichts anderes darüber erfahren können. Dies ist verständlich, da unsere Quellen daran interessiert waren, mehr über die Ereignisse im Rahmen des Feldzuges als über die Ankunft von Verstärkungen zu berichten. Es scheint sehr wahrscheinlich, dass es eine Welle von Verstärkungen gab, die im Laufe des Jahres 333 bei Alexanders Heer eintraf. Doch findet sich hierfür kein positiver Beleg in unseren Quellen. Jedoch sollte festgehalten werden, dass es unwahrscheinlich ist, dass noch mehr Thessalier während dieser frühen Phase des Feldzuges zu Alexander stießen, sodass ihre Zahl niemals die 2.000 überschritt. Dies können wir vermuten, weil sich die Einheiten in dieser Zeit nicht grundsätzlich veränderten.

Aus unseren Quellen ist nicht ersichtlich, was Alexander mit der Verstärkung von 200 Mann bei Gordium machte. Es könnte sein, dass sie in die bestehenden Ilai eingegliedert wurden, um die Verluste auszugleichen, die bis zu diesem Zeitpunkt entstanden waren. Doch ich glaube, dies geht von der falschen Annahme aus, dass die Thessalier bereits Verluste von 200 Mann erlitten hätten, doch scheint dies nicht der Fall gewesen sein. Ich würde deshalb argumentieren, dass zwar die Verstärkungen tatsächlich in die existierenden Ilai integriert wurden, dies aber zum Anwachsen der Einheiten führte, also keinen Ersatz für erlittene Verluste darstellte. In den frühen Stationen des Feldzugs waren die Thessalier nicht besonders stark in die Kämpfe verwickelt, sodass ihre Verluste gering waren und sicherlich nicht zehn Prozent ihrer nominalen Stärke betrugen. Die einzige größere Aktion, bei der wir sie sehen, war die Schlacht am Granikos. Zehn Prozent Verlust sind daher unrealistisch. Die einzige andere Option wäre die, dass eine neunte Ile gebildet wurde, doch gibt es keine Hinweise darauf in unseren Quellen. Daher bleibt uns nur die Vermutung, dass die bestehenden acht Ilai verstärkt und unterstützt wurden. Die Verluste während des Feldzuges dürften sie dann wieder auf die nominale Stärke von 200 Mann reduziert haben.

Es wird nicht ausdrücklich berichtet, wie die Thessalier organisiert waren, doch es wäre nur logisch, wenn sie in derselben Weise strukturiert gewesen wären wie die Gefährtenreiterei. So ist zu sagen, dass sie in acht Ilai eingeteilt waren. Eine von ihnen hatte vermutlich die doppelte Stärke, die sogenannte pharsalische Ile. Die pharsalische Ile dürfte dieselbe Funktion wahrgenommen haben wie die königliche Schwadron der Gefährten und war tatsächlich die Leibwache ihres Kommandeurs während der Schlacht.[87] Diese Ile mit ihrer doppelten Stärke ist die einzige, die Arrian oder irgendeine andere Quelle namentlich nennt. Doch es gibt keinen Zweifel, dass auch

[87] Arrian, 3.11.10

die anderen nach bekannten thessalischen Städten oder Regionen benannt sind, wiederum eine Parallele zu den Gefährten. Vom Beginn des Feldzuges an bis zur Schlacht am Granikos standen die Thessalier unter dem Kommando von Kalas. Er hatte unter Parmenion in den Expeditionsstreitkräften gedient und war sicherlich einer von seinen Männern. Alexander enthob ihn unmittelbar nach der Schlacht seines Kommandos und ernannte ihn zum Satrapen des hellespontischen Phrygiens. Dann ernannte Alexander Philipp, den Sohn des Menelaos, zu Kalas Nachfolger. In der Tat hatte Parmenion den Oberbefehl über diese Verbände, während der Feldschlachten und tatsächlich auch zu anderen Zeiten. Sie traten als seine persönliche Leibwache auf, so wie es die Gefährten bei Alexander taten.

Es gibt eine Reihe divergierender Sichtweisen bezüglich der Behandlung des Kalas. Es ist sicher, dass Alexander jede Möglichkeit nutzte, um Männer, die nicht von ihm ausgesucht waren, aus ihren Positionen innerhalb der Armee zu entfernen. Diese Personen werden häufig entweder als Philipps oder Parmenions Männer bezeichnet. Kalas Amtsenthebung könnte Teil einer großen Strategie gewesen sein, die tatsächlich einige Jahre bis zu ihrer Vollendung in Anspruch nahm und vielleicht erst mit der Ermordung von Parmenion und Philotas beendet war. Kalas Erfahrungen in dieser Region als Mitglied der Expeditionsstreitkräfte machten ihn aber auch zu einem idealen Kandidaten und zur einzig logischen Wahl bei der Besetzung des Gouverneurspostens in dieser Region. Ferner kann angeführt werden, dass die Erweiterung seines Amtsbereichs um die Satrapie Paphlagonien zeigt, dass er als nichts anderes als ein loyaler Offizier angesehen wurde. Doch es muss auch gesagt werden, dass Alexander ohne Zweifel froh darüber war, ihn durch einen seiner eigenen Männer im Heer ersetzen zu können und so Parmenions Machtbasis etwas zu schwächen.

Die thessalische Kavallerie war vermutlich in derselben Weise ausgestattet wie die Gefährten, doch kann eine oberflächliche Unterscheidung immerhin vorgenommen werden. Die zwei Reiter, die auf dem Alexandersarkophag dargestellt werden, einer jagend und der andere in der Schlacht, tragen den unverwechselbaren thessalischen Umhang und können daher wohl diesem Kontingent zugeordnet werden. Der Umhang kann durch jeweils zwei Ecken identifiziert werden, die vorne und hinten an den Figuren herunterhängen. Außer dem Umhang scheint es dagegen nur sehr geringe

Unterschiede in Bezug auf die Kleidung und Ausrüstung zwischen ihnen und den Gefährten gegeben zu haben. Wir können nur vermuten, dass die Thessalier bevorzugt den Wurfspeer benutzten, doch waren sie nun wie auch Gefährtenkavallerie mit der Kavallerie-Sarissa ausgerüstet und an ihr ausgebildet.

Es wird häufig argumentiert, dass »die Thessalier dieselben Aufgaben wahrnahmen wie die Gefährten«, doch dies ist nachweisbar nicht der Fall.[88] Sie bildeten zwar Parmenions Leibwache auf dieselbe Weise, wie es die Gefährten bei Alexander taten, doch ihre tatsächliche Rolle in den normalen Schlachten war eine wesentlich andere. Die Gefährten waren die Hauptangriffswaffe der Armee, ausgebildet und eingesetzt, um eine Bresche in die gegnerische Linie zu schlagen, durch die gegnerischen Truppen zu marschieren und dann eine Drehung auf das gegnerische Zentrum zu vorzunehmen. Ein Vorgehen dieser Art würde sicherstellen, dass das feindliche Zentrum von zwei Seiten gleichzeitig angegriffen wird, sofern es richtig koordiniert war: zum einem von der Flanke her durch die Kavallerie, zum anderen von vorne durch die vorrückende schwere Infanterie. Diese Strategie ist im Wesentlichen Alexanders Markenzeichen und ein unheimlicher Vorgeschmack auf die deutsche Strategie des »Blitzkriegs«, die im Wesentlichen durch Heinz Guderian entwickelt wurde.

Dagegen hatten die Thessalier den Auftrag, auf dem linken Flügel defensiv zu agieren, um zu verhindern, dass die Armee von dort durch zahlenmäßig überlegene persische Streitkräfte umgangen oder eingeschlossen wurde. Dies war sicher ihre Aufgabe am Ende der Schlachten am Granikos und bei Gaugamela, obwohl ihre Rolle am Granikos unklar war. Dies kann beispielsweise auch deutlich während der Schlacht bei Issos gesehen werden: Alexander griff über den Fluss Pinaros an, während Parmenion die Linie zwischen der schweren Infanterie und der See zur Linken hielt, um zu verhindern, dass die Armee von dort umgangen wurde. Ihre Aufgabe war vielleicht genauso wichtig wie die, welche die Gefährten auf der rechten Seite wahrnahmen, aber es war sicherlich nicht dieselbe. Obwohl die Thessalier ohne Frage zu den besten Truppen in der makedonischen Schlachtordnung zählten, war Alexander weit davon entfernt, sie als unersetzlich anzusehen. Im Jahr 331, während sie bei Ekbatana weilten, entließ Alexander die Thessalier und alle anderen alliierten Kontingente und beorderte sie an die Ägä-

---

[88] Bosworth, 1988, 264

is. Eine großzügige Abfindung wurde ausgegeben und eine Eskorte organisiert, welche sie an die ägäische Küste zurückbrachte.

Es scheint, dass die Thessalier zu Fuß marschierten, während sie von Kavallerie eskortiert wurden. Offensichtlich hatten sie ihre Pferde verkauft, vermutlich an die Gefährten. Der Verschleiß an Pferden muss während des Feldzugs besonders hoch gewesen sein. Jedem, der es wünschte, wurde erlaubt, sich wieder zu verpflichten, doch war ihr Status nicht länger der eines Verbündeten, sondern der eines Söldners. Jedem Mann, der blieb, wurde ein großzügiger Bonus von drei Talenten ausgezahlt. Offensichtlich blieben viele. Der Unterschied zwischen einem Verbündeten und einem Söldner war vielleicht nur sehr klein. In den meisten Fällen dürften sie den selben Sold wie vorher empfangen haben. Sie dürften auch in derselben Weise organisiert und ausgerüstet gewesen sein. Doch zeigt Alexanders Wille, ihren kompletten Ausfall zu riskieren, indem er sie aus dem Dienst entlässt, dass er sie nicht als einen entscheidenden Faktor für seine zukünftigen Erfolge ansieht. Es könnte auch ein Indikator für den wachsenden Einsatz der orientalischen Kavallerie sein. Die Kavallerie aus den zentralen Satrapien war von ähnlicher Qualität und war in weit größerer Zahl verfügbar als nur 2.000.

Warum aber wurden die alliierten Kontingente zu diesem Zeitpunkt entlassen? Vielleicht gibt uns Diodor die Antwort. Er berichtet, dass Alexander in Ekbatana *»bemerkte, wie die Makedonen den Tod des Dareios als das Ende des Feldzuges ansahen.«*[89] Wenn Diodor recht hat, dass die Makedonen so fühlten, dann ist es weitgehend sicher, dass dies auch die griechischen Verbündeten taten. Hinzu kam die Tatsache, dass sich die Griechen verpflichtet hatten, Alexander bei der Zerstörung des Perserreiches zu helfen. Dareios' Tod signalisierte, dass dieses Ziel erreicht war und dass die Verpflichtungen der Stadtstaaten erfüllt waren. Besonders der Krieg des Korinthischen Bundes war zu Ende. Viele der Thessalier entschieden sich zu bleiben, ohne Zweifel wegen der finanziellen Anreize, die Alexander bot, aber nun, wie oben bereits erwähnt, eben als Söldner.

Es gab aber auch rein militärische Gründe für die Entlassung der Thessalier. Alexander dürfte festgestellt haben, dass das Terrain im Nordosten des ehemaligen Perserreiches, in welches er nun vordringen wollte, keine Möglichkeiten für die Feldschlachten bot, durch die er in den vergangenen Jah-

[89] Diodor, 17.74.3

ren den Sieg über Dareios errungen hatte. Dort hatte er keinen Bedarf an einem vorwiegend defensiven Kavalleriekontingent. Die wichtigsten Kämpfe würden die Gefährten und die schwere makedonische Infanterie gemeinsam mit der passenderen leichten Infanterie führen. Jene alliierten Truppen, die sich erneut verpflichteten, wurden nach weniger als einem Jahr endgültig und komplett aus dem Dienst entlassen. Dies demonstriert Alexanders festen Glauben, dass sie nicht länger für den Gesamterfolg des Feldzugs nötig waren.

ANDERE ALLIIERTE REITEREI

Die Mitglieder des Korinthischen Bundes waren verpflichtet, sowohl Infanterie wie auch Kavallerie für die Invasionsarmee zu stellten. Nicht von allen Staaten wurde gefordert oder erwartet, dass sie Kavallerie stellen. Was von dem Einzelnen gefordert wurde, hing davon ab, was er am besten erbringen konnte. Ein Beispiel existierte in der Politik des alten Delischen Seebundes: Viele Staaten bevorzugten es, Geldzahlungen zu leisten und dafür keine Schiffe stellen zu müssen, was die Position Athens nur noch mehr stärkte. Diodor berichtet uns, dass 600 griechische Kavalleristen unter dem Kommando des Erigyos im Jahr 334 mit dem Hauptteil der Armee den Hellespont überquerten. Diese 600 können vermutlich mit den drei Ilai verbündeter Pferde bei Gaugamela gleichgesetzt werden.[90] Diese drei Schwadronen kamen von der Peloponnes, Achäia, von Phthiotis und Malis, aus Lokris und Phokis. Es scheint, dass diese Truppen am rechten Flügel aufgestellt wurden. Als Gegenstück zur alliierten Kavallerie auf der rechten Seite war bei Gaugamela ein weiteres Kontingent auf der linken Seite in Stellung gegangen. Dieses wurde von Koiranos kommandiert und bestand aus Boiotiern, Arkaniern und Aitoliern, vielleicht gemeinsam mit Eilanniern. Kein einzelner Staat scheint ursprünglich eine komplette Ile bereitgestellt zu haben, vielmehr wurden Kontingente verschiedener Städte aus derselben Region in den Einheiten zusammengefasst.

Diese Kavallerie war wichtig für Alexanders Feldschlachten und spielte eine bedeutende Rolle bei seinen Siegen. Ein Kennzeichen von Alexanders Strategien war es, den Gegner auf ein Gelände seiner Wahl zu bewegen. Dies konnte im großen Maßstab geschehen wie bei Issos, als er die Perser in die Enge lockte, oder im Kleinen während der Schlacht, indem er feindliche

---

[90] Diodor, 17.74.4; 17.57.2

Einheiten aus der Formation mitzog. Alexander begann die beiden Schlachten am Granikos und bei Gaugamela dadurch, dass er Einheiten der alliierten Reiterei opferte. Er befahl einer kleinen Einheit alliierter Kavallerie, den Feind links anzugreifen, und zog so einen wesentlich größeren und stärkeren Verband der persischen Kavallerie nach vorne. Der Angriff verlief nicht gut, war aber erfolgreich, da er die Perser hervorlockte: Diese befanden sich so in einer ungeschützten Position gegenüber der Gefährtenreiterei, die nun über sie herfallen konnte, während sich die persische Reiterei in Unordnung befand. Auf der einen Seite zeigt dies zwar Alexanders gleichgültige Haltung gegenüber der alliierten griechischen Kavallerie, auf der anderen Seite aber führte diese Taktik immer zu einem Sieg.

Häufig haben wir kein komplettes Bild darüber, was die alliierten Verbände zu einer bestimmten Zeit getan haben. Beispielsweise scheint es, dass Alexander, als er Ägypten einnahm, nur von einem Teil der Armee begleitet wurde. Namentlich waren dies die makedonischen Verbände mit den Agrianen an ihrer Seite. Während Alexanders Aufenthalt in Ägypten berichten die Quellen nur über Alexanders Aktivitäten und ignorieren zumeist den ganzen Rest der Armee. Wir wissen, dass die Kontingente der griechischen Verbündeten nach der Schlacht von Issos zeitweilig an den Satrapen von Syrien abgestellt wurden. Vielleicht, so können wir vermuten, trafen zu einem bestimmten Zeitpunkt Kavallerieverstärkungen aus Griechenland ein. Curtius berichtet von einem Gespräch zwischen Dareios und dem im Exil befindlichen Charidemos, in dem Letzterer ein ansonsten unbekanntes Kontingent aus Arkaniern und Aitoliern erwähnt.[91] Die Rede ist mit großer Wahrscheinlichkeit nicht authentisch, da Charidemos bereits einige Zeit zuvor auf Befehl Alexanders Athen verlassen und ins Exil gehen musste. Curtius könnte aber bei der Ausgestaltung dieses Gespräches Quellen benutzt haben, die von der Existenz dieser beiden Einheiten Kenntnis hatten. Falls sie wahr sind, dann müssen sie Teil einer Verstärkung sein, von der wir sonst nichts hören. Wir kennen auch ein Kontingent aus Boiotien, welches die Armee in Asien zu einem bestimmten Zeitpunkt erreichte: Bei Orchomenos wurde eine Inschrift gefunden , die eine Weihung enthält, die von denen vorgenommen wurde, die unter Alexander dienten. Ihr Ilarch wird ebenfalls erwähnt.

---

[91] Curtius, 3.2.10 ff

REITERVERBÄNDE VOM BALKAN

Wie bereits im vorhergehenden Kapitel erwähnt, enthielt die Armee auch ein Kontingent von 300 paionischen Prodromoi. Diese Truppen wurden wahrscheinlich von zwei Regionen gestellt. Die eine war Paionien, die andere Odrysia. Die Paionen wurden von Ariston befehligt, einem Mitglied des paionischen Königshauses. Die Odrysen wurden von Agathon kommandiert, einem Makedonen. Es kann vermutet werden, dass diese Prodromoi in ähnlicher Weise ausgerüstet waren wie die makedonischen Prodromoi, wie im vorherigen Kapitel diskutiert, doch wich ihre nationale Kleidung deutlich ab. Sie trugen langärmelige Tuniken und einen Kammhelm und dürften ein Sattelzeug mit Pantherfell benutzt haben. Von diesen Truppen wird berichtet, dass sie bei der Überquerung des Hellespont bei der Armee waren. Von Diodor werden sie als Teil der 900 thrakischen und paionischen Prodromoi beschrieben.

ANDERE ALLIIERTE UND SÖLDNER

Ein Unterschied zwischen den Söldnern und den Verbänden der griechischen Verbündeten existierte sicherlich in der makedonischen Schlachtordnung. Wir sahen dies zum Beispiel an der thessalischen Kavallerie im vorherigen Kapitel. Jedoch war die Trennung, die Alexander vornahm, nicht scharf und konnte zu einiger Verwirrung führen. Daher müssen wir zunächst klären, was diese Begriffe tatsächlich bedeuten, bevor wir die einzelnen Kontingente selbst betrachten können.

Die Bedeutung des Begriffs »Söldner« scheint auf den ersten Blick offensichtlich: Ein Soldat, der für Geld kämpft. Doch tatsächlich wurde jeder in Alexanders Armee bezahlt, einschließlich der makedonischen und verbündeten Kontingente. Ich glaube, wir können die Bedeutung auf jemanden reduzieren, »der ohne politischen Imperativ kämpft.« Dies ist ein Soldat, der nicht gezwungen ist, für seinen Stadtstaat zu kämpfen, sondern sich aus rein persönlichen Gründen verpflichtet. Die Unterscheidung wird hierdurch ein bisschen deutlicher, doch ist der Status der Truppen vom Balkan weiterhin problematisch. Sie sind eines der Kontingente, deren Status sich während des Feldzugs änderte. Die Truppen vom Balkan setzten sich aus Menschen zusammen, die formal mehr oder weniger Untertanen des makedonischen Königs waren. Hierdurch ist es schwierig, die Unterscheidung zu treffen, ob sie Söldner oder Alliierte waren. Es ist vermutlich das Beste, Haarspaltereien zu vermeiden und sie als Söldner zu bezeichnen, weil sie, auch wenn sie an erster Stelle Verbündete waren, doch später zu Söldnern wurden. Ich werde sie dennoch hier zu den Kontingenten der Verbündeten zählen, da sie ursprünglich diesen Status hatten und Diodor sie in der Truppenliste von 334 sicherlich nicht zu den Söldnern zählte.[92] Bis zu der Zeit von Alexanders Thronbesteigung in Makedonien waren Söldner nicht nur hier ein integraler Bestandteil der Armee, sondern auch in Persien und in einer Reihe von griechischen Stadtstaaten. Allerdings hatten die Söldner selbst einen bemerkenswerten Wandel durchlebt. Im 5. Jahrhundert gab es nur wenige, und die Beschäftigungsmöglichkeiten waren begrenzt. Während des Peloponnesischen

[92] Diodor, 17.17.3 ff

Krieges wurden sie erstmals im großen Umfang eingesetzt. Ihre Verwendung war zunächst auf die spartanische Seite begrenzt, da die Athener keinen Zugang zu den großen Rekrutierungsgebieten in Arkadien hatten. Außerdem war durch Perikles defensive Strategie der Bedarf an Söldnern nur gering. Der erste aufgezeichnete Einsatz von Söldnern durch Athen war die Expedition nach Sizilien, und auch hier wurden nur »*200 Mantineaer oder Söldnertrupps*«[93] eingesetzt. Die Perser hatten im 5. Jahrhundert nur eine geringe Neigung, griechische Söldner in großer Zahl einzusetzen. Das erste Engagement im großen Maßstab war Kyros Armee der 10.000, die von Xenophon so brillant beschrieben wurde. Allgemein tendierte man im 5. Jahrhundert dazu, Söldner in eine der unten genannten Gruppen einzuordnen:

- Bogenschützen, die häufig aus Kreta kamen. In allen Epochen der Geschichte war das Bogenschießen ein Spezialgebiet und erforderte eine gute Ausbildung Für einen Bürgersoldaten war es sehr schwierig, sich die notwendigen Kenntnisse anzueignen, sodass Spezialisten angeworben wurden. Für das 5. und 4. Jahrhundert wird Kreta häufig als Heimat dieser Truppen genannt, und so stellte es auch ein Kontingent in Alexanders Armee, obwohl dieser ein eigenes Kontingent aus Bogenschützen makedonischer Herkunft beschäftigte.
- Kavallerie, üblicherweise nur in geringer Zahl, in erster Linie wegen der damit verbundenen Kosten und weil die Geografie Griechenlands sich im Allgemeinen nicht besonders für ihren Einsatz eignete, sieht man einmal von wenigen bemerkenswerten topografischen Ausnahmen ab.
- Hopliten, Truppen, die in der gleichen Art und Weise bewaffnet und ausgerüstet waren wie die Bürgersoldaten. Ein schwerer Infanterist, der eine Brustplatte und häufig Beinschienen trug und mit einem Speer bewaffnet war. Ihre Wirksamkeit im Angriff lag schlicht in ihrer schieren Zahl begründet. Hoplitenschlachten muss man sich wie ein gigantisches Gedränge beim Rugby vorstellen. Schwer bewaffnete Hopliten bildeten im 5. und 4. Jahrhundert auf beiden Seiten die Hauptstreitkräfte.
- Peltasten, leicht bewaffnete Soldaten, die nur einen kleinen Schild und nur eine geringe oder gar keine Körperpanzerung trugen. Ihre Wirkung basierte beinahe vollständig auf ihrer Beweglichkeit. Nach der Reform des Iphikrates im frühen 4. Jahrhundert zählten die meisten Söldner zu dieser Gruppe.

[93] Thukydides, 6.43

DIE REFORM DES IPHIKRATES

Iphikrates wurde gegen Ende des 5. Jahrhunderts in einer armen und unbedeutenden athenischen Familie geboren. Trotz seiner niedrigen Herkunft stieg er in die Position des Feldherrn von Athen auf, kämpfte in einer Reihe von Schlachten einschließlich des Korinthischen Krieges und des Bundesgenossenkrieges. Nach dem Frieden des Antalkidas verbrachte er auch einige Zeit in persischen Diensten. Diodor datiert seine Reform der Peltasten auf das Jahr 374, im Gefolge seines Aufenthaltes in Persien, als er seine Erfahrungen nutzte, diesen neuen Typ von Soldaten zu entwickeln.[94] Das genaue Datum der Reform ist hier nicht von Bedeutung, sehr wohl aber ihre Beschaffenheit, war es doch dieser Typ von Kämpfer, der die Masse von Alexanders Söldnerverbänden stellte. Ich habe bereits vorher zu erklären versucht, dass Alexanders schwere Infanterie im Wesentlichen eine Variante der Peltasten des Iphikrates ist, waren sie doch wie diese mit einem schmalen Schild und einer sehr leichten Körperpanzerung ausgestattet. Die wichtigsten Quellen, die wir für die Peltasten-Reform des Iphikrates haben, sind Diodor und Nepos. Beide berichten uns sehr Ähnliches. Folgt man ihrer Darstellung, so waren die wesentlichen Veränderungen, die er bei den Peltasten einführte, folgende:[95]

»Iphikrates ersetzte den großen Schild der Griechen durch die leichte Pelte, die den Vorteil hatte, dass sie den ganzen Körper bedeckte, während sie ihrem Träger mehr Bewegungsfreiheit erlaubte. Die Soldaten, die vorher den (großen Schild der Hopliten) trugen und die Hopliten genannt wurden, nannte man von nun an nach dem Namen ihres neuen Schildes Peltasten. Ihre neuen Speere waren wieder halb so lang oder doppelt so lang wie die alten. Ihr neues Schwert war ebenfalls doppelt so lang wie das alte. Zusätzlich führte Iphikrates leicht zu schnürendes Schuhwerk ein und ersetzte den bronzenen Brustpanzer durch einen Schutz aus Leinen, der zwar leichter war, aber den Körper ebenso gut schützte.«

Diodor bemerkt, dass diese Änderungen in den bestehenden Hopliteneinheiten eingeführt wurden und damit die Möglichkeiten für bereits bestehende leichte Infanterie in der Art der Peltasten reduziert wurden. Diodors Fehler, die Existenz von Peltastenverbänden bereits vor Iphikrates zu behaupten, ist tatsächlich symptomatisch, zeigt diese Fehldeutung doch die

---

[94] Diodor, 15.44.2–4
[95] Diodor, 15.44.2–4, Nepos; Iphikrates 9.1.3–4; Best, 1969, 102

Lücken in seinem Verständnis für die militärische Situation jener Tage. Moderne Kommentatoren sind regelmäßig betroffen von der Absurdität und haben eine entgegengesetzte Haltung eingenommen. Für sie war der Wechsel trivial und bestand hauptsächlich aus der Standardisierung der bestehenden, aber eher willkürlich zusammengesetzten Peltastenausrüstung. Jedoch reicht dieses Argument nicht aus. Es scheint, dass die leicht bewaffneten Plänkler aus den früheren Erzählungen in derselben Art ausgerüstet waren, wie es Diodor beschreibt. Doch kann dies einfach nicht der Fall gewesen sein. Leicht bewaffnete Plänkler dürften kein Schwert und keinen Speer getragen haben, die doppelt so lang waren wie die der Hopliten. Die früheren Erzählungen berichten uns auch, dass Peltasten gewöhnlich den Speer geworfen haben.

Wenn Iphikrates das standardisierte, was bereits existierte, dann stellt sich die Frage, warum er seine Truppen nicht mit dem Wurfspeer ausgerüstet hat. Wir können sicher nicht glauben, dass sie diesen ebenfalls getragen haben. Es müssen andere Erklärungen gesucht werden. Hat Iphikrates tatsächlich einen neuen Peltasten erfunden, einen mit spezifischer und spezieller Ausrüstung?

Die andere extreme Sichtweise in Bezug auf Iphikrates Peltasten ist, dass sie sich in keiner Weise von den thrakischen Peltasten unterschieden. Nach dieser Interpretation war die Reform des Iphikrates nur von geringer Bedeutung, da in Thrakien bereits Truppen von genau derselben Art existierten. Die Wahrheit wird vermutlich irgendwo zwischen diesen beiden Polen liegen. Wahrscheinlich gab es vor Iphikrates keine einheitliche Ausrüstung der Peltasten, einige benutzten Wurfspeere, einige längere Piken, und alle benutzten Schwerter von unterschiedlicher Größe. Vermutlich variierte auch die Größe des Schildes. Ich vermute, dass Iphikrates die leichte Infanterie seiner Zeit studiert hat und dass seine Reform darauf basierte, dass er von den verschiedenen Gruppen um ihn herum die Ausrüstung auswählte, die am besten zu der Art Soldat passte, die er zu schaffen versuchte. So gesehen schuf Iphikrates weder etwas vollkommen Neues noch standardisierte er lediglich das, was ohnehin schon existierte, sondern er verfeinerte die Ausrüstung und die Taktik der Peltasten seiner Zeit.

Söldner bildeten im 5. Jahrhundert keinen nennenswerten Teil der Streitkräfte in den Stadtstaaten. Zum einen waren die finanziellen Möglichkeiten zu gering, um sich solche Truppen halten zu können, zum anderen war es eine allgemeine Vorstellung, dass es die Pflicht eines Bürgers war, bei Bedarf die Waffen zu ergreifen und die Polis zu verteidigen. Sofern irgendwelche griechischen Söldner existierten, standen diese im Allgemeinen in persischen oder ägyptischen Diensten. Auch auf Sizilien wurden bereits von einem sehr frühen Zeitpunkt an Söldner in größerer Zahl eingesetzt. Es scheint denkbar, dass Gelon, der Tyrann von Syrakus, bis 481 eine Armee unterhielt, zu der nicht weniger als 15.000 Söldner gehörten. Sie bildeten vermutlich einen bedeutenden Teil der Armee, welche den entscheidenden Sieg über die Karthager bei Himera erlangte.

Das bedeutendste Ereignis, welches einen deutlichen Anstieg bei der Verwendung von Söldnern bewirkte, war der Peloponnesische Krieg. Die Staaten auf der Peloponnes waren die ersten, die Söldner in größerem Umfang einsetzten. Diese Söldner waren ursprünglich keine leicht bewaffneten Verbände, sondern Hopliten aus Arkadien. Athen war langsamer beim Anwerben dieser Truppen, im Wesentlichen wegen der geografischen Schwierigkeiten, sie zu erreichen. Doch bis zum Ende des Krieges konnten alle Arten von Söldnern auf beiden Seiten Beschäftigung finden. Die Ursache für diese Veränderung lag im Charakter dieses Krieges selbst. Er zog sich hin, war beinahe permanent, und es wurden nur wenige Feldschlachten geschlagen. Die meisten Gefechte fanden auf kleinem Raum statt und wurden von Truppen ausgetragen, die leicht ausgerüstet und sehr beweglich waren. Söldner waren für diese Kampfweise einfach besser geeignet, als es die schwer gerüsteten Hopliten waren.

Das Anwerben von Söldnern wurde durch den relativen Wohlstand der kriegsführenden Staaten im Vergleich zu den früheren Jahren im 5. Jahrhundert möglich. Das Ende des Peloponnesischen Krieges brachte nicht das Ende des Söldnerwesens in Griechenland. Der Frieden selbst hinterließ eine Masse von Männern, die es gewohnt waren, ihren Lebensunterhalt als angeworbene Soldaten zu verdienen, und die nun plötzlich arbeitslos waren. Dies dürfte eine destabilisierende Wirkung auf jede Gesellschaft haben, doch blieben sie nicht lange arbeitslos. Die politische Situation im Griechenland des 4. Jahrhunderts bewirkte, dass die Söldner überall Dienstherrn fanden. Das andere große Betätigungsfeld, Persien, machte ebenfalls einen Wandel durch. Die zentrale Herrschaft begann zu wanken. Die lokalen Herrscher und Satrapen wurden unabhängiger und ehrgeiziger. Für ihre Position benötigten sie militärische Unterstützung, und die fanden sie meist in bereitwilligen griechischen Söldnern. Lange Zeit ging man davon aus, dass Söldner eine solidere Machtbasis für Tyrannen bildeten als die Bürgersoldaten, deren Loyalität zweifelhaft war, falls ein Usurpator erschien. Griechische Söldnerinfanteristen bewiesen in persischen Diensten kontinuierlich, dass sie leistungsfähiger waren, als es den Persern jemals möglich gewesen wäre. Daher war der Großkönig gezwungen, seine eigenen Kontingente anzuwerben, um mit den untreuen Satrapen Schritt halten zu können. Wir sehen, dass dies auch für die Regierungszeit Alexanders galt: Die einzige hochwertige Infanterie, die Dareios zu Verfügung hatte, bestand aus griechischen Söldnern. Zählten sie ursprünglich zur Zeit der Schlacht am Granikos 20.000 Mann, so reduzierte sich ihre Zahl bis Gaugamela auf rund 2.000. Dies hatte seinen Grund in den sukzessiven Verlusten am Granikos und bei Issos, aber vermutlich auch in Desertion, als klar wurde, dass Alexander der interessantere Zahlmeister war. Der Korinthische Bund erklärte besonders die Griechen für vogelfrei, die ihre Waffen gegen ihre Landsleute erhoben. Dieses Dekret hatte zu Beginn des Feldzuges, als Persien noch wie der sichere Sieger aussah, nur eine geringe Wirkung. Jedoch war es für Dareios zur Zeit der Schlacht von Gaugamela im Jahr 331 beinahe unmöglich, noch mehr griechische Söldner anzuwerben. Dies war zum Teil dadurch begründet, dass er kein interessanter Arbeitgeber mehr war, zum Teil auch durch die Entfernung zu Griechenland, und zu einem weiteren Teil dadurch, dass Alexander im zunehmenden Maße selber Söldner anwarb, wodurch die verfügbare Masse reduziert wurde.

PHILIPP

Der Einsatz von Söldnern wurde im 4. Jahrhundert allgemein üblich und breitete sich auch endgültig in Makedonien aus. Unsere Quellen geben uns nur sehr wenig Auskunft über die Zusammensetzung oder den Wirkungsgrad der makedonischen Streitkräfte zur Zeit des Amtsantritts von Philipp. Sicher ist vorauszusetzen, dass sie aus einer starken Kavallerie und einer sehr schwachen Infanterie bestanden. Söldner wurden in Makedonien bereits vor der Regierungszeit Philipps eingesetzt, und vielleicht wurden sie bereits von Philipp angeworben, bevor er König wurde. Karystios von Pergamon überliefert folgendes:[96]

---

[96] Parke, 1933, 21

Als Speusippos hörte, dass Philipp schlecht von Platon sprach, schrieb er in einem Brief folgendes: Die Menschen wissen nicht, dass Philipp die Anfänge seines Königtums durch Platon festigte. Platon sandte Euphraeos von Oreos zu Perdikkas, den er überzeugte, Philipp einen Teil des Landes zu übertragen. Aus dessen Einnahmen finanzierte er ein stehendes Heer, sodass er, als Perdikkas starb, mit seiner vorbereiteten Armee nach der Macht greifen konnte.

Die Geschichte wird uns nicht direkt überliefert, und es wäre ungewöhnlich, wenn sie komplett richtig ist. Jedoch mag sie einige Wahrheiten enthalten.

Um irgendeine ausreichende Anzahl von Söldnern anzuwerben, waren große Mengen von Gold und Silber erforderlich. Während des gesamten 4. Jahrhunderts kämpften die Stadtstaaten mit ihren Finanzen, eine Folge der fast schon ständigen Kriegsführung, mit der sie konfrontiert waren. Jedoch war Makedonien in einer ganz anderen Position. Mit der Eroberung von Amphipolis im Jahre 357 verfügte Philipp über Gold, und, was vielleicht noch viel wichtiger war, er hatte Zugriff auf die Silberminen vom Berg Pangaeos. Diese Minen wurden nun intensiver als jemals zuvor ausgebeutet und so weit ausgedehnt, dass sie jährlich 1.000 Talente für die makedonische Staatskasse produzierten. Dies entspricht vermutlich dem, was Athen aus seinem Reich erhielt, wenn es auch im Jahr 425 mit 1.460 Talenten die Spitze erreichte und wir gleichzeitig berücksichtigen müssen, dass einige Staaten Schiffe statt Geld entsandten. Doch mit dem Wachsen des attischen Seereichs sank die Zahl der Staaten, die ihre Abgaben in Form von Naturalien entrichteten. Athen bevorzugte es, die Abgaben in Geld zu erhalten, da dieses seine Position stärkte, wurde doch die gesamte Flotte von hier gestellt. Entsprechend galt auch die gesamte Loyalität der Stadt.

Das neue Einkommen sorgte dafür, dass es Philipp nicht mehr an Söldnern mangelte. Doch in welchem Umfang beschäftigte er sie wirklich? Der erste dokumentierte Fall eines Einsatzes von Söldnern in Philipps Armee findet sich im Jahr 352, als sie bei der Eroberung von Pharkedon in Thessalien halfen, obwohl sie sehr wahrscheinlich schon im Vorjahr dabei waren, als Philipp von Onomarchos besiegt wurde.[97] Dies geschah zu derselben Zeit, als der athenische General Chares ein Fest auf der Agora anordnete, um den Sieg über Philipps Söldner zu feiern. Sicherlich waren Söldner auch

[97] Polyaenus, 4.2.8; vgl. Diodor, 16.35.3

Teil der Armee bei der Eroberung von Phokis im Jahr 346 am Ende des Heiligen Krieges. Und sie erscheinen noch mehrmals im weiteren Verlauf des Jahres sowie im Jahr 344 in Messena und Argos sowie auch bei Megara. Vier Söldnerheere sind von Euboia bekannt und noch bekannter in Chersonese und vielleicht bei Chaironaia im Jahr 338.

Diodors Darstellung von Philipps Lebenslauf ist in den Details lückenhaft. Tatsächlich fehlt für die Jahre nach 346 beinah jedes Detail, was es sehr schwierig macht, irgendeine Abschätzung vorzunehmen, wie wichtig Söldner in jenem Makedonien waren, das Philipp schuf. Diodors Bericht über die Schlacht von Chaironaia ist hierfür ein gutes Beispiel: Er nennt keine Details über die Armeen und legt nahe, dass der Sieg einzig der Tapferkeit und dem Heldenmut des jungen Alexanders zu verdanken ist. Auf der anderen Seite gibt uns Demosthenes ein wenig mehr Informationen. Er betont sehr stark Philipps Vertrauen in die Söldner, während er gleichzeitig die Bedeutung der schweren Infanterie herunterspielt:[98]

»… und Du hörst von Philipp, dass er dahin ging, wohin er wollte, nicht Kraft der Befehlsgewalt über eine Phalanx Hopliten, sondern weil er leichte Infanteristen, Reiter, Bogenschützen, Söldner und diese Art von Armee etablierte.«

Er hebt auch Philips großen Reichtum hervor und deutet an, dass es dieser war, der ihn in die Lage versetzte, diese Art von Armee zu bezahlen, und er daher seinen Erfolg eher kaufte, als dass er ihn in der traditionellen Weise mit einer Hoplitenarmee errungen hätte. Jedoch schrieb Demosthenes für eine athenische Zuhörerschaft und mit einem ganz speziellen Anliegen. Er sprach, wie es ihm gerade passte, und sagte, was sein Publikum zu hören wünschte. Tatsächlich berichtet uns Demosthenes daher nur, dass Philipp Söldner in einigem Umfang einsetzte, was bereits bekannt ist. Das einzige Neue, das er uns erzählt, ist, dass Philipp von Söldnern vermutlich in einem größeren Umfang Gebrauch machte, als es in jener Zeit üblich war. Er berichtet uns aber nichts über die Stärke oder die Taktik.

Die Verwendung von Söldnern durch Philipp kann klar in zwei Phasen geteilt werden, wobei das Jahr 346 die Grenze bildet. Vor diesem Jahr gibt es nur drei Erwähnungen von Söldnern in der makedonischen Armee: die erste gegen Chares. Das zweite Ereignis war die Einnahme von Pharkedon in den Jahren 353/352. Die dritte Erwähnung findet sich, als er im Jahr 348

<hr />

[98] Demosthenes, 3.49

den Zahlen nehmen, so entsteht eine deutliche Differenz. Hierfür kann es zwei Erklärungen geben: Entweder bestanden diese Verbände aus den Resten der Expeditionsstreitkräfte, über deren Verbleib wir allerdings nichts wissen, oder es gab einen Schub von Verstärkungen aus Griechenland zwischen den Jahren 334 und 333, über den unsere Quellen schweigen. Es scheint, dass die erstgenannte Erklärung die plausiblere ist, ist es doch eher gewagt, Truppen nur zu dem Zweck zu erfinden, um die Lücken in den verfügbaren Quellen zu schließen.

Alexander scheint sich bald nach der Landung in Asien in Bezug auf die Söldner in folgender Position befunden zu haben:

Zu-/Abgänge	Ereignis	Quelle
5.000	Invasions-Armee	Diodor, 17.17.3
-2.500	Garnison von Ephesos	Bosworth, 1980, 134
-3.000	Garnison von Karia	Arrian, 1.23.6
-2.000	Garnison von Side, Mytilene, Milet(?) und vermutete Verluste	Arrian, 1.23.6
+300	Zugang in Milet	Arrian, 1.19.6

Angenommen, dass bei Issos rund 5.000 Söldner waren, genug also, um dort die mutmaßliche zweite Linie zu bilden (ich nehme an, dass es bei Issos tatsächlich eine zweite Verteidigungslinie gab, eher als bei Gaugamela). Dann bleiben 7.200 Söldner, die bisher nicht gezählt wurden. Sie müssen aus den Resten der 10.000 Mann stammen, die 336 als Expeditionsstreitkräfte entsandt wurden. Hieraus ergibt sich die Frage, wie sich Philipp zu dieser Zeit so viele Söldner leisten konnte. Alles, was wir sagen können, ist, dass er seine finanziellen Mittel streckte, und das ist das geringste, obwohl es unbestreitbar scheint, dass diese vermissten Einheiten Söldner waren.

Die Logik legt nahe, dass mit jedem erfolgreichen Feldzug Alexanders mehr und mehr Söldner zu seinen Fahnen strömten. Ein erfolgreicher Feldherr ist zu jederzeit ein wesentlich attraktiverer Dienstherr als ein erfolgloser. Beispielsweise hatte Dareios 20.000 griechische Hoplitensöldner am Granikos im Jahr 334, drei Jahre später bei Gaugamela hatte er nur noch 2.000. Es fehlte ihm nicht an Geld, aber dennoch war es ihm unmöglich, griechische Söldner zu finden, die er anwerben konnte. Wir müssen zudem zur Kenntnis nehmen, dass Alexander nach der Schlacht bei Issos über ausreichend finanzielle Mittel verfügte und so in einer Position war, in der er Söldner einfach anwerben konnte. Doch scheint dies bis zu dem zentralen Jahr 331 nicht geschehen zu sein. Unsere Quellen verzeichnen nur zwei Schübe von Verstärkungen durch Söldner, die Alexander vor Gaugamela erhielt: 4.000 aus Sidon und 3.000 aus Chios. Daneben hören wir von 4.000 Söldnern, die als Garnison in Ägypten zurückgelassen wurden. Dies müssen die Verstärkungen aus Sidon gewesen sein, da sie nicht bei der Schlacht von Gaugamela erwähnt werden. Obwohl die absolute Zahl an Söldnern während der ersten drei Jahre leicht anstieg, so wie auch die Zahl der Soldaten bei den makedonischen Truppen. Entsprechend blieb das Zahlenverhältnis zwischen Makedonen und Söldnern weitgehend konstant. Verstärkungen trafen ungefähr in dem Umfang ein, wie sie benötigt wurden, um als Garnisonen in den eroberten Gebieten eingesetzt werden zu können.

Nach Gaugamela, als es keinen nennenswerten konkurrierenden Dienstherrn mehr gab, scheint die Zahl der Söldner, die sich in Alexanders Armee verpflichteten, explosionsartig angestiegen zu sein und solch einen Umfang erreicht zu haben, dass beide, Arrian und Curtius darin übereinstimmen, dass Alexander 120.000 Mann für die Invasion Indiens bei sich führte, wobei in der Tat nicht alle von ihnen Söldner waren. Was nun folgt, ist eine Gesamtübersicht über alle Verstärkungen durch Söldner, die Alcxander während seiner Regierungszeit erhielt:[101]

Ort	Anzahl	Quelle
bei Milet	300 Infanteristen	Arrian, 1.19.6
aus Chios	3.000 Infanteristen (Garnison in Persien)	Arrian, 2.13.5; Curtius, 4.5.18
bei Sidon	4.000 Infanteristen (vermutlich als Garnison in Ägypten zurückgelassen)	Arrian, 2.20.5
bei Memphis	400 Kavalleristen	Arrian, 3.5.1
	500 thrakische Reiter	
bei Susa	4.000 Infanteristen vom Peloponnes	Curtius, 5.1.41;

[101] Diese Tabelle ist eine Bearbeitung von Griffith, 1935, 20–21

	980 Kavalleristen vom Peloponnes	Diodor, 17.65.1
	3.500 Trallier	
	600 thrakische Kavalleristen	
in Medien	5.000 Infanteristen	Curtius, 5.7.12;
	1.000 Kavalleristen	Arrian, 3.23.8;
	1.500 Infanteristen (Reste von Dareios'	Curtius, 6.5.6
	Söldnern)	Arrian, 3.19.6;
	Eine unbekannte Zahl von Infanteristen	Diodor, 17.74.4
	und Kavalleristen aus den Verbänden der	
	griechischen Verbündeten, die sich nach	
	deren Demobilisierung freiwillig zum	
	Verbleib in der Armee meldeten.	
in Baktrien	2.600 Infanteristen	Curtius, 6.6.35
	500 Kavalleristen	
	3.000 illyrische Reiter	
	300 Kavalleristen	
bei Zariaspa	16.400 Infanteristen	Curtius, 6.10.11
	2.600 Kavalleristen	Arrian, 4.7.2
in Indien	7.000 Infanteristen	Curtius, 9.3.21
	5.000 Kavalleristen	
	30.000 Infanteristen	Diodor, 17.95.4
	6.000 Kavalleristen	
in Karmania	5000 Infanteristen	Curtius, 10.1.1
	1.000 Kavalleristen	
in Babylon	unbekannt	Arrian, 7.23.1

Es muss hier angemerkt werden, dass es sich nur um die Verstärkungen handelt, die in unseren Quellen genannt werden. Es ist sehr wahrscheinlich, dass Alexander deutlich größere Zugänge hatte, über die wir aber keine Informationen finden. Es ist ebenfalls wahr, dass viele Söldner direkt in den Städten oder Provinzen angeworben wurden, in denen sie Garnisonsdienst leisten sollten. Daher waren sie niemals ein Teil der Armee selbst, was zur Folge hatte, dass sie in den Quellen weitgehend ausgespart wurden. Man bedenke nur die 20.000 Söldner, die von Peukestas, dem Satrapen von Sardis, während des Jahres 324 rekrutiert wurden, als Alexander den Erlass zur Demobilisierung verkündete. Diese Truppen waren niemals ein Teil seines Feldheeres und wurden niemals bei den Berechnungen der Gesamtstärke mitgezählt, doch standen sie Alexander bei Bedarf zur Verfügung.

DIE ORGANISATION DER SÖLDNER

Während Alexanders Regierungszeit, im Besonderen während seiner späteren Jahre, gab es meist einen stetigen Zugang von neuen Soldaten, während ältere das Heer verließen und zum Garnisonsdienst abkommandiert wurden. Die Organisation des Söldnerkontingents innerhalb von Alexanders Armee war durch diese Notwendigkeit entsprechend fließend und ist schwierig zu fassen. Jedoch scheint es eine begriffliche Unterscheidung gegeben zu haben, die uns durch Arrian überliefert wurde. Als Xenoi bezeichnet er Söldner, die bereits am Beginn des Feldzugs der Armee angehörten, während das Wort Misthophoroi jene bezeichnet, die erst nachträglich in Asien angeworben wurden. Diese Unterscheidung findet Anwendung bis zur Schlacht von Gaugamela, wo sie im speziellen auf die Kavallerie angewendet wird. Die Begriffe selbst unterscheiden sich graduell: Misthophoroi bezieht sich im Allgemeinen auf Söldner, während Xenoi üblicherweise benutzt wird, um Fremde im Sinne von Bürgern aus anderen griechischen Staaten zu bezeichnen und nicht zum Beispiel Ägypter oder Perser. Xenoi scheint ursprünglich weder Söldner bedeutet zu haben, noch hatte es eine andere militärische Bedeutung. Vielmehr greift Arrian das Wort auf und passt seine Verwendung an seine Zwecken an.

Bei Gaugamela werden zwei Verbände Söldnerkavallerie erwähnt: Derjenige, der in Ägypten zum Heer stieß und von Menidas befehligt wurde, wird Misthophoroi genannt, der andere unter dem Kommando des Andromachos wurde als Xenoi bezeichnet. Hierbei kann vorausgesetzt werden, dass diese ursprünglich zu den Expeditionstruppen unter dem Befehl des Parmenion gehörten, da bei Diodor keine Söldnerreiterei zu den Invasionstruppen Alexanders zählt und keine weiteren Verstärkungen außer denen in Ägypten überliefert sind.[102]

Unglücklicherweise hatte die Trennung durch die Begriffe keine allgemeine Gültigkeit, wie eine Überprüfung der Söldnerinfanterie zeigen wird. Misthophoroi-Infanterie wird erstmals unmittelbar vor der Schlacht bei Is-

[102] Diodor, 17.17.3

sos erwähnt: Parmenion wird dem Hauptteil des Heeres mit einer kleinen Truppe vorausgeschickt. Diese besteht aus Misthophoroi, der thessalischen Kavallerie und den Thrakern. Diese Erwähnung ist jedoch zu früh für die Präsenz einer nennenswerten Zahl von Misthophoroi, sofern man es als gegeben betrachtet, dass die Misthophoroi jene sind, die nach der Invasion angeworben wurden. Die einzige Söldnerinfanterie, die zu diesem Zeitpunkt in den Dienst der makedonischen Armee getreten war, waren die 300 aus der Garnison in Milet, und diese waren bei Weitem zu wenig, um an einem Unternehmen teilzunehmen, wie Arrian es beschreibt. Dies gilt erst recht im Vergleich zu den anderen, deutlich größeren Kontingenten, die eingesetzt wurden. Es ist sehr viel wahrscheinlicher, dass Parmenion alle griechischen Söldner der Armee mit sich führte, einen Verband von 5.000 oder mehr Männern.

Dasselbe Problem taucht kurz darauf in der Schlacht bei Issos auf, wo zwei Söldnerverbände Infanterie erwähnt werden. Die Xenoi können sicherlich mit den Resten der Expeditionstruppen erklärt werden, aber die 300 Mann aus Milet sind wohl kaum die einzigen neuen Rekruten. Können wir von diesen zwei Verbänden glauben, dass der eine aus mehr als 5.000 Mann bestand, während der andere nur über 300 verfügte? Ich denke nicht. Es spricht vieles dafür, dass sie über ungefähr dieselbe Mannschaftsstärke verfügten, da sie eine ähnliche taktische Funktion wahrnahmen.

Die scheinbar hilfreiche Unterscheidung durch die Begriffe führt uns zu einem weiteren Problem mit den Verstärkungen, die in Sidon zum Heer stießen. Diese waren 4.000 Mann stark und die einzigen bekannten Verstärkungen, die das Heer vor 331 erreichten. Jedoch erscheinen diese Truppen nicht in der griechischen Schlachtordnung bei Gaugamela. Daher müssen sie bereits vor der Schlacht an verschiedenen nicht näher genannten Orten zum Garnisonsdienst zurückgelassen worden sein. Der einzige logische Ort für eine Garnison dieser Größe zwischen Issos und Gaugamela ist in Ägypten. Von dort wissen wir übereinstimmend, dass Alexander eine Garnison von 4.000 Mann zurückließ. Arrian nennt die neuen Rekruten, die bei Sidon dazustießen, Misthophoroi, wie er es auch sollte, wenn seine Theorie für die Begrifflichkeiten richtig ist. Im Gegensatz dazu werden die Truppen, die er in Ägypten zurückließ, als Xenoi bezeichnet. Wenn jedoch die ägyptische Garnison Xenoi waren, so löst dies nicht das Problem, dass die Verstärkungen, die in Sidon aufgenommen wurden (die Misthophoroi), weder bei Gaugamela erwähnt werden, noch dass von ihnen bekannt ist, dass sie zum Garnisonsdienst irgendwo zurückgelassen wurden. Die einfachste Antwort auf die Frage nach dem Gebrauch der Begriffe bei Arrian ist die Annahme, dass, obwohl die Worte eine unterschiedliche Herkunft für die verschiedenen Söldnerwellen anzeigen, die Trennung nicht immer der Wahrheit entspricht. Entweder ist das Missverständnis durch Arrian verursacht worden oder durch eine seiner Quellen. Vielleicht bezeichneten die beiden Begriffe ursprünglich auch zwei verschiedene Söldnerverbände, doch wurde die Trennung zwischen ihnen immer unklarer oder ging einfach verloren, als Garnisonsdienst und natürliche Verluste die Größe beider Verbände reduzierten. Neue Rekruten könnten entweder den Misthophoroi oder den Xenoi zugeordnet worden sein, um ihre Truppenstärke auf einem relativ stabilen Niveau zu halten. Dies würde bedeuten, dass die Trennung zu Beginn des Feldzugs ihre Gültigkeit hatte, doch im Verlauf der Zeit verloren ging. Das ist genau das Muster, welches wir bei Arrians Verwendung der Begriffe sehen.

DIE AUFGABEN DER SÖLDNER UND ALLIIERTER VERBÄNDE

Söldner bildeten einen wesentlichen und außerordentlich wichtigen Teil von Alexanders Armee während seiner gesamten Laufbahn, und dies trotz der scheinbar fehlenden Verwendung in den großen Feldschlachten. Ihre Vielseitigkeit kann durch Fixierung ihrer Aufgaben zusammengefasst werden:

- Zweite Heeresgruppe
- Garnisonstruppen
- Kampftruppen
- Kolonisten
- Geiseln

Jede dieser Funktionen war entscheidend für den Gesamterfolg des Feldzuges, doch werden sie meistens übersehen, da der Fokus auf den Feldschlachten liegt, in denen die Truppen makedonischen Ursprungs gemeinsam mit der thessalischen Kavallerie an ihrer Seite die wichtigsten waren. Im Folgenden wir jede dieser Aufgaben einzeln untersucht.

Zweite Heeresgruppe

Vor dem Jahr 331 führte Alexander bis auf wenige Ausnahmen seine makedonischen Verbände mit sich. Falls es nötig war, irgendein Gebiet zu erobern, das nicht auf seiner Marschroute lag, wurde eine zweite Heeresabteilung gebildet, die diese Aufgabe lösen sollte. Diese Heeresabteilung wurde oft, aber nicht ausschließlich von Parmenion befehligt, unter dem diese Abteilung nach Magnesia und Tralles geschickt wurde, während sich das Hauptheer in Ephesos befand. Diese Abteilung ist insofern interessant, als Arrian feststellt, dass sie aus 2.500 Söldnern, 2.500 Makedonen und 200 Mann der Gefährtenkavallerie bestand. Eine solche Streitmacht erscheint übermäßig groß, da die beiden Städte bereits ihre Übergabe angeboten hatten. Die Anwesenheit der Söldner kann dadurch erklärt werden, dass sie vermutlich für den Garnisonsdienst vorgesehen waren. Jedoch erklärt dies nicht die Anwesenheit so vieler Makedonen. Die Schwierigkeit findet sich bei Arrian einige Zeilen weiter in seinem Text, als er feststellt, dass eine ähnliche Streitmacht zu den aeolischen Städten und allen ionischen Städten, die bisher Untertanen Persiens waren, geschickt wurden. Diese gleich starke Streitmacht stand unter dem Kommando des Alkimachos. Es scheint höchst unwahrscheinlich, dass Alexander in dieser sehr frühen Phase des Feldzugs 5.000 schwere makedonische Infanteristen und 400 Reiter der Gefährtenkavallerie abstellt, um diese relativ kleine Operation durchzuführen. Dies ist erst recht der Fall, wenn wir berücksichtigen, dass er im unklaren darüber war, wie schnell sich die persischen Verbände neu gruppieren konnten, gerade weil diese am Granikos so aufgestellt waren, dass sie in Erwartung von Dareios' Ankunft Alexanders Vormarsch eher verlangsamten, als sich selbst mit ihm zu schlagen. Es scheint daher plausibel, dass Alexander davon ausgegangen ist, dass die ionischen Städte ohne Kampf in seine Hände fallen würden. Folgerichtig war die Abstellung seiner Elitetruppen zu dieser Expedition unnötig und es kam nur eine kleine Zahl von Verbänden der Verbündeten zum Einsatz.

Wie werden wir nun mit dem Problem umgehen? Entweder tat Alexander nicht das, was wir sinnvollerweise von ihm erwartet hätten, oder Arrians Bericht ist falsch. In diesem Fall glaube ich, dass Letzteres richtig ist. Ich vermute, dass, sofern Arrian die Makedonen erwähnt, er sich tatsächlich auf ein Kontingent von Alexanders Verbündeten aus dem Balkan bezieht. Dies ist vielleicht ein schnell gemachter Fehler, besonders wenn wir bedenken, dass er die zweite Abteilung eine »ähnliche Streitmacht« nennt, die Makedonen nicht direkt erwähnt und daher seinen vorhergehenden Fehler nicht zur Kenntnis nimmt. Dieses Argument wird durch die Tatsache gestützt, dass weder die Anwesenheit von Kontingenten der verbündeten Thraker noch der Illyrer in Milet von den Quellen erwähnt wird.[103] Was die Gefährtenkavallerie während dieser Expedition war, ist schwieriger zu bestimmen. Sie waren entweder das, was sie zu sein scheinen, oder sie waren Prodromoi. Betrachten wir es als gegeben, dass die Prodromoi später in die Ilai der Gefährtenkavallerie eingegliedert wurden, so können wir einen sorglosen Fehler bei Arrian vermuten. Es findet sich bei Arrian 1.18.3 ebenfalls keine Aussage über ihre Anwesenheit bei der Armee.

Die zweite Heeresabteilung war jedoch nicht immer erfolgreich bei der Erfüllung der ihr zugewiesenen Aufgaben. Als Satibarzanes und Spitamenes in Asien revoltierten, entsandte Alexander zwei Expeditionskorps. Das Erste, das gegen Satibarzanes marschierte, war im vollen Umfang erfolgreich. Es bestand vollständig aus Söldnern. Daher kann angenommen werden, dass seine zwei Kommandeure (Erigyos und Andronikos) ebenfalls Söldner waren. Dem Verband, der gegen Spitamenes entsandt wurde, war hingegen kein Erfolg beschieden. Dieser bestand aus 60 Reitern der Gefährten, 800 berittenen und 1.500 Söldnern, die als Infanteristen dienten. Sie standen unter dem Oberbefehl des Pharnuches, eines Lyders. Dies stellt einen bedeutenden Bruch von der Norm dar, da hier ein Nichtmakedone makedonische Verbände befehligte. Curtius und Arrian nennen unterschiedliche Gründe, wie es zu dem Desaster kam, aber beide stellen es als einen schweren Rückschlag dar. Keine der Darstellungen lenkt irgendwelche Schuld auf die Verbände der Söldner. Vermutlich lag der Fehler entweder bei den einzelnen Kommandeuren oder, was viel wahrscheinlicher ist, in der eher unglücklichen Tatsache, dass hier einem Zivilisten aus dem Land die Leitung über eine militärische Expedition übertragen worden war. Man kann sich vorstellen, welche Gefühle dies bei den Makedonen auslöste. Sie waren niemals gewillt, wie in diesem Fall Fremde als Kommandeure oder auch nur in ihren eigenen Reihen zu akzeptieren, wie beispielsweise die persische Kavallerie, welche den verschiedenen Ilai der Gefährten zugeteilt wurden.

Nach 331 veränderte sich der Charakter dieser zweiten Heeresgruppe. Zu verschiedenen Zeiten wurden relativ kleine Verbände, die üblicherweise

---

[103] Arrian, 1.18.3

aus Makedonen bestanden, herausgelöst und von Alexander selbst geführt, während die Hauptstreitmacht der Armee gemeinsam mit dem Tross den Weg auf sichereren Pfaden fortsetzte. Jedoch hat dieser Wechsel vermutlich mehr mit Alexanders Bedürfnis nach Eroberung und persönlichem Ruhm zu tun und mit seiner berstenden Langeweile, wenn er nicht aktiv war, als mit irgendeinem Urteil seinerseits über die relative Effizienz der zurückgelassenen Söldnereinheiten. Zum Beispiel erhielt Parmenion 331/330 das Kommando über die Hauptstreitmacht, mit dem Befehl, entlang der Hauptstraße nach Pasargadae vorzurücken, während Alexander mit seinen Makedonen und Agrianen einen Feldzug gegen die Uxier führte. Ein weiteres Beispiel ist Alexanders letzte Jagd auf Dareios.

Garnisonen

Eine der wichtigsten Aufgaben, die von Söldnern in dem Reich wahrgenommen wurde, das Alexander gerade schuf, war der Garnisonsdienst. Fast alle Kampftruppen in dem expandierenden makedonischen Reich, die nicht Teil des direkten Umfeldes des Königs waren, waren Söldner. Die meisten Städte, die Alexander erobert hatte, wurden mit einer Garnison von Söldnern belegt, zum Beispiel Ephesos, Harlikanassos, Mytilene, Milet sowie Memphis und Pelusium in Ägypten. Die Liste der Garnisonsstädte ist so umfangreich, wie es Alexanders neu geformtes Reich war.

Das erste sichere Beispiel für eine Garnison mit einer nennenswerten Größe war Karia. Alexander verließ Harlikanassos nach der Belagerung, die nur eine Woche dauerte (dabei hatte er nur eine von drei Zitadellen eingenommen). Er ließ 3.000 Mann unter dem Kommando des Ptolemaios zurück, um die Stadt endgültig einzunehmen. Die Belagerung von Harlikanassos war sicherlich nicht Alexanders beste Stunde. Jedoch glaube ich, dass er sich schnell abwandte, bevor die Einnahme der Stadt abgeschlossen war, weil seine neu formulierte Marinepolitik es erforderlich machte, alle persischen Häfen mit möglichst geringem Zeitverzug einzunehmen. Warum Alexander diesen persischen Haupthafen nicht eroberte, nachdem er die Absicht bekundet hatte, dass er die persische Flotte an Land schlagen wolle, bleibt ein Geheimnis. Es mag wegen eines überwältigenden inneren Zwangs gewesen sein, in Asien voranzuschreiten. Eine längere Belagerung zu diesem Zeitpunkt war einfach eine ungewollte Verzögerung für den jungen König. Uns wird nichts Weiteres über die Organisation der Söldner in

Karia berichtet, sicher ist, dass Ada zum zivilen Gouverneur der Region ernannt wurde. Um mehr darüber in Erfahrung zu bringen, müssen wir uns nun zum nächsten Einsatzgebiet für Söldner begeben: Ägypten. Ägypten vermittelt uns die beste Sicht auf die militärischen Organisationsstrukturen in Alexanders Reich. Es ist ein Modell, dass häufig wiederholt wurde, wie wir noch sehen werden. Alexander ernannte zwei gebürtige Ägypter zu Gouverneuren und zwei Mann der Gefährtenreiterei zu Kommandeuren der makedonischen Garnisonen in Memphis und Pelusium.[104] Lykidas, einem Griechen, wurde das Kommando über die Söldnerverbände in der gesamten Provinz übertragen. Daneben ernannte Alexander einen »Minister für fremde Truppen«, womit die Söldner gemeint waren, und zwei Bevollmächtigte. Es scheint, dass die Söldner mit vier unterschiedlichen Offizieren eher überbesetzt waren. Ein weiteres Problem ist, dass bei Curtius der Eindruck entsteht, dass Aischylos, einer der Bevollmächtigten, und Peukestas, der militärische Befehlshaber, gleichberechtigt waren. Scheinbar bezog sich dies auf Aischylos als Chef der Verwaltung.[105] Jedoch können wir nicht mit Sicherheit sagen, ob die Verbände der Söldner tatsächlich überbesetzt waren, da wir nur wenige Hinweise auf die Organisation der Söldner in irgendeiner anderen Provinz haben und ebenso wenig über Informationen verfügen, was die Organisation der Söldner oder auch der Verbündeten in der Hauptarmee betrifft. Die Situation mag für die Verwaltung völlig normal gewesen sein. Nach allem, was wir wissen, waren es 4.000 Söldner und nur zwei kleine makedonische Garnisonen, die weniger Offiziere erforderten. Es gibt noch die Möglichkeit, dass die zwei Bevollmächtigten oder, wie er sie nennt »Inspektoren über die Söldner« tatsächlich die Aufgabe hatten, die zivilen Gouverneure zu überwachen und so in der Realität wenig mit den militärischen Einheiten zu tun hatten.[106] Dies scheint ein im hohen Maß nachvollziehbarer Vorschlag zu sein. Dies würde auch Parallelen zur späteren Situation im östlichen Iran zeigen, wo Tlepolemos und Neiloxenos die Arbeit der einheimischen Satrapen überwachten. Falls sich Ägypten durch eine größere Anzahl von Gouverneuren, Offizieren und weiteren Befehlshabern auszeichnete, so wäre dies nur ein Hinweis

---

[104] Arrian, 3.5.3; die zwei Ägypter waren Doloaspis und Petisis. Jeder sollte die Kontrolle über das halbe Land haben, doch Petisis lehnte die Ernennung ab (die Gründe hierfür sind nicht bekannt), und so erhielt Doloaspis die ganze Provinz.
[105] Curtius 4.8.4
[106] Bosworth, 1980, 276

auf die Wichtigkeit dieser Satrapie. Ägypten war für Persien eine ständige Unruhequelle, und Alexander wollte nicht in dieselben Schwierigkeiten geraten. Ägypten war für die griechische Welt ein Hauptlieferant für Getreide, so wie es dies auch später für Rom werden sollte, und es gibt keinen Zweifel, dass dies auch für die Armee galt, wenigstens während sie den Feldzug im westlichen Perserreich führte.

Fronttruppen

In jeder von Alexanders Feldschlachten hatte das makedonische Element in der Armee eine führende Rolle, aber wir sollten nicht die Beiträge übersehen, die von den Söldnerverbänden geleistet wurden. Bei der Schlacht am Fluss Granikos werden weder die Söldner noch die Verbündeten erwähnt. Dies sollte uns nicht zu sehr beunruhigen, da die Schlacht am Granikos im Vergleich zu Issos, Gaugamela und der Schlacht am Hydaspes sicherlich eine kleine war. Jedoch bleibt eine Frage: Was taten sie während der Schlacht? Die Antwort kann nur sein, dass sie entweder nicht in der Nähe des Hauptteils der Armee waren und so kaum eine Rolle in den Kämpfen spielten, oder dass sie woanders auf einer zweiten Mission waren. Vielleicht bildeten sie auch eine Reserve oder zweite Linie, welche nicht erwähnt wurde, weil sie nicht zum Einsatz kam. Ich finde, dass das letzte Argument das wahrscheinlichste ist, wenn man ihre spätere Aufgabe bei Issos und Gaugamela bedenkt. Ihre Aufgabe in diesen späteren Schlachten war, die Armee vor der Umgehung durch den Feind zu bewahren und die Rückseite der schweren makedonischen Infanterie zu schützen. Alexander war erwiesenermaßen ein Mann, der erfolgreiche Taktiken wiederholt anwendete, auch wenn er sie an neue Umstände anpasste, und die Aufstellung einer Reserve scheint eine bewusste Versicherung gegen den Fall zu sein, dass die Schlacht sich nicht wie geplant entwickelte.

Für die Schlacht bei Issos ist das Bild etwas klarer: Alexander ließ seine schwere Infanterie im Angesicht der Perser aufziehen und positionierte seine Gefährtenkavallerie zu ihrer Rechten. Der rechte Flügel wurde mit einem starken Flankenschutz versehen, wo Alexanders Linie von der persischen überlappt wurde. Es scheint, dass er die Söldnereinheiten gemeinsam mit den peloponnesischen Verbänden und den Resten der alliierten Kavallerie auf der Linken aufstellte. Eine merkwürdige Entscheidung, da es erforderlich war, das sandige Gelände den Hopliten zuzuweisen, ein Gelände, welches bestens für einen Angriff durch die persische Reiterei geeignet war. Scheinbar hat Alexander seinen Fehler sehr schnell bemerkt und die thessalischen Reiter an den linken Flügel verlegt. Was anschließend mit den Söldnern geschah, ist unklar. Sie könnten eine Position zwischen der thessalischen Kavallerie und der schweren makedonischen Infanterie eingenommen haben, ähnlich der Rolle, die sie bei den Hypaspisten auf der rechten Seite der Linie eingenommen haben. Sie mögen eine Position auf der äußersten Rechten der Front eingenommen haben, was entsprechend ungewöhnlich war. Oder sie wurden vielleicht aus der Front herausgezogen, um eine zweite Linie zu bilden. Die Quellen versorgen uns nicht mit genug Informationen, um hierauf eine direkte Antwort zu geben. Die Verwirrung beruht auf Arrians Verwendung des Begriffs »epitasso«, der sowohl Position als auch längsseits oder dahinter bedeuten kann.[107] Aus dem Kontext der Passage scheint sich deutlich zu ergeben, dass die Söldner hinter allen anderen in Stellung gingen. Die andere Interpretation sieht die Söldner als mittelschwere Infanteriedivision an der äußersten Linken der gesamten Armee, wo es Alexanders Praxis war, die thessalischen Reiter und etwas leichte Infanterie zur Unterstützung aufzustellen. Es scheint sicher zu sein, dass Alexander eine zweite Linie, die auch von einigen als taktische Reserve bezeichnet werden mag, in der Schlacht bei Issos bildete.

Die Aufgabe der alliierten Infanterie, die aus dem Korinthischen Bund und den Alliierten vom Balkan gebildet wurde, ist schwieriger zu ermitteln. Sie wird von keiner der Quellen bei der Bildung einer zweiten Linien neben den Söldnern in der Schlacht bei Issos oder Gaugamela erwähnt. Jedoch waren die Soldaten dieser Infanterie sicherlich zu zahlreich, um für die Bewachung des Trosses zurückgelassen zu werden. Arrians Bericht über die Schlachtordnung ist nicht gerade erschöpfend. Die odrysische Kavallerie und Balakros Speerwerfer werden ebenfalls nicht erwähnt, und daher handelt es sich ohne Zweifel um eine Auslassung Arrians und nicht um ein tieferes Geheimnis, das uns Anlass gegeben hätte, einen anderen Feldzug oder irgendeine ausgeklügelte Taktik zur Erklärung der Abwesenheit zu erfinden. Die Verbündeten und Söldner scheinen daher eine taktisch wertvolle zweite Linie gebildet zu haben. Es sollte hier das Verständnis sein, das wir mit »zweite Linie« etwas bezeichnen, das sich von der Frontlinie unterscheidet: Es ist nicht einfach eine Ansammlung von Einheiten, welche sich selbst auf

[107] Arrian, 2.9.3

der Rückseite der Taxeis der schweren Infanterie positionierten, sondern eine vollkommen eigene Linie mit einer selbstständigen taktischen Funktion, wie unten noch diskutiert wird.

In den Berichten über Gaugamela werden wir am besten über die Rolle der Söldner und Alliierten in der Feldschlacht informiert. Alexander brachte die schwere Infanterie, die Gefährtenreiterei und die thessalische Kavallerie gemäß seinem Standardplan in Stellung. Dieser sah die thessalischen Reiter an der äußersten Linken, die schwere Infanterie im Zentrum, zu ihrer Rechten die Hypaspisten und die Gefährtenkavallerie an der äußersten Rechten der Linie. Dies war die allgemeine Formation, die bei fast jeder Gelegenheit angepasst wurde. Die Prodromoi wurden zusammen mit anderen kleineren Kontingenten rechts von den Gefährten positioniert, mit Menidas Söldnerreiterei an der äußersten Rechten der Formation und Kleanders Söldnerinfanteristen hinter ihm. Auf der linken Seite der Formation standen Sitalkes' thrakische Infanterie und drei Verbände alliierter oder vom Korinthischen Bund gestellter Kavallerie an der Seite von Andromachos' Söldnerreiterei.

Eine zweite Linie Infanterie war parallel zur Front aufgestellt: Sie bestand aus alliierten Truppen, die vom Korinthischen Bund unterstützt wurden, und einer kleineren Anzahl Truppen aus dem Balkan und Söldnern, die nicht irgendwo stationiert waren. Kleanders Söldner, die Agrianen sowie die Bogenschützen wurden gemäß dem Auftrag, das geforderte hohle Viereck zu bilden, auf der rechten Seite in Stellung gebracht. Sie hatten Kontakt zur Frontlinie und knickten vermutlich in einem 45-Grad-Winkel nach hinten weg. Eine entsprechende Position auf der linken Flanke wurde von Sitalkes' thrakischer Infanterie bezogen. Die Formation, die sich daraus ergab, sah aus wie eine abgestumpfte Pfeilspitze. Problematisch war sie aufgrund der Tatsache, dass sich die zweite Linie nur über die halbe Länge der Front erstreckte. Da sie auf dem linken Flügel begann, bedeutete dies für die rechte Seite, dass über die halbe Front keine zweite Linie hinter ihr postiert war. Dies wird durch die Tatsache gestützt, dass, nachdem eine kleine Gruppe baktrischer Kavallerie durch die Front durchgebrochen war, diese auf keinen weiteren Widerstand stieß, bis sie das makedonische Lager erreichte. Die Söldner und Verbündeten, welche die zweite Linie bildeten, waren so aufgestellt, dass, sollte Alexanders Position umgangen werden – was aufgrund des ungünstigen Zahlenverhältnisses sehr wahrscheinlich war –, er nicht automatisch geschlagen war. Die zweite Reihe konnte sich einfach umdrehen und mit dem Rücken zur Frontlinie kämpfen. Sie waren dort in Stellung gebracht, um sicherzustellen, dass Alexander die Schlacht auch dann noch gewinnen konnte, wenn sie bis dahin nicht wie gewünscht verlief. Ihre Fähigkeit, diese Aufgabe auch tatsächlich zu erfüllen, musste die zweite Linie nie ernsthaft beweisen, doch dies sollte nicht von der potenziellen Bedeutung ihrer Rolle ablenken.

Kolonien

Nach 331, als Alexander damit begann, die nordöstlichen Teile des ehemaligen persischen Reiches einzunehmen, wuchs die Bedeutung der Verbündeten und Söldner. Alexander gründete in dieser Region eine Reihe von Kolonien, allerdings weit weniger, als man noch vor einigen Jahrzehnten glaubte.[108] Dies war eine Vorgehensweise, die vielleicht dazu entwickelt worden war, die griechische Kultur zu verbreiten. Doch sollte dies nicht überbewertet werden, da es sich nur um ein Nebenprodukt ihrer Anwesenheit in dieser Region handelte: ihre primäre Aufgabe war keineswegs eine kulturelle. In erster Linie waren sie geschaffen worden, um dabei zu helfen, die äußeren Regionen des Reiches zu befrieden. Diese Neugründungen, bei denen es sich im Wesentlichen um Militärkolonien handelte, sollten einen beruhigenden Einfluss auf die potenziell ständig rebellischen Einheimischen haben. Die Kolonien hatten eine weitgehend strategische Funktion und weniger eine taktische. Teilweise wurde ihre Gründung durch Alexander auch vorangetrieben, da er eine ständig wachsende Zahl von Männern hatte, deren Dienstzeit abgelaufen war und für die die Pensionierung notwendig war. Alexandria im Kaukasus, das heutige Begram im zentralen Hindukusch-Gebirge am Zusammenfluss der Flüsse Ghorband und Panjshir, ist der am besten belegte Fall einer Kolonie, den wir haben.

Hier gründete Alexander eine Stadt mit einem Kern von 3.000 griechisch-makedonischen Siedlern, Soldaten, die nicht weiter in der Lage waren, ihren Dienst zu versehen, Freiwillige aus den Söldnereinheiten und 7.000 aus der örtlichen Bevölkerung. Dies wurde so etwas wie eine Standardvorlage, eine Mischung aus einheimischen und griechisch-makedonischen Siedlern. Ohne Zweifel hoffte Alexander, dass für den Fall einer Revolte durch Einheimische diese Soldaten im Ruhestand an deren Unterdrückung teilnehmen würden und dass sie als Nebenprodukt auch die grie-

---

[108] Fraser 1996, 240–243 nennt alle der möglichen Gründungen.

chische Kultur in den äußersten Winkel der bekannten Welt tragen würden. Letzteres war ein zusätzlicher Bonus, der sich aus der Gründung der Städte ergab, und weniger ihr vornehmliches Ziel. Im Wesentlichen waren diese Städte Garnisonsstädte und Verwaltungszentren.

Spätere Belege lassen vermuten, dass die Griechen alles andere als die willigen Siedler waren, als die sie von unseren Quellen dargestellt werden. Aus zwei verschiedenen Anlässen haben sie wirkungsvoll gegen Alexander revoltiert. Die erste Erhebung fand in Baktrien statt, als Gerüchte aufkamen, dass Alexander am Indus gefallen sei. Einige der Griechen revoltierten unter dem Banner des Athenodoros, eigens mit der Absicht, nach Griechenland zurückzukehren. Jedoch fiel der Aufstand in sich zusammen, als Athenodoros einem Attentat des Byton zum Opfer fiel, der wiederum im Gegenzug von den griechischen Siedlern selbst für solch eine Tat gefoltert wurde.[109] Diodors Erzählung über das Schicksal dieser 3.000 Rebellen ist unklar, doch nach Curtius sind sie schließlich nach Hause gelangt.

Diese kleine Revolte war das Vorspiel zu einer wesentlich größeren, die ihren Anfang nach dem Tod Alexanders nahm. Es scheint, dass die Griechen nicht glücklich darüber waren, am äußersten Ende der zivilisierten Welt zurückgelassen worden zu sein. Sie sehnten sich nach ihrer Heimat, so wie es die Makedonen offensichtlich während der Opis-Revolte taten.

Geiseln

Es mag ein wenig merkwürdig erscheinen, ihre Funktion als Geiseln zu den Aufgaben der Verbündeten zu zählen, aber es war eine wichtige. Alexanders wichtigster Grund dafür, 7.000 Verbündete vom Balkan bereits am Beginn des Feldzuges einzuziehen, war nicht, die Anzahl der Kampftruppen zu erhöhen, sondern eine bedeutende Zahl junger Männer aus einer potenziell gefährlichen Region Europas abzuziehen: Gefährlich wären sie für Antipater gewesen. Viele dieser Odrysen, Thraker, Illyrer etc. dürften sich noch an die gar nicht so lang zurückliegende Zeit erinnert haben, als sie noch frei von der Herrschaft der Makedonen waren, und sobald Alexander mit dem größten Teil der Armee abgezogen wäre, wäre es ein Leichtes gewesen, sie zum Aufstand zu überreden.

Das gleiche Argument kann für die Truppen angewendet werden, die der Korinthische Bund gestellt hatte. Falls es ihnen erlaubt worden wäre, in

[109] Diodor, 17.49.5; Curtius, 10.2.8

118

Griechenland zu bleiben, wäre es für die Perser sehr einfach gewesen, zu Hause eine Rebellion anzustiften, was sehr wohl Memnons Strategie bis zu seinem Tode im 334 gewesen war. Außerdem sollten wir zur Kenntnis nehmen, dass der Korinthische Bund Alexander mit einer Anzahl von Schiffen unterstützte (Alexanders Flotte wird in einem eigenen Kapitel untersucht).

Es scheint, dass die Hauptfunktion der Verbündeten während des Feldzugs darin bestand, als Bürgen für das Wohlverhalten ihrer Heimatstädte zu dienen: Sie wurden selten in der Frontlinie eingesetzt, wie oben untersucht wurde, und sie verließen selten ihre Garnisonen. Ein Vorfall, bei dem alliierte Truppen hinten zurückgelassen wurden, ereignete sich im Jahr 330, als ein Verband aus griechischen Söldnern, Thrakern und nichtmakedonischer Kavallerie mit Parmenion nach Ekbatana abreiste. Das einzige aufgezeichnete Beispiel für Truppen des Bundes im Garnisonsdienst ist ein Kontingent aus Argos, dem die Garnison in Sardis zugewiesen wurde. Die Verbündeten waren ständig eng an Alexander gebunden. Wie es scheint, war ihre Loyalität fragwürdig.

VERTRAUTE ALEXANDER SEINEN SÖLDNERN UND DEN KONTINGENTEN DER VERBÜNDETEN?

Es scheint ratsam, die beiden Gruppen für die Beantwortung dieser Frage separat zu betrachten. Wie oben festgestellt, scheint es, dass der Hauptgrund für die Anwesenheit der Einheiten vom Balkan und denen, die vom Korinthischen Bund gestellt wurden, der war, dass sie als Geiseln dienten. Das Entfernen einer großen Zahl junger Männer aus der einheimischen Bevölkerung, junger Männer, welche mit großer Wahrscheinlichkeit in jüngster Zeit gegen Philipp oder Alexander gekämpft hatten, trug sicherlich zu einer Befriedung dieser Regionen in Griechenland bei. Doch die Frage des Vertrauens ist sehr viel komplexer, als dass sie sich so einfach beantworten ließe. Tatsächlich waren die alliierten Verbände rein numerisch sehr stark: 7.000 Mann stellte der Korinthische Bund, des weiteren waren 7.000 Thraker, Triballer und Illyrer anwesend. Diese 14.000 Mann hätten leicht Alexanders Niederlage bei Gaugamela oder Issos verursachen können, wenn sie sich auf dem Höhepunkt der Schlacht dafür entschieden hätten, die Seiten zu wechseln. Dabei nehme ich hier an, dass die Verbände der Alliierten einigen Anteil an diesen zwei Schlachten hatten, am wahrscheinlichsten als Teile der Reservelinie. Falls sie einen Teil der zweiten Linie hinter der makedonischen Front bildeten, dann waren sie in einer ausgezeichneten Position, um den Makedonen in den Rücken zu fallen, was zu deren sicherer Niederlage geführt hätte. Die Tatsache, dass sie es nicht taten, spricht dafür, dass sie ein gewisses Maß an Loyalität gegenüber Alexander fühlten. Gegen dieses Argument spricht, dass Alexander sie allem Anschein nach nur selten aus den Augen ließ. Sie wurden selten als Garnisonseinheiten eingesetzt, und genauso selten wurden aus ihnen Teile für unterstützende Operationen gebildet. Die Truppen des Korinthischen Bundes werden nur unter Parmenions Kommando in Troad, bei den Toren von Amanus, in Phrygien und auf dem Marsch in Persis erwähnt.[110] Dass sie keinen Verrat übten, obwohl sie die Möglichkeit dazu hatten, könnte auf ein gewisses Maß an Loyalität deuten. Doch dürfte diese Loyalität nicht unbedingt aus einer positiven Quelle gespeist worden sein. Vielmehr ist zu vermuten, dass sie aus der Furcht vor Repressalien gegenüber den Heimatstädten durch Alexanders Statthalter Antipater entsprang.

Dareios und Memnon scheinen einen bedeutenden strategischen Fehler gemacht zu haben, als sie nicht versuchten, irgendwelche antimakedonischen Stimmungen auszunutzen. Wenn Memnon länger gelebt und den Krieg in das Mutterland Griechenland getragen hätte, hätten wir allerdings sehen können, wie der Feldzug in ernsthafte Schwierigkeiten geraten wäre. Auch wenn Alexander das alles hatte abwenden können, so gilt doch ein anderer Punkt uneingeschränkt: Alexander schien sich nicht für die Angelegenheiten in Griechenland zu interessieren, wie zum Beispiel für die während des Aufstands des Agis von Sparta.

Die Söldner stellen ein anderes Problem dar: Sie zogen aus freien Stücken mit der Expedition, und nicht, weil Alexander vielleicht irgendwelche politische Macht über ihre Heimatstädte gehabt hätte. Daher hätten sie – wenn überhaupt – ganz andere Gründe für irgendwelchen Verrat als die Verbündeten. Schließlich hat Verrat bei Söldnern oft eher finanzielle als politische Gründe. Den einzigen echten Vorfall, falls wir ihn so überhaupt nennen können, der die Hypothese stützt, dass Alexander seinen Söldnerverbänden misstraute, ist der von Curtius überlieferte Versuch des Dareios, einige von Alexanders Söldnern »aufzukaufen«. Scheinbar wurde irgendwann kurz vor der Schlacht bei Gaugamela ein Brief von Dareios an einen unbekannten Empfänger abgefangen. Dareios versuchte in diesem Brief, Unfrieden unter

---

[110] Arrian, 1.17.8; 1.24.3; 2.5.1; 3.18.1

120

Alexanders Söldnereinheiten zu stiften. Alexander wollte den Brief vor seinen versammelten Truppen verlesen, doch brachte Parmenion ihn davon wieder ab, indem er feststellte, dass Alexander ungeschützt sei, selbst wenn nur ein Mann ein Verräter wäre.[111] Jedenfalls scheint Parmenion von nun an auch mögliche Zweifel an der Loyalität einiger Söldner gehabt zu haben, doch ist der endgültige Beweis dafür, dass diese unbegründet waren, der, dass tatsächlich niemals ein Verrat begangen wurde.

Die offensichtliche Ausnahme sind jene »Freiwilligen«, die im Nordosten des Reiches angesiedelt wurden und rebellierten, um wieder in die Heimat zurückkehren zu können. Dies geschah jedoch nicht, während sie der Hauptarmee oder einer zweiten Heeresabteilung angehörten. Sie rebellierten erstmals, als sie glaubten, Alexander sei gestorben, und das zweite Mal, nachdem Alexander tatsächlich verstorben war.

Die Söldner hatten weitaus bessere Möglichkeiten für eine Rebellion als die Verbündeten, da sie viele weitreichendere Funktionen wahrnahmen, zum Beispiel als Garnison in jeder Schlüsselstadt, die Alexander eroberte. Der wahre Grund dafür, dass Alexander keinen umfassenderen Gebrauch von seinen Söldnern und Verbündeten machte, war jedenfalls nicht, dass er ihnen misstraute, sondern dass sie dafür ausgebildet und ausgerüstet waren, eine bestimmte Funktion wahrzunehmen, die sich von der unterschied, für welche die makedonische Infanterie trainiert war. Viele der Söldner dürften schwerbewaffnete Hopliten gewesen sein, Männer, die einfach nicht für die makedonische Art des Kampfes geeignet waren, der Soldaten erforderte, die mobiler und flexibler waren. Sie waren hilfreich in begrenzten Funktionen, aber nicht in der Feldschlacht.

DER ERLASS ZUR DEMOBILISIERUNG

Kurz nach Verlassen der Gedrosischen Wüste veröffentlichte Alexander einen der umstrittensten Erlasse seiner Regierungszeit: Er wies alle seine Satrapen in Asien an, ihre Söldnerarmeen zu entlassen. Diodor ist die einzige Quelle, die diesen Erlass erwähnt, und dies auch nur kurz. Er erzählt uns, dass Alexander bemerkte, dass verschiedene seiner Satrapen »eigenmächtig und egoistisch gehandelt« und dass einige seiner Gouverneure »ernste Vergehen« begangen hätten.[112] Alexander stellte fest, dass diese Satrapen mehr

[111] Curtius, 4.10.16
[112] Diodor, 17.106.2 f

im eigenen als im Interesse Alexanders und des neuen makedonischen Reiches regierten. Einige der Satrapen erhoben sich gegen Alexander, andere flohen und nahmen so viel Geld mit wie möglich. Diodor erzählt uns:[113]

>*Als Neuigkeiten von diesen zum König gebracht wurden, schrieb er an alle seine Generale und Satrapen in Asien und befahl ihnen, sobald sie seinen Brief gelesen hatten, alle ihre Söldner sofort zu entlassen.*«

Diodor bringt den Erlass in Zusammenhang mit Alexanders Versuchen, einige Satrapen zu unterdrücken, die mehr als Despoten und nicht als Untergebene des Königs gehandelt haben. Für diesen Erlass gab es einen Vorläufer: Im Jahr 359/58 hat Artaxerxes III. seine westlichen Satrapen angewiesen, ihre Söldner zu entlassen und dadurch das Ende der Revolte des Artabazos herbeizuführen. Artaxerxes Erlass war eine Sicherheitsmaßnahme, und Diodor stellt Alexanders Erlass in denselben Zusammenhang. Ich aber würde versuchsweise argumentieren, dass Alexander mit seinem Erlass mehr bezweckte als nur Sicherheit. Alexander hat nicht einfach die Truppen demobilisiert. Er wollte nicht, dass sie verschwanden oder nach Griechenland zurückkehrten, dies wäre in der äußersten Konsequenz unrealistisch, obwohl einige argumentiert habe, dass genau dies geschah und dass der Erlass beabsichtigte, die entleerten Städte wieder zu bevölkern.[114] Zehntausende Männer, die ihr gesamtes oder zumindest den größten Teil ihres Erwachsenenlebens als Söldner verbracht haben, wären nicht einfach nach Griechenland zurückgekehrt, um Landwirt zu werden. Aller Wahrscheinlichkeit nach hätten sie ein großes Problem für Alexander bedeutet. Alexander, so glaube ich, beabsichtigte also nicht, die Söldner zu entlassen, sondern er wollte, dass sie ein Teil des Feldheeres wurden. Wenn dies tatsächlich der Fall war, dann ist es irreführend, von einer Demobilisierung zu sprechen, da die Männer von den Satrapen auf das bewegliche Feldheer übertragen wurden. Griechische Söldner taten in allen größeren Orten und Städten des Reiches Garnisonsdienst. Ihre Demobilisierung würde darauf schließen lassen, dass die Satrapien relativ schutzlos gegenüber inneren Unruhen zurückgelassen wurden. Dies wäre aber eine Situation, die Alexander niemals erlaubt haben würde. Wenn es sein Wunsch gewesen wäre, die Söldner vollständig zu demobilisieren und die Satrapen ohne Garnisonen zurückzulassen, dann sollten wir Hinweise hierauf in unseren Quellen finden, doch wir finden sie

---

[113] Diodor, 17.106.3
[114] Badian, 1961

nicht. Tatsächlich finden wir genau das Gegenteil. Wir wissen zum Beispiel, dass Peukestas, der zu Beginn des Jahres 324 zum Satrapen von Persis ernannt wurde, eine Armee mit einer Stärke von mindestens 20.000 Mann innerhalb eines Jahres nach seiner Amtsübernahme aufgestellt hatte.[115] Wenn Peukestas eine sehr starke Armee in einer bemerkenswert kurzen Zeit aufstellte, können wir sicherlich annehmen, dass andere dies auch taten. Daher wissen wir mit einiger Sicherheit, dass die Armeen der Satrapen nicht ungesetzlich waren.

Wenn die »demobilisierten« Söldner dem großen Heerhaufen beitreten sollten, stellt sich die Frage, warum Alexander einen so großen Zugang an neuen Truppen benötigte. Alexanders Reserven an Söldnern müssen zu diesem Zeitpunkt des Feldzugs aufgrund der Bedarfe durch die Stadtgründungen in Indien, die ständigen Anforderungen des Garnisonsdienstes und die schweren Verluste in der Gedrosischen Wüste sehr niedrig gewesen sein. Daher scheint es mir, dass der Erlass kein Versuch war, mögliche Revolten vorzugreifen, wie es uns Diodor nahebringt, sondern eine proaktive Handlung. Alexander verwendete die Söldner in den Armeen der Satrapen, die ganz zu seiner Verfügung standen, um die Verluste seiner Armee aufzufüllen, die diese in den vorangehenden zwei Jahren erlitten hatte. Den Satrapen dürfte dann erlaubt worden sein, ihre Streitkräfte selbst wieder aufzubauen: sie hatten die Zeit dazu, Alexander nicht. Es scheint, dass einige Satrapen diesen Erlass falsch verstanden haben, und zwar offensichtlich jene, die ihre Position für die Erreichung eigener Ziele ausnutzten. So löste also der Erlass unter einigen von ihnen die Revolte aus, es war hingegen nicht der Fall, dass die Revolten das Dekret auslösten.

---

[115] Arrian, 7.23.1; 7.24.3-4; Die Armee wurde aufgestellt, nachdem der Erlass in Kraft gesetzt worden war.

Das sogenannte Alexander-Mosaik aus der Casa del Fauno in Pompeji zeigt
Alexander den Großen, wie er einen Kavallerieangriff in die Flanke der Perser
um Dareios (in seinem Streitwagen) herum anführt, während die langen Sarissai von der Front heranrücken. Das Detail (rechts) zeigt Alexander, der einen
Brustpanzer trägt. Dieser ähnelt sehr dem Brustpanzer, der bei Vergina gefunden wurde. Alexander wird ohne Helm dargestellt, sodass seine Gesichtszüge
zu erkennen sind. Helme wurden aber sicherlich von der makedonischen
Kavallerie getragen. (Foto: Rien van der Weijgaert)

124

Goldverzierter Brustpanzer, gefunden in Grab II bei Vergina. Er ist in seiner Gestaltung weitgehend mit dem Brustpanzer identisch, der von Alexander auf dem Alexander-Mosaik getragen wird. (Triandafyllos Papazois)

Schwertgriff, gefunden in Grab II bei Vergina. Er ist reichhaltig verziert mit Gold und Elfenbein und stammt vermutlich aus Zypern. (Triandafyllos Papazois)

127

Rekonstruktionen eines makedonischen Phalangiten und eines traditionellen Hopliten. Der Pelte-Schild des Pezhetairoi dürfte ein wenig konkaver als in der Rekonstruktion gewesen sein. Der Unterschied in den Abmessungen zwischen der Sarissa und dem Hopliten-speer ist offensichtlich. Der Vorteil in der Reichweite, den die Makedonen erreich-ten, ist unten dargestellt. Zu beachten ist der Riemen um den Hals für die Pelte. Dieser machte es möglich, die Sarissa mit beiden Hän-den zu halten. (Ryan Jones)

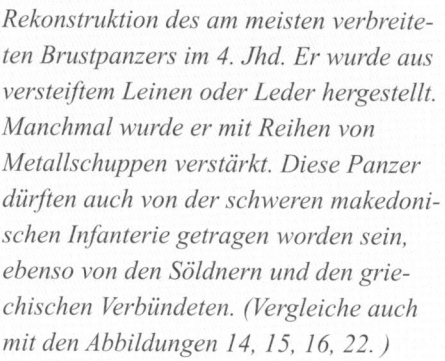

*Rekonstruktion des am meisten verbreite-
ten Brustpanzers im 4. Jhd. Er wurde aus
versteiftem Leinen oder Leder hergestellt.
Manchmal wurde er mit Reihen von
Metallschuppen verstärkt. Diese Panzer
dürften auch von der schweren makedonischen Infanterie getragen worden sein,
ebenso von den Söldnern und den griechischen Verbündeten. (Vergleiche auch
mit den Abbildungen 14, 15, 16, 22.)*

*Phrygischer Helm in der
Art, wie er auch von der
makedonischen Armee
im 4. Jhd. getragen
wurde. Der Helm befin-
det sich im Art Institute
of Chicago. (Jasper
Oorthuys, Ancient
Warfare magazine)*

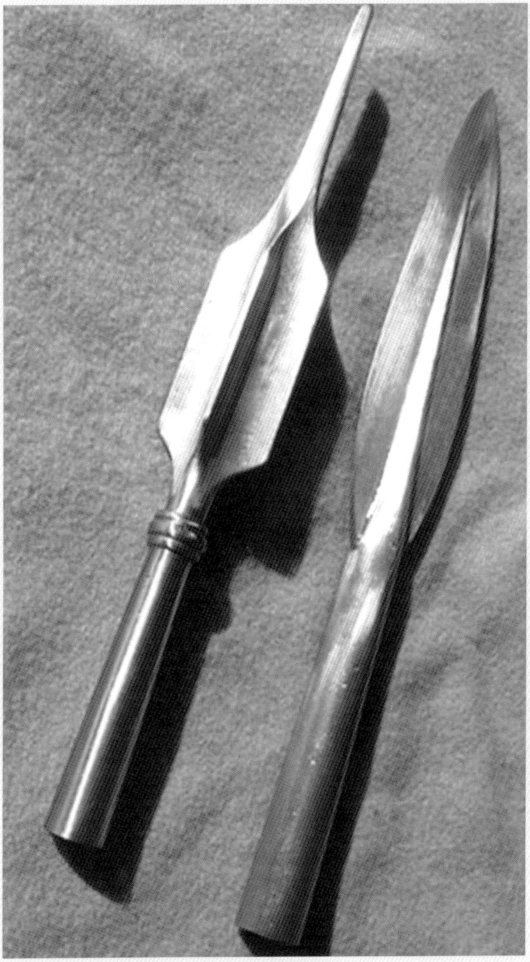

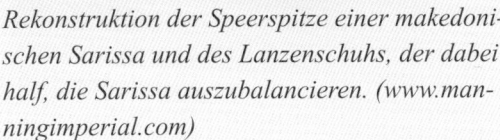

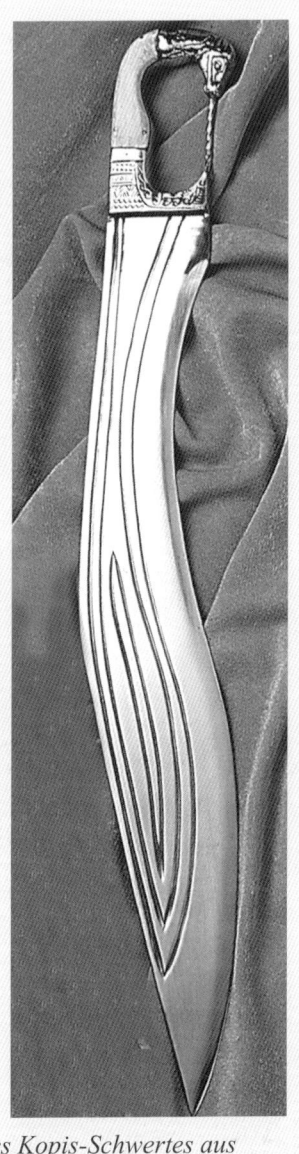

Rekonstruktion der Speerspitze einer makedoni-
schen Sarissa und des Lanzenschuhs, der dabei
half, die Sarissa auszubalancieren. (www.man-
ningimperial.com)

Rekonstruktion eines Kopis-Schwertes aus
dem 4. Jh. v. Chr. Dieser Typ war nicht so
verbreitet wie das traditionell gerade Hopliten-
schwert, aber er wurde ebenfalls bei den Make-
donen verwendet. (www.deepeeka.co.in)

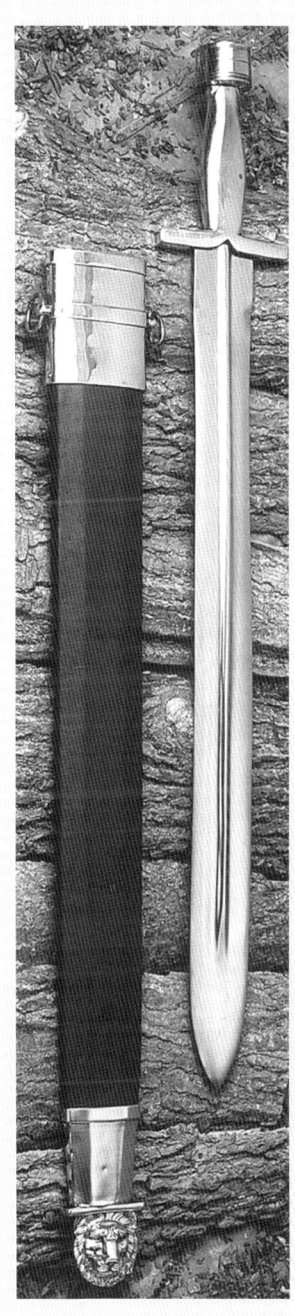

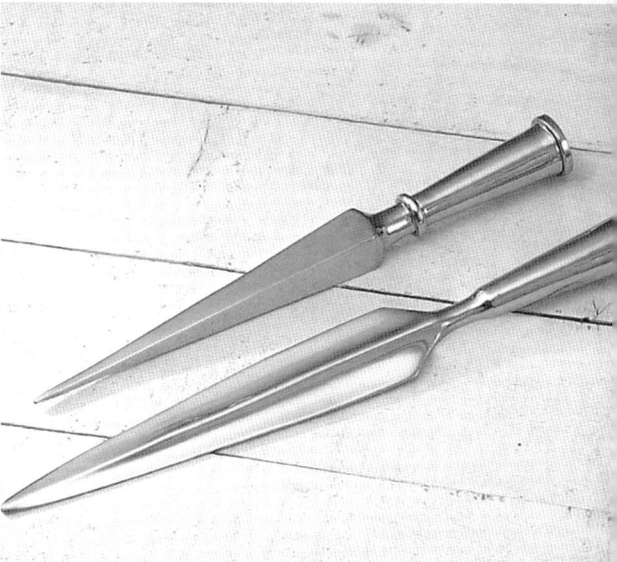

*Rekonstruktion der Speerspitze und des Lanzen-
schuhs eines Hoplitenspeers. Diese sind mit
denen identisch, die von der schweren makedonischen Infanterie verwendet wurden, wenn die
Rahmenbedingungen den Einsatz der Sarissa
unmöglich machten. (www.deepeeka.co.in)*

*Rekonstruktion eines geraden griechischen
Schwertes aus dem 4. Jhd. v. Chr., wie es
üblicherweise verwendet wurde.
(www.deepeeka.co.in)*

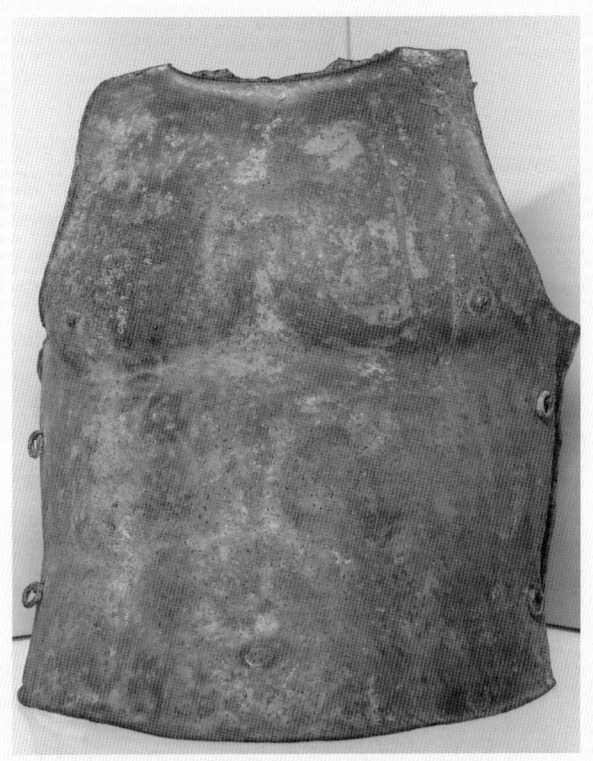

Zweiteiliger Bronze-harnisch, der mit einer Brustmuskulatur verziert wurde. Er stammt aus der Zeit zwischen 350 und 300, wurde im südlichen Italien gefunden und befindet sich nun im British Museum. Dieser Typ wurde eher von traditionellen Hopliten und nicht von den makedonischen Pezhetairoi getragen. (Marie-Lan Nguyen / Wikimedia Commons)

Traditioneller korinthischer Standardhelm von der Art, die von den Söldnern und Verbündeten getragen wurde. Der Helm befindet sich heute im Louvre. Dieser Helmtyp weicht völlig von den phrygischen Helmen der makedonischen Infanterie ab. (Marie-Lan Nguyen / Wikimedia Commons)

Traditioneller Zusammenprall von Hopliten auf einem Fragment vom Sockel-fries auf dem Nereiden-Monument von Xanthos in Lykien aus dem 4. Jhd., heute im British Museum. Zu beachten sind die Größe des Schildes und das Band auf der Innenseite. Die Pelte, die von der makedonischen Infanterie benutzt wurde, hing vom Hals herab, obwohl es auch einen Riemen gegeben hat, um den Schild bewegen zu können. (Marie-Lan Nguyen / Wikimedia Commons)

Darstellung makedonischer Infanterie in dem Giebelfeld des sogenannten Alexander-Sarkophags von Sidon, der sich nun im archäologischen Museum in Istanbul befindet. Die Infanteristen links und in der Mitte sind Makedonen. Zu beachten sind der phrygische Helm und die Art des Brustpanzers. Es scheint, dass sie mit dem großen traditionellen Hoplitenschild dargestellt werden, und nicht mit der kleineren Pelte, die getragen wurde, wenn die Sarissa zum Einsatz kam. Die bärtige Figur rechts trägt einen traditionellen Muskelpanzer und ist vermutlich ein Verbündeter oder ein griechischer Hoplitensöldner. (Dick Ossman)

Ein Detail aus der Schlachtenszene des berühmten Alexander-Sarkophags. Sie zeigt Alexanders Infanterie und Kavallerie im Kampf mit den Persern. Zu beachten sind die phrygischen Helme der makedonischen Infanteristen und die boiotischen Helme der Kavalleristen. (Wayne Boucher)

134

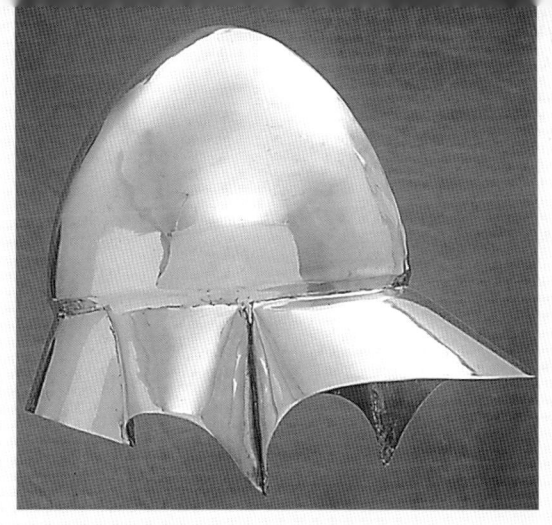

Rekonstruktion eines boiotischen Helms, der denen entspricht, die von der makedonischen Kavallerie auf dem Alexander-Sarkophag getragen wurden. (www.deepeeka.co.in)

Ein weiteres Detail aus der Schlachtenszene des Alexander-Sarkophags, das einen berittenen Gefährten mit Brustpanzer, boiotischem Helm und geradem Schwert darstellt. Ursprünglich mag er einen Stoß mit der Lanze geführt haben. Die Lanze wird – wie alle anderen Waffen auch – vermisst. (Wayne Boucher)

Das Detail einer Jagdszene von der anderen Seite des Sarkophags zeigt Makedonen und die jüngst eroberten Perser zusammenarbeitend. Bei der Ausbildung von Freundschaften und gegenseitigem Vertrauen zwischen einzelnen spielte die Jagd in der Antike dieselbe Rolle wie heutzutage der Mannschaftssport, sie stärkte die Moral und den Zusammenhalt auf dem Schlachtfeld. (Wayne Boucher)

Mögliches Erscheinungsbild eines agrianischen Speerwerfers. Man beachte die verschiedenen Speere, die zur Verstärkung der Feuerkraft mitgeführt wurden. (Johnny Shumate)

*Eine der besterhaltenen Grabstelen
mit der Abbildung eines berittenen
Gefährten aus dem 4. Jhd. Auffällig
sind der wehende Mantel, die
Schwertscheide, die auf der linken
Seite getragen wurde, und die
Lanze in seiner rechten Hand.*

*Eine weitere Grabstele mit einem
Bild aus dem frühen ptolemäischen
Ägypten. Sie entstand vermutlich
kurz nach dem Tod Alexanders. Der
Typ des Brustpanzers ist gut er-
kennbar, der Schild lehnt an einem
nicht erkennbaren Gegenstand im
Hintergrund.*

DIE MITTELMEERFLOTTEN

Auf den ersten Blick scheint es ungewöhnlich zu sein, das Wort »Flotte« in der Kapitelüberschrift im Plural zu verwenden und nicht im Singular, aber ich tat es sehr bewusst. Es gibt keinen Zweifel, dass Alexander mehr als eine Flotte während der frühen Jahre seines Feldzugs besaß: Tatsächlich verfügte er über vier Flotten.

DIE FLOTTE DES KORINTHISCHEN BUNDES

Eine der Lasten, welche die Mitglieder des Korinthischen Bundes nach der Niederlage der verbündeten Griechen bei Chaironaia und der anschließenden Anerkennung der makedonischen Vorherrschaft tragen mussten, war die Entsendung von Schiffen, mit denen sie den Fortgang des Krieges zu unterstützen hatten. Diese Flotte wurde im Jahr 336 oder kurz davor gegründet. Ihre wichtigste Aufgabe bestand darin, die Operationen an Land zu unterstützen, welche von der Feldarmee durchgeführt wurden. Im Rahmen dieser Unterstützung wurden sie umfassend in die Transporte und die Aufrechterhaltung der Nachschub- und Kommunikationswege mit Makedonien und Griechenland eingebunden. Die Flotte muss bemerkenswert gemischt gewesen sein. Sie war von bescheidener Größe und bestand aus 160 Schiffen, von denen nur 20 von der stärksten griechischen Seemacht gestellt wurden: Athen. Zu dieser Zeit hatten die Athener rund 300 Schiffe im Dienst. Die Unterstützung mit 20 Schiffen ist vielleicht ein Indikator für ihren Grad der Begeisterung für Alexanders Expedition. Viele der kleineren Städte dürften kaum mehr als eine Handvoll entsandt haben. Arrian berichtet uns, dass die Flotte ungeübt war und jeder Mitgliedsstaat nur die schlechtesten Schiffe und Seeleute zur Verfügung stellte, einfach um die Zusagen einzuhalten.[116] Die daraus resultierende Flotte war als Kampfverband völlig nutzlos. Sie war schlecht ausgebildet und bestand aus einer großen Anzahl von Kontingenten, die noch niemals zuvor als eine zusammenhängende Einheit gekämpft hatten. Dies war verbunden mit Alexanders völligem Unwissen über Seekriegsoperationen. Bei realistischer Betrachtung war es für Alexan-

---

[116] Arrian, 1.18.7

der unmöglich, mit mehr als den meisten grundlegenden Taktiken zu arbeiten. Darauf wird sehr deutlich von Arrian hingewiesen, wenn er Alexander in einem Gespräch mit Parmenion über die Frage, ob man die persische Flotte zur See angreifen sollte, sagen lässt, dass er nicht das Risiko eingehen würde, der persischen Flotte alle Fähigkeiten und den Mut seiner Männer zu zeigen.[117]

Dies kann nur ein Hinweis auf die möglichen Verluste unter den makedonischen Truppen und nicht einer auf die griechischen Seeleute sein, und deutet darauf hin, dass Alexanders Taktik darauf beruhte, dass die persischen Schiffe geentert wurden und es zum Nahkampf kam. Dies wäre tatsächlich ein Kampf zu Lande auf hoher See. Dies Taktik ist nicht völlig überraschend für einen Feldherrn, der durch Philipps Erziehung weder eine direkte noch eine indirekte Erfahrung in der Seekriegsführung hatte. Die Taktiken, die Alexander üblicherweise anwendete, sind genau die, mit denen die Wikinger ihre Seeschlachten schlugen.

Trotz der offensichtlich schlechten Qualität der Schiffe, die Alexander von seinen Verbündeten erhalten hatte, bewies seine griechische Flotte, dass sie auch größere Aufgaben als nur Transport und Logistik wahrnehmen konnte. Während Alexander die Stadt Milet belagerte, kam eine persische Flotte mit etwa 400 Schiffen aus Richtung Norden, um die Stadt zu entlasten. Falls die Perser sie erreicht hätten, hätte die Stadt vermutlich beinahe ewig gegen die Makedonen standhalten können, da Verstärkungen und Nachschubgüter einfach über sie transportiert werden konnten. Nikanor, Alexanders Kommandeur der griechischen Flotte, traf jedoch drei Tage vor den Persern ein und ankerte an der milesischen Küste auf der Insel Lade.[118] Die persische Flotte, die nicht in der Lage war, irgendeinen Hafen zu finden, der sie hätte versorgen können, und der es scheinbar unmöglich war (oder der es an dem Willen mangelte), die griechische Flotte in diesen engen Gewässern anzugreifen, setzte Segel Richtung Süden. Alexanders Flotte hatte damit völlig überzeugend bewiesen, dass sie trotz seines Widerwillens, die Seeschlacht anzubieten, doch einen bedeutenden militärischen Nutzen haben konnte. Dies macht die Entscheidung, sie zu verabschieden, noch rätselhafter. Alexander traf kurz nach der Einnahme Milets und noch vor dem Beginn des Angriffs auf Harlikanassos eine der rätselhaftesten Ent-

[117] Arrian, 1.18.8
[118] Arrian, 1.18.7

scheidungen in seiner Laufbahn: Er entließ die Flotte. Arrian nennt uns hierfür fünf Gründe:[119]

● Fehlende finanzielle Mittel.
● Die persische Flotte war der Flotte Alexanders weit überlegen.
● Alexander war nicht gewillt, irgendwelche Verluste an Schiffen und Männern durch einen Angriff zur See zu riskieren.
● Alexander glaubte, dass er eine Flotte nicht länger benötigte, da er nun der Herr über den asiatischen Kontinent war.
● Er beabsichtigte, die persische Flotte an Land zu besiegen, indem er ihr die Häfen entzog.

Die fehlenden finanziellen Mittel werden von den modernen Historikern am häufigsten als Hauptgrund für Alexanders Entscheidung akzeptiert. Es ist auch der einzige Grund, der von Diodor genannt wird.[120] Jedoch hat die Schlussfolgerung, dass die Entscheidung finanziell motiviert war, aus zwei Gründen Schwachstellen. Erstens wurde die Flotte vom Korinthischen Bund gestellt, daher ist die Annahme begründet, dass die Kosten für ihren Unterhalt ebenfalls von diesen Staaten und nicht von Alexander getragen wurden. Die Flotte zu unterhalten dürfte ihn tatsächlich nichts gekostet haben. Zweitens war Alexanders Staatskasse zu diesem Zeitpunkt gut gefüllt. Nur wenige Monate später, während des Winters 334/33 in Gordium, investierte Alexander 500 Talente in den Aufbau einer neuen Flotte und 600 Talente wurden für den Unterhalt von Garnisonen im griechischen Mutterland bewilligt.[121] Es scheint keine Gründe dafür zu geben, warum sich Alexanders finanzielle Situation in so wenigen Monaten so drastisch verbessert haben sollte, wir kennen keine größeren persischen Schätze in der Region, die zwischenzeitlich in Alexanders Hände gefallen wären.

Es ist richtig, wenn Arrian feststellt, dass die persische Flotte der von Alexander sowohl qualitativ wie quantitativ überlegen war. Doch ist dies kein Grund, die Flotte zu demobilisieren, da dies die Inseln und das Festland ohne Schutz vor einem Angriff von See hinterlassen würde. Milet hat gezeigt, dass eine Flotte selbst dann taktisch sinnvoll sein kann, wenn sie gar keine Schlacht anbietet. Der Mangel an Qualität und Quantität war also eher ein Argument dafür, die Investitionen in die Flotte zu erhöhen.

---

[119] Arrian, 1.20.1; der folgende Abschnitt bezieht sich im Wesentlichen auf Bosworth, 1980, 141 ff
[120] Diodor, 17.22.5
[121] Curtius, 3.1.19–20

Arrians zweiter und dritter Punkt hängen sicherlich damit zusammen, dass Alexander wegen der möglichen Auswirkungen nicht gewillt war, eine Seeschlacht anzubieten. Seine Strategie beinhaltete ein starkes Vertrauen in die Marineinfanterie, höchstwahrscheinlich in die Hypaspisten, da diese die vielseitigste schwere Infanterie waren, die er kommandierte. Dies also waren die Truppen, die für den endgültigen Angriff zur See ausgewählt worden waren. Es ist daher höchstwahrscheinlich, dass sie bei Tyros ebenfalls für eine solche Mission ausgewählt wurden. Nun benötigte er jeden Mann dieser Einheiten für seinen Landkrieg, was einen Feldzug zur See noch problematischer machte. Jede Niederlage hätte auch politische Probleme in Griechenland auslösen können. Sie wäre so etwas wie eine offene Einladung zur Rebellion in ganz Griechenland gewesen. Der Interpretationsvorschlag von Arrian, dass Alexander keine Flotte brauchte, weil er ohnehin schon den gesamten Kontinent kontrollierte, ist außergewöhnlich und offensichtlich nicht wahr. Selbst wenn wir annehmen, dass Arrian hier nur von Asia Minor und nicht von ganz Asien spricht, ist er mit dieser Aussage auf dem Holzweg. Nebenbei gesagt gab es nun nichts, was die Perser von einem Angriff gegen die Rückseite von Alexanders Truppen abhalten konnte, wie es bei Tenedos tatsächlich geschah.[122] Dies war eine Taktik, welche viel wirkungsvoller zur Anwendung kam als sonst durch die Perser.

Diese Strategie, die persische Marine an Land zu schlagen, war hervorragend und klang bei oberflächlicher Betrachtung ordentlich. In der Antike konnten Kriegsschiffe keine großen Mengen an Versorgungsgütern tragen und mussten daher jede Nacht in einem befreundeten Hafen anlegen, um sich mit Nahrung und frischem Wasser zu versorgen. Es ist ebenfalls wahr, dass Alexanders Strategie letztlich funktionierte. Die persische Flotte brach zusammen, nachdem Alexander einige bedeutende Städte an der phönizischen Küste eingenommen hatte. Doch hatte die Strategie zwei ernsthafte Fehler. Der erste ist, dass ein erfahrener Kommandeur, wie es Memnon sicherlich war, in der Ägäis freie Hand gehabt hätte, zu tun, was er wollte, alle Inseln zu überrennen und den Kampf in das Mutterland zu tragen, wo mehrere Staaten sehr wahrscheinlich den Aufstand gewagt hätten, wenn sie dazu die Gelegenheit erhalten hätten. Der zweite ist, dass in dieser Argumentation nicht berücksichtigt wird, dass ein bedeutender Teil der persischen Flotte aus Zypern stammte und theoretisch nicht durch diese Strategie berührt

[122] Arrian, 2.2.3

141

wurde; obwohl diese Schiffe weiterhin Häfen im Mutterland benötigt hätten, um im Rahmen ihrer Befehle operieren zu können. Sie hätten weiterhin loyal gegenüber den Persern bleiben können und über die Möglichkeit verfügt, hinter Alexanders Rücken die Region zu beunruhigen, ohne dass er die Möglichkeit gehabt hätte, mit seinen Landstreitkräften ihre Häfen einzunehmen. Alexander verließ sich notwendigerweise auf sein Glück bei der Umgehung dieser zwei Probleme, was allerdings für ihn sehr untypisch war. Seine Planungen waren normalerweise wesentlich präziser als in diesem Fall, und seine Strategien waren gut durchdacht, was mich zu dem Schluss kommen lässt, dass er seine Entscheidung nicht einzig aus taktischen oder strategischen Erwägungen getroffen hatte, sondern eher aus einem anderen Grund.

Wenn die Entscheidung, die Flotte zu demobilisieren, keine militärischen Gründe hatte, nicht durch finanzielle Engpässe erzwungen wurde und auch nicht aus den anderen Gründen erfolgte, die Arrian nennt – aus welchen Gründen traf Alexander sie dann?

Ich vermute, dass die Wahrheit in einem Punkt liegt, der dem von Arrian genannten Argument nahe kommt. Er betont, dass eine verlorene Schlacht zu Unzuverlässigkeit und möglichen Rebellionen zu Hause führen könnte, was auf die Frage der Loyalität hindeutet. In einem der vorangehenden Kapitel berichtete ich, dass die Verbündeten loyal zu Alexander standen, auch wenn dies in der Furcht vor Repressalien im Falle einer Rebellion begründet gewesen sein könnte oder in der Anwesenheit von Tausenden schwerbewaffneten und schlachtenerprobten Makedonen. Die Flotte wäre sehr schnell weit entfernt vom Standort des Königs oder der Armee, daher dürften Alexanders Einfluss weitaus geringer und die Wahrscheinlichkeit für Untreue um ein Vielfaches größer gewesen sein. Die Tatsache, dass er die 20 athenischen Schiffe einbehalten hat, ist ein Anzeichen dafür, dass er versuchte, einige spezielle athenische Geiseln festzuhalten, aber 160 Schiffe waren ein zu großes Risiko.[123] Es ist interessant, dass alles, was Alexander von der großen Seemacht behielt, diese 20 Schiffe und 200 Reiter waren. Diese Schiffe mit ihrer Besatzung waren ein wichtiges Pfand, um das Wohlverhalten Athens sicherzustellen.

---

[123] Diodor, 17.22.5

DIE FLOTTE DES PROTEAS

Tatsächlich wissen wir nur sehr wenig über diese Flotte oder ihren Kommandeur Proteas. Wir wissen, dass Antipater im Winter 334/33 Anweisungen für den Wiederaufbau einer Flotte gab, während Alexander in Gordium weilte. Diese Flotte wurde hauptsächlich auf der Insel Euboea und auf der Peloponnes erbaut. Ihre Hauptaufgabe war es, als defensiver Verband auf mögliche Angriffe der persischen Flotte auf die Inseln oder das Mutterland zu reagieren. Wir wissen nur sehr wenig über die Größe dieser Flotte, Arrian spricht einfach von »*einer Anzahl von Kriegsschiffen*«, und den einzigen Beleg, den wir für eine Aktion haben, in welche sie involviert war, ist der Angriff von 15 Schiffen dieser Flotte auf 10 persische Schiffe bei der Insel Sifnos. Die Flotte scheint nur bis 332 in Dienst gewesen zu sein.[124]

DIE FLOTTE DES HEGELOCHOS UND DES AMPHOTEROS

Bei Arrian gibt es nur einen Hinweis auf den Aufbau einer eigenen makedonischen Flotte, doch wissen wir von Curtius, dass Alexander im Jahr 333 während des Marsches von Gordium nach Ankyra (Ankara) 500 Talente in den Aufbau einer solchen Flotte investiert hat.[125] Diese Flotte wurde von Hegelochos und Amphoteros geführt, doch es ist bei Arrian offensichtlich, dass Hegelochos der Oberbefehlshaber war. Curtius erzählt uns, dass der Erstere für die Truppen verantwortlich war, während der Zweite die Verantwortung für die Schiffe und daher vermutlich auch für die Besatzungen trug.[126] Es scheint etwas widersprüchlich zu sein, dass der Kommandeur des zur Marine gehörenden Teils dem Kommandeur der Marineinfanterie untergeordnet war, doch war diese Struktur in der antiken Welt nicht ungewöhnlich, und sie ist noch weniger überraschend, wenn wir die Gesamtsituation Alexanders berücksichtigen, in der die Armee der alles beherrschende Teil der Streitkräfte war. Wir wissen jedoch auch, dass Amphoteros in der Lage war, unabhängig zu operieren, sofern es erforderlich war. Beispielsweise wurde er 332 als Kommandeur einer Abteilung der Flotte nach Lesbos, Chios und Kos entsandt.[127] Als die makedonische Flotte im Winter 332/31 in Ägypten zu Alexander stieß, war Hegelochos versetzt worden, doch wir

---

[124] Arrian, 2.2.4
[125] Arrian 2.2.3; Curtius, 3.1.19–20
[126] Arrian, 3.2.3–7; Curtius, 3.1.19
[127] Arrian, 3.2.6

wissen nicht, wohin. Ab dieser Zeit war vermutlich Amphoteros der Kommandeur beider Teile, der Schiffe und der Marineinfanterie. Die Flotte scheint dann bei Kreta und vor der Peloponnes im Einsatz gewesen zu sein.[128]

DIE ZYPRISCH-PHÖNIKISCHE FLOTTE

Während der Belagerung von Tyros im Jahr 333 brach Alexander, nachdem der Damm kurz zuvor von einem Feuerschiff der Tyrer teilweise zerstört worden war, gemeinsam mit seinen Hypaspisten zu einer Mission nach Sidon auf. Arrian überliefert uns, dass diese Mission durchgeführt wurde, um alle Kriegsschiffe zu sammeln, die er besaß.[129] Es ist nicht klar, was damit gemeint ist. Es könnte sein, dass Alexander beabsichtigte, seine griechischen und makedonischen Flotten bei sich zu sammeln. Falls dies jedoch der Fall war, wäre keine Reise nach Sidon nötig gewesen, und zweitens gibt es keine Belege, dass irgendeine Sammlung gefordert oder durch die Flotten durchgeführt wurde. Es ist vielleicht eher wahrscheinlich, dass Alexander ganz einfach glaubte, da er nun die Häfen von Sidon und Byblos gemeinsam mit vielen anderen besaß, könne er auch über ihre Flotten verfügen. Daher reiste er nach Sidon, um auf ihre Heimkehr am Ende der Feldzugperiode zu warten. Beachtet man die lange Zeit, die Nachrichten in der antiken Welt benötigten, um sich zu verbreiteten, so mag die Nachricht von der persischen Niederlage bei Issos 333 die Flotte nicht vor dem Ende der Segelsaison erreicht haben. Daher waren das phönizische und das zypriotische Kontingent einfach nicht in der Lage, vor April zu Alexander überzulaufen. Zu der Zeit, als die phönizische Flotte heimkehrte, dauerte die Belagerung von Tyros bereits zwei Monate an.

Alexanders Anwesenheit in Sidon dürfte dafür gesorgt haben, dass es keine Schwierigkeiten bei der persönlichen Inbesitznahme der Flotte gab. Arrian gibt eine sehr detaillierte Übersicht über die Anzahl der Schiffe, die Alexander erbeutete: die Kontingente aus Arados, Byblos und Sidon, zusammengefasst über 80 phönizische Schiffe. Etwa zur selben Zeit stießen ein Verband aus Rhodos, neun andere Schiffe, drei aus Soli und Mallos, zehn aus Lykien und eine mit fünfzig Rudern ausgestattete Galeere aus Makedon hinzu.[130] Kurz darauf erreichten die Nachrichten von der persischen

---

[128] Hauben 1972, 56
[129] Arrian, 2.19.6; 2.20.1

Niederlage bei Issos Zypern. Der zypriotische König entschied ebenfalls, bei Sidon zu Alexander zu stoßen: Allein seine Flotte zählte etwa 120 Schiffe. Arrians Summe von 224 Schiffen bei Sidon stimmt im Wesentlichen überein mit Plutarchs Zahl von 200 und Curtius Bericht, dass 190 Schiffe an dem Überraschungsangriff auf Tyros teilnahmen.[131]

Die Vereinnahmung der zyprisch-phönizischen Flotte war ohne Zweifel der Wendepunkt bei der Belagerung von Tyros: Vorher hatte Alexander keine wirkungsvolle Flotte und daher auch keine Mittel, Operationen gegen ihn zur See aus Tyros zu begegnen. Diese Flotte stellte sicher, dass er die äußere Verteidigung der Stadt aus allen Richtungen prüfen konnte. Die Möglichkeit zum gleichzeitigen Angriff aus verschiedenen Richtungen und Positionen war ein weiteres Kennzeichen für Alexanders Strategien. Gerade in seinen Feldschlachten können wir sein Streben sehen, den Angriff auf das persische Zentrum mit der Gefährtenreiterei von rechts zu führen, während die schwere Infanterie zur selben Zeit von vorne angreift. Alexander erkannte sehr früh in seiner Laufbahn den Vorteil solcher Taktiken und wandte sie an, wo immer sich die Gelegenheit bot.

Der endgültige Durchbruch kam, als eine Gruppe von Hypaspisten, die als Marineinfanterie eingesetzt wurden, die Mauern an der südlichen Spitze der Festung durchbrachen. Dies war nicht das direkte Ergebnis des Dammbaus. Die Verbände auf dem Damm sollten die Wirkung haben, die Verteidiger aus dem südlichen Bereich der Mauern abzuziehen, während die Flotte im gesamten Umkreis der belagerten Stadt operierte.

[130] Arrian, 2.20.1
[131] Curtius, 4.3.11; Plutarch, Alexander, 24.5

BELAGERUNGSMASCHINEN

HISTORISCHE ENTWICKLUNG

Katapulte wurden vermutlich erst im Jahr 399 in der griechischen Welt erfunden, in Syrakus unter der Schirmherrschaft von Dionysios I. Diodor erzählt uns, dass in diesem Jahr *»die ganze Stadt ein großes Arsenal erhielt«.*[132] Es scheint, dass Dionysios aus ganz Sizilien die besten Ingenieure seiner Zeit zusammenholte, um für ihn eine gewaltige Zahl der modernsten Stücke der Militärtechnologie zu konstruieren, so wie mit größter Sicherheit weitere Forschungs- und Entwicklungsarbeit über neue Formen der Bewaffnung für ihn zu leisten. Diodor fährt fort und schreibt:[133]

»Zu dieser Zeit wurden Katapulte entdeckt ... eine natürliche Folge von einer Versammlung der erfahrensten Handwerker aus aller Welt an einem Ort.«

Jedoch bleibt ein Problem: Welche Art von Artillerie beschreibt Diodor? Torsions- oder Nichttorsionskatapulte? Eine umfangreiche Erläuterung der technischen Unterschiede erfolgt später; im Moment ist es ausreichend, wenn wir sagen, dass Torsionskatapulte komplexer sind und daher vermutlich eine Weiterentwicklung aus den einfacheren Nichttorsionsmaschinen. Um für Diodor sagen zu können, dass er die Erfindung der Torsionskatapulte beschreibt, müssten wir in der Lage sein, die Existenz von Nichttorsionsmaschinen vor diesem Datum nachzuweisen, was wir nicht können. Ich denke, es wäre höchst ungewöhnlich, dass ein technischer Sprung von Pfeil und Bogen zum Torsionskatapult ohne einen Zwischenschritt erfolgte. Daher muss Diodor die Erfindung der Nichttorsionsgeschütze beschreiben. Es ist unvorstellbar, das Nichttorsionsgeschütze der Erwähnung durch Thukydides entgangen sind , falls sie bereits zur Zeit des Peloponnesischen Krieges existiert hätten. Thukydides beschreibt die Belagerungen von Syrakus und Plataiai als Paradestücke, wobei er uns Details über die modernsten Angriffs- und Verteidigungsmethoden gibt, einschließlich einer eher einfachen, aber ausgeklügelten Art von Flammenwerfer.[134] Katapulte werden nicht erwähnt.

---

[132] Diodor, 14.41.6
[133] 14.41.4–42.1
[134] Thukydides, 2.75–8 (Plataiai); Thukydides, 3.20–3 (Syrakus)

Im Jahr 414 lässt Aristophanes in einer interessanten Passage seiner Komödie »Die Vögel« Euelpides zu Peithetairos sagen: *»Du bist bereits ein herausschießender Nikias mit deinen Maschinen«.*[135] Das kann sich hier vielleicht ganz einfach auf die Konstruktion hoher Türme beziehen, die es Schleuderern und Bogenschützen erlaubten, ihre Projektile über größere Entfernungen zu verschießen. Dies ist nach aller Wahrscheinlichkeit kaum mehr als eine militärische Metapher. Da uns weitere Belege fehlen, können wir diese Passage bei Aristophanes nicht als Beweis für die Existenz von Katapulten zu dieser Zeit verwenden. Bei Diodors Beschreibungen der Belagerungen von Himera im Jahr 409 und Akragas im Jahr 406 finden sich auch keine Belege dafür, dass die Karthager im Besitz von Katapulten waren.[136] Wir können wohl folgern, dass in der griechischen Welt Katapulte nicht vor 399 erfunden worden sind und dass diese Katapulte die Nichttorsionsvariante waren. Aber welche Entwicklungen gab es außerhalb der griechischen Welt? In der Bibel finden sich zwei mögliche Hinweise auf die Existenz von Katapulten im Osten. Der erste steht in Chroniken 2: *»In Jerusalem machte Uzziah genau entwickelte Maschinen für die Türme und Brustwehre, um Geschosse und große Steine schleudern zu können.«*[137] Dieses Buch des Alten Testaments stammt jedoch aus dem Jahr 250, als die Belagerungstechnik auf einem relativ hohen Niveau war, weshalb der Autor einfach Schuld an einem Anachronismus sein könnte. Wie auch immer, die historische Figur des Uzziah lebte ungefähr im 8. Jahrhundert, was es noch unwahrscheinlicher macht, dass die Passage eine historische Tatsache beschreibt. Für den zweiten Hinweis in Hesekiel können diese Einwände nicht benutzt werden, um ihn zu entkräften, da dieser Abschnitt um 580 geschrieben wurde.[138] Allerdings benutzt der hebräische Text in diesem Fall den Begriff »Rammbock«, was als »Katapult« falsch ins Griechische übersetzt wurde, sodass wir wiederum keinen Beleg für die Existenz von Katapulten für die Zeit vor 399 haben.

Plinius liefert uns einige kleine, aber interessante Informationen in seiner Naturgeschichte, mit denen wir uns ebenfalls befassen wollen:[139]

---

[135] Aristophanes, Die Vögel, 363; Dunbar 1998 berücksichtigt nicht, dass fragliche Maschinen Katapulte sein könnten.
[136] Diodor, 13.54.7 ff; Diodor, 13.59.8 ff
[137] 2Chronik, 26.15
[138] Hesekiel, 4.2; 21.22
[139] Plinius, Naturgeschichte, 7.201

»Sie sagen, dass Pisaeus Jagdspeere erfand und, neben verschiedenen Geschützen, den Skorpion. Die Kreter erfanden das Katapult, die Syro-Phönizier die Ballista und die Steinschleuder.« Dieser Beleg kann ebenfalls verworfen werden, da er beinah sicher auf einem Missverständnis des Plinius oder seiner hellenistischen Quellen und auf einem vagen und anachronistischen Hinweis beruht.

Es findet sich ein sehr interessanter möglicher Hinweis auf die Existenz von Katapulten außerhalb der griechischen Welt lange vor 399 und von viel weiter östlich als Phönizien. Sun Tse gibt in seinem Buch »Die Kunst des Krieges« verschiedene Hinweise auf »Maschinen«. Er gibt einem General den Rat: *»Halte deine Maschinen in einem guten Zustand«*, und wenig später rät er, dass er vor Beginn einer Belagerung *»drei Monate nehmen soll, um die Maschinen vorzubereiten, und drei Monate, um sein Ingenieurwesen zu vervollständigen«.*

Er fährt dann fort: »Es bedeutet, dass es notwendig ist, sich wirklich Zeit für die gründliche Vorbereitung der Maschinen und Konstruktionen zu nehmen.« Dann gibt Sun Tse dem General den ernsten Rat, nicht die Geduld zu verlieren, sondern auf die Ankunft der Belagerungsmaschinen zu warten, bevor er mit dem Angriff auf eine befestigte Stellung beginnt.[140] Sun Tse war ein ausgewiesener Vertreter der Theorie des Sieges ohne Blutvergießen und sagt mehrfach, dass die qualifiziertesten Kommandeure jene seien, die ihre Gegner ohne Kampf schlagen. Wir können daher mit einiger Wahrscheinlichkeit sagen, dass Sun Tse keine Katapulte beschrieben hat, aber einige andere, weniger entwickelte militärtechnologische Teile, möglicherweise verschiedene Arten von Rammen, Leitern und Schutzschilden zum Beispiel.

Daher ist Diodor aller Wahrscheinlichkeit nach der erste, der so etwas wie eine Artillerie beschreibt, geschaffen in Syrakus unter der Aufsicht von Dionysos I.

Es ist nicht klar, wie schnell sich Nichttorsionsmaschinen bis zum griechischen Mutterland ausbreiteten, aber ein bedeutender Wendepunkt ist das Jahr 354, als Philipp in die Vorgänge in Thessalien eingebunden wurde. Philipp traf auf Onomarchos von Phokis und wurde von diesem mit einer brillanten strategischen Leistung geschlagen, als Onomarchos ihn in eine hufei-

---

[140] Sun Tse (tr. Clearly), 68, 71, 72; Sun Tse war ein chinesischer Militärtheoretiker (um 500), der empfahl, niemals eine Schlacht zu schlagen, wenn der Sieg nicht sicher sei.

senförmige Schlucht lockte, wo dieser die Katapulte einsetzen konnte, welche außerhalb der Reichweite der Makedonen an den Felsspitzen am Rande der Schlucht stationiert waren. Es ist unwahrscheinlich, dass die Makedonen vor diesem Zeitpunkt Artillerie besaßen, denn dieses Ereignis hatte einen großen Einfluss auf Philipp. Es veranlasste ihn, seine Ingenieure anzuweisen, Belagerungsmaschinen zu entwickeln, und ohne Zweifel versuchten sie, die aktuellen Typen zu verbessern. Die Entwicklungen in Makedonien kamen jedoch offensichtlich nur langsam voran, da das makedonische Belagerungsgerät nur wenig Einfluss auf den Verlauf der Belagerung von Perinthos vierzehn Jahre später im Jahr 340 hatte. Bis zu diesem Zeitpunkt verzeichnet Diodor im Besitz der Makedonen auch nur Katapulte, die Pfeile verschießen. Arrian fügt den wichtigen Punkt hinzu, dass *»makedonische Steinewerfer nicht vor Alexanders Angriff auf Harlikanassos«* einige Jahre später erscheinen.[141]

Frühe Nichttorsionskatapulte waren, bei allem Respekt, nur von beschränktem Wert: Sie waren nicht stark genug, Mauern aus eigener Kraft zum Einsturz zu bringen, und tatsächlich hatten sie auch nur eine begrenzte Reichweite. Ihre Reichweite betrug bei den frühesten Modellen vermutlich nur zwischen 180 und 230 m. Verbesserungen in der Gestaltung waren daher zwingend. Und so finden wir bei E. W. Marsden die Aussage:[142]

»Obwohl endgültige Beweise einfach nicht existieren, legt eine ausführliche Bearbeitung der detaillierten Belege nahe, dass das Prinzip der Torsion zuerst in Makedonien unter der Aufsicht Philipps II. entdeckt wurde.«

Die Entdeckung dieses Prinzips war eine Zäsur im Belagerungskrieg, da es erlaubte, Geschosse mit einer größeren Antriebskraft über längere Distanzen zu verschießen. Arrian überliefert uns einen hervorragenden Eindruck von der nordöstlichen Front über die Möglichkeiten dieser neuen Erfindung: Für die Brücke, die während des Angriffs auf Aornos errichtet wurde, benötigte man drei Tage, bis sie fertig war. Alexanders Steinschleudern begannen mit dem Angriff auf den Feind nach dem ersten Arbeitstag. Am ersten Tag wurde die Brücke 180 m vorangetrieben. Wir können daher vermuten, dass die Schlucht 550 m breit war und Alexanders Torsionsmaschinen ungefähr 365 m weit feuern konnten. Torsionsmaschinen werden erstmals bei der Belagerung von Perinthos erwähnt, obwohl diese lediglich

[141] Diodor, 16.7.4; 73.3; Arrian, 1.22.2
[142] Marsden, 1969, 58

Pfeilschleudern waren und nur benutzt wurden, um Trupps auf den Wällen anzugreifen und weniger die Wälle selber. Als Alexanders Ingenieure das Prinzip auf die Steinschleudern anwandten, wurde dieser Durchbruch zu einem bedeutenden Vorteil für den Angreifer. Mit der Entwicklung der ersten dokumentierten Steine schleudernden Katapulte erhielt Alexander die Möglichkeit, Städte aus einer Entfernung zu beschießen, welche die Geschichte bisher noch nicht gesehen hatte.

Belagerungsgerät existierte in Griechenland und im Nahen Osten bereits lange bevor Alexander seine Laufbahn begann, doch war es nach den Standards des 4. Jahrhunderts eher primitiv. Die Angreifer konnten die Mauern nicht aus einiger Entfernung beschießen und waren gezwungen, Rammen und Sturmleitern zu benutzen. Beides dürfte zu hohen Verlusten unter den Angreifern geführt haben.[143] Eine Erdwall könnte bei Plataiai im Jahr 429 benutzt worden sein, was bedeutet, dass die Truppen irgendwo bis an die Spitze der Mauern emporgehoben wurden. Dies war eine Taktik, die von Alexander auch während der Belagerung von Gaza benutzt wurde, doch hier hob er die Maschinen auf die Spitze eines Erdhügels; Türme wurden ebenfalls eingesetzt, um dasselbe Ergebnis zu erzielen.

Vor der Erfindung des Katapults gab es nur zwei echte Möglichkeiten, eine befestigte Position zu erobern: Aushungern oder Verrat. Falls eine Stadt vollständig abgeriegelt werden konnte, konnte sie zur Übergabe gehungert werden, doch dies war meistens zeitraubend und garantierte nicht den Erfolg. Wir haben weiterhin zu berücksichtigen, dass Griechenland eine Region war, wo es klare Zeiten für die Feldzüge gab; Kommandeure konnten sich oft nicht die Zeit nehmen, eine Stadt auszuhungern. Die größte Hoffnung für einen angreifenden General war, die Stadt durch Verrat zu erhalten, entweder durch eine Gruppe von Unterstützern oder durch das Versprechen von Gold als Belohnung. Dies ist ein Feld, auf dem Philipp unübertroffen war: Es wurde einmal gesagt, dass Philipp jede Stadt einnehmen konnte, solange er nur einen Maulesel mit Gold durch die Tore bekam. Vor der verbreiteten Nutzung von Katapulten und im Besonderen von Torsionssteinschleudern lag der Vorteil im Belagerungskrieg immer aufseiten der Verteidiger.

Es scheint, dass es nach ihrer Erfindung in Sizilien einige Zeit dauerte, ehe sich das Wissen über die Katapulte in die anderen Teile Griechenlands

[143] Thukydides, 2.76; 3.22

ausdehnte. Die ersten Staaten im Mutterland, die sich die neuen Waffen beschafften, waren vermutlich Athen und Sparta. Plutarch berichtet über die Reaktion des Archidamos, als er um 370 Zeuge bei einer Vorführung eines Katapultes war: »*Beim Herkules, der Kampfesmut eines Mannes ist von nun an nutzlos.*«[144] Dies ist eine äußerst interessante Stelle, da sie zeigt, dass die Wirkung auf die Moral weitaus größer war als ihre tatsächliche militärische Wirkung. Eine fragmentarische Inschrift aus Athen, die genau die auf der Akropolis gestapelten Waren im Jahr 370 beschreibt, listet zwei Kisten mit Katapultbolzen auf, und da es doch äußerst unwahrscheinlich ist, dass die Athener Katapultbolzen lagerten, ohne über Katapulte zu verfügen, können wir folgern, dass die Athener spätestens seit diesem Datum Katapulte besaßen.

Die Verbreitung der Katapulte im restlichen Griechenland ergab sich dann aus dem direkten Kontakt mit einem oder beiden der zwei großen griechischen Stadtstaaten. Die Phoker zum Beispiel pflegten bis zum Ausbruch des Heiligen Krieges freundschaftliche Kontakte zu beiden, zu Athen und Sparta, und die Waffen, die Onomarchos einsetzte, um Philipp abzuwehren, stammten vermutlich aus Sparta oder Athen.

Außerhalb der griechischen Welt hingegen fanden die Katapulte keine Verbreitung. Es gibt keine Anzeichen dafür, dass sich ihre Nutzung über die griechische Welt hinaus erstreckte. Es gibt keine Anzeichen dafür, dass die Verteidiger von Perinthos, einer relativ wichtigen Stadt, während der Belagerung durch Philipp über irgendwelche Art von Artillerie verfügten.

TECHNISCHE DATEN

Üblicherweise wird antike Artillerie in zwei große Kategorien eingeteilt, die sich aus der Art ergibt, wie die Antriebskraft auf das Geschoss übertragen wird: Torsions- oder Nichttorsionsmaschinen. Die Nichttorsionsmaschine ist sicherlich zuerst erfunden worden. Die Antriebskraft wird durch einen zusammengesetzten Bogen erzeugt, ähnlich dem Standardbogen jener Tage, aber stärker als dieser, wohingegen bei der Torsionsmaschine die Kraft mit einer Feder aus Sehnen, Haar oder verschiedenem anderen elastischen Material erzeugt wurde. Der sogenannte »Gastraphetes« (wörtlich: Bauch-Bogen), eine Armbrust, war die erste Nichttorsionsmaschine. Heron schrieb im 1. Jh. n. Chr. in Alexandria, aber er benutzte Ktesibios, einen Au-

---

[144] Plutarch, Mor. 191E.

tor des 3. Jahrhunderts v. Chr., als Hauptquelle, und daher ist sein Werk tatsächlich aus dieser Zeit. Die Maschine erhielt ihren Namen aufgrund der Tatsache, dass der Bediener ihr Ende auf seinen Bauch legen musste, während er mit dem ganzen Körper die Bogensehne an ihren Platz zog, obwohl spätere Modelle mit einer Winde ausgestattet waren, die es erlaubte, die Bogensehne weiter nach hinten zu ziehen und so die effektive Reichweite der Waffe zu erhöhen.

Der Gastraphetes wurde in drei Teilen gefertigt und transportiert: Dem Bogen und dem Schaft, welcher selbst wiederum aus zwei Teilen bestand. Diese »Bausatz«-Konstruktion führte zu Schwierigkeiten beim Einsatz der Waffe im Feld. Die Fertigungsmaterialien, die für den eigentlichen Bogen genutzt wurden, sind Gegenstand verschiedener Diskussionen, doch falls es ein Kompositbogen war, bestand sein zentraler Kern aus Holz mit einer Lage Horn, das auf der Innenseite des Bogens aufgeklebt wurde, und einer Lage Sehnen, die auf der äußeren Seite angebracht wurde. Das Horn diente dazu, dem Druck zu widerstehen und die Antriebskraft bereitzustellen, indem es versuchte, in die ursprüngliche Position zurückzukehren. Die Sehnen boten Widerstand gegen die Ausdehnung, gegen die Kraft, die das Projektil herausdrückte.

Die Bolzen, die mit dem Gastrapheten abgefeuert wurden, waren im Wesentlichen große Pfeile, obwohl es einen Prozess des Experimentierens gegeben hat, um die optimalen Abmessungen und die optimale Gewichtsverteilung für diese zu bestimmen. Diodor erzählt uns, dass Katapultbolzen aller Art vorbereitet wurden.[145] Dies könnte natürlich nahelegen, dass verschiedene Typen von Katapulten konstruiert wurden, ich halte es aber für wahrscheinlicher, dass es sich einfach um einen Prozess des Ausprobierens und des Lernens aus Fehlern gehandelt hat, um die optimale Gestalt für den Bolzen zu bestimmen.

Die Gastraphaten waren eine bedeutende Erfindung, doch der Kompositbogen war begrenzt durch die Kraft, die er auf das Geschoss übertragen konnte, das bedeutete, dass er nicht zum Angriff gegen Mauer direkt eingesetzt werden konnte. Heron hatte dies im Sinne, als er berichtete, dass die Syrakuser[146] *»beides wünschten, die Masse des Geschosses und die Kraft des Herausschleuderns zu erhöhen. Sie verstärkten die Arme des Bogens,*

---

[145] Diodor, 14.43.3.
[146] Heron, 81.5-7.

doch konnten sie durch die Verwendung des Kompositbogens ihr Ziel nicht verwirklichen.«

Auf der Suche nach Möglichkeiten zur Erhöhung der Antriebskraft der Maschine untersuchten die Makedonen zuerst die drei elastischen Materialien, die in dem Kompositbogen verwendet wurden: Sehnen, Holz und Horn. Vermutlich wurde das Prinzip der Torsion entwickelt, weil sie wünschten, die Sehnen zu separieren. Sie glaubten, dass diese die Hauptkraft im Kompositbogen zur Verfügung stellten. Die Erkenntnis, dass die Sehnen für sich eine größere Antriebskraft boten, führte zu einer Überarbeitung der Maschine selbst. Die ersten Torsionsmaschinen hatten eine ähnliche Gestalt wie die Nichttorsionsmaschinen jener Tage, außer dass der Kompositbogen durch zwei separate, hölzerne Gestänge ersetzt wurde:[147] *»Jeden von diesen umhüllten sie Faser für Faser und Lage für Lage mit Schnüren aus Sehnen. Die zwei Bündel aus Sehnen, die sich hieraus ergaben, jede in einem eigenen Rahmen, bildeten die neuen Federn.«*

Die neue Gestaltung beinhaltete auch eine gewisse Menge an zusätzlichem Holz für den Rahmen des Apparates, um die zusätzliche Belastung verkraften zu können, welche die Maschine beansprucht, besonders an der Front und dort, wo die beiden Stangen an den Rahmen gefügt sind.

Eine andere Neuerung, die scheinbar auf die Regierungszeit Alexanders datiert werden kann, ist die Verwendung von Artillerie, die von Schiffen getragen wird. Diese Strategie erlaubt es einem Belagerer von Seestädten, nicht nur den Hafen zu blockieren, sondern, was wichtiger ist, sie zwang den Verteidiger, sich entlang des gesamten Verteidigungsumkreises zu verteilen. Tyros ist hierfür ein perfektes Beispiel. Der Stadt war es nicht mehr möglich, ihre Truppen an irgendeinem bestimmten Abschnitt zu konzentrieren. Dies ermöglichte es Alexander, seinen Umgehungsangriff durchzuführen, was in vielerlei Hinsicht sein Markenzeichen war.

Arrian gibt uns keine genauen Details, welcher Art diese von Schiffen getragenen Maschinen tatsächlich waren, doch eine einzelne Stelle scheint eine Antwort zu enthalten. Die Maschinen selbst, die auf Transportschiffen aufgestellt worden waren, blieben außerhalb ihrer effektiven Reichweite, da sich in der Nähe von Tyros eine große Zahl von Steinen im Wasser befand. Die Felsen waren dort von den Verteidigern präzise platziert worden, um einen makedonischen Angriff von Bord der Schiffe aus abzuwehren. Die Be-

[147] Marsden, 1969,17.

satzungen der Schiffe entschieden, die Felsen an Bord zu holen. Für das, was als Nächstes geschehen sollte, sind zwei mögliche Antworten plausibel. Die Felsen wurden entweder auf See hinausgebracht und in tieferes Wasser geworfen, oder sie wurden mit den Artilleriemaschinen auf den Schiffen in die See geschossen. Arrians Verwendung des Wortes »aphiesan« scheint die Antwort zu enthalten: Es impliziert eher eine werfende Bewegung als ein einfaches Fallenlassen, daher können wir davon ausgehen, dass es sich bei der Artillerie, die Alexander auf den Schiffen einsetzte, tatsächlich um Steinschleudern handelte.

Aus der Tatsache, dass die Steine im Meer vorher Teile der Mauern waren und dass sie durch die Verteidiger versenkt wurden, um eine zu große Annäherung von Alexanders Flotte zu verhindern, können wir auf die Maße der Steinquader schließen, aus denen die Verteidigungsmauern in diesem Abschnitt der Stadt aufgebaut waren. Wir wissen, dass das maximale Gewicht, das von einem steinwerfenden Katapult abgefeuert werden konnte, bei drei Talenten (etwa 75 kg) lag. Wir wissen weiterhin, dass Alexanders Schiffsartillerie speziell von Archidemos entwickelt wurde, daher war es ihr möglich, größere Stücke abzufeuern. Die Folgerung ist, dass die Steine, aus denen die Mauern von Tyros in diesem Abschnitt gebaut worden waren, nicht sehr viel schwerer als drei oder vier Talente gewesen sein können. Dies ist überraschend klein.

Wie bereits oben erwähnt, waren Belagerungstürme keine neue Erfindung, aber die, welche von Alexander benutzt wurden, scheinen eine außergewöhnliche Größe gehabt zu haben. Eine Beschreibung eines gigantischen Belagerungsturms, der von seinem Ingenieur Posidonios für Alexander entwickelt wurde, kann bei Biton gefunden werden. Für eine einfache Montage vor Ort wurden Alexanders Türme in Abschnitten errichtet und transportiert. Die Türme waren mit Rädern versehen, um sie frei bewegen zu können. (Bei Gaza versanken die Räder im Sand und verursachten einen beachtlichen Schaden am Boden des Turms und Verletzungen bei den Truppen im inneren.[148]) Des Weiteren waren die Türme mit Zugbrücken ausgestattet, damit die Angreifer die Mauern erreichen konnten; die Türme mussten immer höher sein als die Mauern, die sie angriffen, ansonsten waren sie nutzlos.

---

[148] Curtius, 4.6.9

DIE ARTILLERIE IN DER FELDSCHLACHT

Wenn wir die Verwendung von antiker Artillerie in Feldschlachten untersuchen, sollten wir jedem Versuch widerstehen, Parallelen zu modernen Geschützen zu ziehen. Moderne Artillerie ist häufig mehrere Kilometer hinter der Front positioniert und kann durch die Konzentration des Feuers erheblichen Schaden in den Stellungen des Gegners verursachen. Die antike Artillerie wich davon stark ab. Sie hatte eine begrenzte Reichweite, vermutlich nicht mehr als 365 m, und vor ungefähr 100 n. Chr. gab es keine Geschütze, die dauerhaft auf beweglichen Wagen montiert waren. Dies bedeutete, dass das einzelne Geschütz zu dem Gelände, in dem es eingesetzt werden sollte, transportiert, dann abgeladen und schließlich zusammengebaut werden musste, bevor es in der Schlacht feuern konnte. Dieser ernsthafte Mangel an Beweglichkeit bedeutete ebenfalls, dass die Sicherung der Geschütze bei Operationen im Gelände von primärer Bedeutung war. Sie mussten dort in Stellung gebracht werden, wo es unwahrscheinlich oder unmöglich war, dass der Gegner sie überrannte.

In den Tagen Alexanders nahm die Artillerie zwei Aufgaben wahr: Zerstörung und Niederhalten. Die Entdeckung des Prinzips der Torsion erlaubte es dem Belagerer, die Mauern einer Stadt direkt aus einiger Entfernung anzugreifen. Dies war eine Fähigkeit, über die er vorher nicht verfügt hatte. Außerdem erfüllte die Artillerie die Aufgabe des Niederhaltens: Während der Belagerung, wenn sie dazu benutzt wurde, die Mauern von den Verteidigern zu bereinigen, und während Operationen im offenen Gelände, wenn sie den Feind davon abhielt, anzugreifen, bevor man selbst fertig war, so wie am Jaxartes (siehe unten).

Der erste belegte Einsatz von Artillerie, die in einer Feldschlacht eingesetzt wurde, erfolgte etwa zu Beginn der Regierungszeit von Philipp, als er erstmals auf die Vorgänge in Thessalien aufmerksam wurde.[149] Onomarchos, der phokische General, hatte in einer halbkreisförmigen Hügelkette Stellung bezogen, und seine Artillerie auf dem darüberliegenden Grad aufgestellt. Onomarchos täuschte vor, zu fliehen, und die Makedonen jagten hinterher. Im entscheidenden Moment formierten sich die Phoker neu, die Katapulte ließen einen verheerenden Hagel auf die unorganisierte makedonische Infanterie niederprasseln und zwangen sie zum Rückzug. Es waren sicherlich eher die Überraschung und die Panik, die zu dieser Zeit so ver-

---

[149] Polyaenus, 2.38

heerend für die Makedonen waren, und weniger der tatsächliche Wirkungsgrad des Artilleriefeuers. Wenn es ein Ereignis gibt, das Philipp dazu bewegte, so viel Energie in die Entwicklung einer Artilleriewaffe zu stecken, dann war es sicherlich dieses. Trotz der vielen Schlachten und Feldzüge, die von Alexander gekämpft wurden, gibt es nur zwei Ereignisse, bei denen er seine Artillerie bei Operationen im Feld eingesetzt hat. Beide Einsätze wiesen besondere Umstände auf. Der erste Einsatz erfolgte, als er gezwungen war, die Belagerung von Pelium im Jahr 335 zu beenden und er gerade seine Truppen in sichereres Gebiet zurückzog. Sicherheit gab es erst, sobald man eine Furt des Flusses Eordiacos überquert hatte. Die meisten seiner Truppen bewältigten sicher die Überquerung, aber seine Nachhut, die aus den Agrianen und einigen Bogenschützen bestand, hatte beträchtliche Schwierigkeiten, sich vom Feind zu lösen. Arrian überliefert:[150]

»Er setzte seine Artillerie an der Böschung des Flusses ein und befahl seinen Männern, mit der maximalen Reichweite alle Arten von Geschossen zu feuern, die von den Maschinen geschleudert wurden. Er befahl auch den Bogenschützen, die bereits eintauchten, von der Mitte des Flusses aus zu schießen. Glaucias Männer wagten es nicht, sich in ihre Reichweite zu begeben. In der Zwischenzeit hatten die Makedonen den Fluss überquert, sodass nicht ein Verlust während des Rückzuges hingenommen werden musste.«

Der zweite Vorfall, bei dem Alexander Katapulte einsetzte, ereignete sich im Jahr 329 während der Überquerung des Fluss Jaxartes. Eine Gruppe von Skythen hatte die weite Böschung besetzt, was jeden Versuch der Überquerung extrem gefährlich machte. Arrian beschreibt die Ereignisse, die darauf folgten:[151]

»Als alle Fellflöße fertig waren und die Armee in voller Ausrüstung das Flussufer hochzog, eröffneten die Katapulte das Feuer auf die Skythen, welche auf der anderen Seite entlang des Ufers ritten. Einige von ihnen wurden getroffen. Einer von ihnen wurde durch beides, Schild und Brustplatte durchbohrt und fiel tot vom Pferd. Die Skythen waren vollkommen bestürzt über die große Reichweite der Katapulte, und dies, zusammen mit dem Verlust eines guten Mannes, veranlasste sie, sich ein kleines Stück vom Fluss zurückzuziehen. Alexander, der ihre Verwirrung sah, befahl den Trompeten

---

[150] Arrian, 1.6, vgl. Fuller, 1958, 226, der bemerkt, dass dies der erste dokumentierte Einsatz von Katapulten als Feldartillerie sei, obwohl er hier irrt, wie der Vorfall mit Onomarchos belegt.
[151] Arrian, 4.4

zu erschallen, und er selbst lotete den Weg über das Wasser aus, gefolgt von seinen Männern.«

Curtius überliefert, dass Alexanders Katapulte auf Booten in der Flussmitte montiert waren.[152] Dies ist nicht ausgeschlossen, doch ist es ebenso gut möglich, dass Curtius dies mit der zeitgenössischen Praxis des Römischen Reiches durcheinanderbringt, große Flüsse im Angesicht des Gegners zu überqueren.

Alle diese Beispiele des Einsatzes von Artillerie im Feld zeigen sehr gut den begrenzten Kriegsschauplatz, auf welchem sie eingesetzt werden konnten. Sie mussten dicht genug am Gegner stehen, damit ihre Geschosse ihn erreichten. Außerdem mussten sie sich in einer Position befinden, die leicht zu verteidigen war oder eine Verteidigung überhaupt nicht erforderlich machte. Die Beispiele zeigen sehr deutlich, dass die psychologische Wirkung dieser Waffen in keinem Verhältnis zu ihrer tatsächlichen Wirkung stand. In beiden Fällen, in denen Alexander Katapulte einsetzte, wird lediglich ein Mann verzeichnet, der getötet wurde. Und dennoch halfen ihm die Katapulte in beiden Fällen, den erfolgreichen Ausgang der jeweiligen Operation sicherzustellen.

Der wirkliche Nutzen der Katapulte bei Operationen im offenen Gelände bestand in ihrer Schockwirkung und der Verwirrung, die sie unter den Feinden verursachten. Viele von Alexanders Gegnern, besonders die Skythen, mochten niemals zuvor solch eine Waffe gesehen haben. Diese Eingeborenenverbände waren wohl darauf vorbereitet, im Kampf Mann gegen Mann zu sterben, aber sie waren sicherlich nicht darauf vorbereitet, ihr Leben einzusetzen, wenn es keine Möglichkeit gab, gegen den Feind zurückzuschlagen.

---

[152] Curtius, 7.6.8

BEFEHLSSTRUKTUREN

Die Befehlsstruktur der makedonischen Armee war äußerst komplex. Sie bestand aus vielen einzelnen Ebenen von Autorität. Die obersten Ebenen sind ziemlich gut bekannt. Für die niederen Ränge kann dies nicht gesagt werden. Aber es gibt Hinweise, die andeuten, dass es selbst bis zu den untersten Rängen so komplex wie in den mächtigeren Positionen war. So wie in vielen Bereichen von Alexanders Reich veränderten sich besonders in der Armee die Befehlsstrukturen ständig, da neue Positionen geschaffen wurden, während andere außer Gebrauch kamen. Jedoch waren die wichtigsten Veränderungen vermutlich politisch motiviert. Alexander veränderte die Armee allmählich von der Armee Philipps über den Einfluss Parmenions und seiner Familie zu seiner eigenen, besonders nach 331/30, als Parmenions Einfluss zurückgedrängt wurde.

DIE SCHWERE MAKEDONISCHE INFANTERIE

Die unterste Ebene der Befehlsstruktur der schweren Infanterie kann aus ihren Abstufungen der Zahlungen abgeleitet werden. Die kleinste taktische Einheit der schweren Infanterie war die Dekas oder »Reihe«. Wie der Name andeutet, bestand die Dekas einst aus zehn Mann, aber schon lange vor Alexanders Regierungszeit wurde sie auf sechzehn erweitert. Von diesen sechzehn Mann waren zwölf aus dem Mannschaftsstand, die anderen vier in einem höheren Status. Von diesen vier war einer der Dekadarch oder Linienführer, einer war der Dimoirites oder Halblinienführer und die anderen beiden waren die Dekastasteroi oder die Beschließer der Halblinien. Arrian erzählt uns, dass die Bezahlung eines Dekastasteroi dem Anderthalbfachen der Bezahlung eines Rang- und Liniensoldaten entsprach, zirka 45 Drachmen im Monat. Die Dimoirites empfingen den doppelten Sold von rund 60 Drachmen pro Monat.[153] Es scheint, dass Bosworth einen leichten Fehler bei der Interpretation dieser Passage im Werk Arrians gemacht hat, als er erklärt, dass es zwei Dimoiritai und nur einen Dekastasteros gab, doch Arrians Text scheint in diesem Punkt sehr deutlich.[154]

42 Dekades bildeten einen Lochos, bestehend aus 512 Männern und kommandiert durch einen Lochagos. Drei Lochoi ergaben eine Taxis, wel-

[153] Arrian, 7.23
[154] Bosworth, 1988, S. 273

158

che die grundlegende Einheit der schweren makedonischen Infanterie war, befehligt von dem Taxiarchen. Daher bestand jede Taxis aus 1.540 Mann, von denen 1.152 Mannschaften waren. Ursprünglich überquerte Alexander den Hellespont mit sechs Taxeis, später, etwa zur Zeit der Eroberung Indiens, wurden sie auf sieben erweitert. Demzufolge war die typische Befehlsstruktur einer Taxis der schweren Infanterie:

- Taxiarch
- Lochagos (3x)
- Dekadarch (96x)
- Dimoirites (96x)
- Dekastasteros (192x)
- Mannschaften (1.152x)

Die Mannschaftsstärke, die hier aufgezeigt wird, ist in der Tat die Sollstärke unter der Annahme, dass jede Taxis ihre volle Stärke hatte. Die sechs Taxiarchen scheinen alle denselben Rang gehabt zu haben, ohne dass jemand eine Vorrangstellung einnahm. Anders als beispielsweise bei der Gefährtenkavallerie gab es bei der schweren Infanterie tatsächlich keinen Oberbefehlshaber (sieht man einmal von dem einen möglichen Hinweis bei Arrian ab, der zuvor diskutiert wurde). Dies ist darin begründet, dass sie keine Organisation wie die makedonische Phalanx aufwiesen, die Taxeis selbst wurden regelmäßig als einzelne taktische Einheit oder in Gruppen von zwei oder drei eingesetzt (siehe Kapitel »Die schwere makedonische Infanterie«). Diese Entwicklung begann spätestens 331, als die Armee den Nordosten des Irans eroberte und kleinere und beweglichere Verbände gefordert wurden.[155]

Arrian führt hierüber scheinbar sonderbare Klagen:

»Auf dem rechten Flügel der angreifenden Verbände hat Alexander die Gardeeinheiten unter seinem eigenen Kommando. In Tuchfühlung mit ihnen waren die Taxeis der Infanterie, das gesamte Zentrum der Linie bildend und unter dem Kommando verschiedener Offiziere, deren Dienstwechsel zufällig auf diesen Tag fiel.«

Dies ist mit größter Sicherheit ein Beleg für ein Rotationssystem innerhalb der Phalanx. Es könnte ein Hinweis auf die Ordnung sein, in der die Phalanx jeden Tag antrat, und uns wird in den Quellen ausdrücklich berichtet, dass die tatsächliche Ordnung jeder Taxeis täglich wechselte. Es könnte

[155] Arrian, 1.28.4

auch sein, dass niedere Kommandostellen innerhalb der Taxis gewechselt wurden, um jüngeren Kommandeuren die Möglichkeit zu geben, mehr Erfahrung auf leicht voneinander abweichenden Positionen zu sammeln.[156]

Die Befehlsstruktur der schweren makedonischen Infanterie scheint im Verlauf des Feldzugs nur wenigen ernsthaften Veränderungen unterzogen worden zu sein. Es scheint, dass die große Zahl an Verstärkungen, die in der Zeit zwischen den großen Feldschlachten bei Issos und Gaugamela eintrafen, in die bestehenden Taxeis eingegliedert wurden, vermutlich wurden sie eher den Mannschaften angegliedert als dem Offizierskorps. Erste Hinweise auf eine siebte Taxis gibt es nicht vor der Zeit der Invasion Indiens, wo Arrian die Namen von sieben Taxiarchen nennt, die gleichzeitig operieren.[157]

HYPASPISTEN

Zur Zeit der Invasion Persiens war ein anderer von Parmenions Söhnen der Kommandeur der Hypaspisten. Die Hypaspisten waren die Elite der schweren makedonischen Infanterie, und ihre taktische und strategische Funktion war vielfältig und variierte. Sie waren in drei Chiliarchien von je 1.000 Mann organisiert. Jede wurde von einem Chiliarchen befehligt. Das gilt zumindest für die Zeit ab 331, für die Zeit vor 331 ist es unklar (siehe Kapitel »Die Hypaspisten«). Eine dieser Chiliarchien wurde Agema genannt. Vielleicht wurde sie von Alexander selbst befehligt, oder, was wahrscheinlicher ist, durch einen uns unbekannten Kommandeur, da Alexander üblicherweise während der Feldschlachten bei der Gefährtenkavallerie war. Der Chiliarch selbst besaß einen niedrigeren Status als der Taxiarch der schweren Infanterie. Dies ist auf den ersten Blick überraschend, wenn man bedenkt, dass die Hypaspisten die Eliteeinheiten der schweren Infanterie waren und nur die besten der Neuankömmlinge für ihre Reihen rekrutiert wurden. Wir sollten uns jedoch daran erinnern, dass die Hypaspisten anders als die schwere Infanterie mit Nikanor einen Oberbefehlshaber hatten, der einen sehr hohen Rang in der Befehlsstruktur bekleidete und gewährleistete, dass ihr Status deutlich höher war als der einer Taxis der schweren Infanterie.

Wie bei der restlichen Armee wurde auch die Befehlsstruktur der Hypaspisten am Ende des Jahres 331 deutlich verändert. Die Chiliarchien wurden

---

[156] Arrian, 4.13.4
[157] Arrian, 4.22 (Georgias, Kleitos, Meleager); 4.24 (Koinos, Attalos); 4.25 (Polyperchon); 4.27 (Alkestas)

in zwei neue Einheiten unterteilt, wodurch eine völlig neue Ebene in der Kommandostruktur geschaffen wurde, wenngleich eine sehr niedrige.[158] Diese neuen Offiziere wurden von Alexander auf der Basis ihrer Verdienste und ihres Dienstalters ausgewählt und schuldeten ihrerseits dem König ihre Loyalität, was für Alexander besonders in einer späteren Phase seines Lebens wichtig war, als er mehr und mehr paranoid wurde.

DIE GEFÄHRTENKAVALLERIE

Die Stärke der Gefährtenkavallerie ist nicht sicher belegt, obwohl Diodor die Zahl 1.800 nennt, eine Zahl, die von den meisten Historikern heute akzeptiert wird, da sie zumindest ziemlich dicht an der wirklichen Zahl liegen dürfte. Wir wissen, dass die Gefährtenkavallerie bis 333 aus acht Ilai (Schwadronen) in einer Stärke von je 200 Mann bestand. Jede wurde von einem Ilarch kommandiert. Wir haben keine Informationen aus der Anfangszeit seiner Herrschaft, doch wir wissen, dass im Rahmen der allgemeinen Umstrukturierung der Armee im Jahr 331 eine Ile in kleinere Einheiten aufgeteilt wurde. Arrian berichte uns: »*Er bildete ebenfalls zwei Lochoi (Kompanie) aus jeder Kavallerieschwadron.*« [159] Das war eine Innovation. Curtius weist auf eine Reorganisation hin und bestätigt, dass Kommandeure von diesem Zeitpunkt an auf der Basis ihrer Fähigkeiten und nicht länger aufgrund ihrer regionalen Herkunft befördert wurden. Die Aufteilung der Ile erwähnt er jedoch noch und bevorzugt es, sich auf die Hypaspisten zu konzentrieren. Ab 331 war die Ile in zwei Hekatostyes von 100 Mann unterteilt. Es gibt einen Hinweis, dass jede Ile wiederum in vier Tetrarchiai unterteilt wurde. Die Tetrarchia wird nur einmal bei Arrian erwähnt, im Jahr 330 bei der Wende an den Persischen Toren, nicht vorher und nicht hinterher. Doch die Einheit war auch so klein, dass es nicht überrascht, dass sie meistens in größeren Einheiten operiert haben dürfte.[160]

Eine der Ilai erhielt den Namen Ile basilike, auch häufig Agema oder königliche Schwadron genannt: Diese Einheit hatte einen privilegierten Status. Sie hatte die doppelte Stärke und war damit beauftragt, den König zu beschützen, wenn er zu Pferd kämpfte. Den Oberbefehl über die Gefährtenreiterei hatte Philotas – bis zu seiner Exekution im Oktober 330.

---

[158] Curtius, 5.2.3
[159] Arrian, 3.16.11; vgl. Curtius, 5.2.6; Diodor, 17.65.2–4
[160] Arrian, 3.18.5

Es scheint, dass ein Ilarch einen relativ niedrigen Rang einnahm, vielleicht entsprechend dem eine Lochagos bei der Infanterie. Ilarchen werden selten in irgendeiner Quelle namentlich erwähnt, und sie erhielten niemals eigene, gesonderte Aufträge. Der Einzige, der einen gewissen Grad an Auszeichnungen erreichte, war Kleitos der Schwarze, der Kommandeur der königlichen Schwadron. Nach der Exekution des Philotas im Jahr 330 wurde die Kavallerie im Ganzen neu organisiert. Die kleinste taktische Einheit war nun nicht mehr die Ile, sondern die Hipparchie. Diese neuen Einheiten werden erstmals bei Arrian während des Jahres 329 erwähnt. Die Ile erscheint zwar noch in den Quellen, doch war sie eine Untereinheit der Hipparchie geworden. Jede Hipparchie umfasste im Minimum zwei Ilai und deren 400 Mann. Die Ile war wiederum in zwei Lochoi unterteilt mit ihren Befehlshabern, denen wie den Kommandeuren der Infanterie der Titel Lochagos gegeben wurde. Alexander ernannte diese Kommandeure persönlich, und zwar eher auf Basis ihrer Verdienste als aufgrund irgendwelcher Bevorzugung, wodurch er mit der Tradition brach. Mit dieser Politik begann Alexander um das Jahr 331, vielleicht nach der Schlacht bei Gaugamela, als der letzte große Schub an Verstärkungen aus Makedonien eintraf. Wie schon mehrfach erwähnt, bezweckte er damit, die Loyalität der Soldaten von den einzelnen Kommandeuren zu lösen, um sie schließlich nur gegenüber sich selbst loyal zu machen. Dazu wurde eine neue Schicht unterer Kommandeure in die Befehlsstruktur der Armee eingefügt. Diese schuldete ihre Loyalität direkt Alexander, und gleichzeitig unterbrach sie die Verbindung zwischen den Truppen und ihren Kommandeuren.

Es gibt zwei mögliche Gründe für diesen Wechsel. Vielleicht kam Alexander zu dem Schluss, dass die Ilai mit 200 Mann einfach zu klein waren, um die verschiedenen Arten des Kampfes auf den vollkommen unterschiedlichen Kriegsschauplätzen bewältigen zu können, die vor ihnen lagen. Denn die Armee würde nicht länger Feldschlachten schlagen, und so würde der Vorstoß in den nordöstlichen Iran mehr Beweglichkeit und Flexibilität erfordern. Die zweite mögliche Erklärung ist der Wunsch von Alexanders Seite, die Überlegenheit der Gefährtenkavallerie gegenüber der schweren Infanterie zu steigern. Jeder Hipparch hatte nun einen höheren Status als ein Lochagos (siehe Kapitel »Die makedonische Kavallerie«).

Der Ausdruck »Ile basiliske« verschwand ebenfalls zu dieser Zeit und wurde durch den Begriff Agema ersetzt. Die Bezeichnungen wurden dieselben wie bei den Hypaspisten. Die tatsächliche Anzahl der Hipparchien ist unbekannt, doch es wird vermutet, dass es während des Indienfeldzugs acht waren. Die Stelle, die durch den Tod des Philotas frei wurde, wurde nicht direkt wieder besetzt. Vielmehr wurde Philotas durch zwei Männer ersetzt: Alexanders lebenslangen Freund Hephaistion und Kleitos den Schwarzen. Beide Männer hatten tatsächlich dieselbe Stellung in der Befehlsstruktur. Arrian nennt die Gründe für diesen Schritt: *»Er (Alexander) dachte, dass es nicht ratsam war, dass ein Mann – selbst ein persönlicher Freund – die Kontrolle über einen so großen Verband von Kavalleristen haben sollte.«*[161]

VERBÜNDETE UND SÖLDNER

Ohne Zweifel war die thessalische Kavallerie unter diesem Aspekt das wichtigste Kontingent in der Armee. Sie hatte vermutlich die gleiche Mannschaftsstärke wie die Gefährtenreiterei und kam ihr, was die Qualität betraf, sehr nah. Das Oberkommando über diese lebenswichtige Einheit hatte Alexanders Stellvertreter Parmenion. Die Befehlsstruktur der thessalische Reiterei war jener der Gefährtenkavallerie sehr ähnlich. Wie jene war sie in Ilai eingeteilt. Allerdings war es ihnen nicht erlaubt, Kommandeure der eigenen Nationalität zu haben, stattdessen wurde jeweils ein höherer makedonischer Offizier zum Kommandeur dieser Einheiten ernannt. Die thessalische Kavallerie verfügte auch über eine Einheit, welche dieselbe Aufgabe wie die königliche Schwadron der Gefährtenkavallerie wahrgenommen hat. Sie wird auch als das »pharsalische Kontingent« bezeichnet.

Die anderen Kavalleriekontingente der Verbündeten waren, wenngleich wesentlich weniger bedeutend, ebenfalls in Ilai eingeteilt, und jede Ile hatte einen makedonischen Kommandeur. Makedonische Kommandeuren an die Spitze nichtmakedonischer Verbände zu setzen, sei es bei der Infanterie oder bei der Kavallerie, war eine allgemeine Politik Alexanders während seiner gesamten Regierungszeit. Sogar die Söldnereinheiten wurden in genau derselben Weise behandelt, Menander war ihr Oberbefehlshaber. Jedoch waren diese makedonischen Offiziere relativ unwichtig in der gesamten Befehlsstruktur, und nur wenige erlangten irgendeine Art von Auszeichnung. Die Flotten, welche die Invasionsarmee begleiteten, bestanden fast ausschließlich aus Nichtmakedonen und waren von Mitgliedern des Korinthischen Bundes bereitgestellt worden. Jedes Schiff wurde von einem Be-

[161] Arrian, 3.27

wohner der beitragleistenden Stadt geführt. Sofern eine Stadt mehrere Schiffe stellte, entsandte sie auch einen »Kommodore« für ihr jeweiliges Kontingent. Allerdings wurde auch die Flotte, wie jede andere nichtmakedonische Einheit, mit einem makedonischen Offizier als Oberbefehlshaber ausgestattet.

DIE LEIBWACHE

Der Ausdruck Leibwache ist ein ziemlich verwirrender, da es scheinbar zwei völlig getrennte Gruppen innerhalb der Armee gab, die diesen Titel trugen. Die erste ist eine offensichtlich ziemlich starke Abteilung der Infanterie. Arrian überliefert uns drei Mal, dass Alexander seine Leibwache und einige der Hypaspisten bei sich führte. Dies würde sehr stark darauf hindeuten, dass sie nicht einfach eine Abteilung der Hypaspisten waren, die oftmals selbst »die Wächter« genannt werden.[162] Diodor berichtet uns, dass in der Schlacht bei Gaugamela Hephaistion »*die Leibwache befehligte*«.[163] Auch diese Textstelle legt nahe, dass wir nicht über eine Abteilung der Hypaspisten sprechen, da zu dieser Zeit Nikanor gerade ihr Kommandeur war, der erst später in diesem Jahr starb.

Die Leibwachen scheinen auch eine relativ kleine Abteilung gewesen zu sein, vielleicht in der Größenordnung von ein paar Hundert Mann. Die relative Position ihres Kommandeurs innerhalb der gesamten Befehlsstruktur der Armee ist unbekannt. Der einzige Kommandeur, der namentlich bekannt ist, ist Hephaistion bei Gaugamela. Dieser allerdings war tatsächlich eine Persönlichkeit von höchstem Rang. Doch hatte Hephaistions Ansehen wohl mehr mit seiner Nähe zu Alexander als mit der Bedeutung der Leibwache als militärischem Verband zu tun. Sein Nachfolger nach Gaugamela wird niemals erwähnt. Die Leibwache könnte den Rest einer sehr viel älteren Organisationsstruktur darstellen, die vor Philipps Reformen datiert werden kann.

Die Gruppe, die uns hier am meisten interessiert, sind die »Somatophylakes basilikoi«, die »königliche Leibwache«. Ursprünglich sieben Mann stark, wurde an dieser Zahl unnachgiebig festgehalten. Die Zahl entsprang vermutlich ihrer ursprünglichen Funktion als Wache für das königliche Zelt. In Indien wurde ihre Zahl auf acht erhöht. Allerdings wurde Peukestas als

[162] Arrian, 3.17, 4.3, 4.30
[163] Diodor, 17.61

164

Zeichen des Dankes dafür, dass er Alexander das Leben während des Angriffs auf die Hauptstadt der Maller rettete, in diesen Rang erhoben. In der Befehlsstruktur nahmen die Leibwachen eine Position ein, die nur schwer zu definieren ist. Die Gruppe als Ganzes bildete einen Teil von Alexanders engstem Gefolge, und es scheint sicher zu sein, dass unter ihnen seine engsten Freunde und vertrauenswürdigsten Berater waren. Die Mitgliedschaft in der Leibwache vertrug sich offensichtlich nicht mit irgendeinem Posten, der eine Abwesenheit vom Hofe über einige Zeit voraussetzte. Balakros und Menes wurden beide ersetzt, als sie das Kommando über Provinzen erhielten.[164] Aus Gründen, die weniger klar scheinen, war die Mitgliedschaft in der Leibwache auch mit einem Kommando in der Armee unvereinbar. Für die Zeit vor Gaugamela gibt es keinen Hinweis darauf, das ein Leibwächter gleichzeitig ein höheres Kommando wahrgenommen hat. Fallweise wird berichtet, dass Leibwächter kleinere Kommandos innehatten, so wie Ptolemaios, der während der Belagerung von Harlikanassos einen gemischten Verband aus leichter Infanterie und Hypaspisten befehligte, aber das war selten.[165] Falls ein Leibwächter in ein höheres Kommando befördert wurde, verlor er unverzüglich seinen Titel als Leibwächter und wurde ersetzt. Dies geschah zum Beispiel, als Ptolemaios Taxiarch wurde (dies war nicht der bekannte Historiker und Sohn des Lagos, sondern eine andere undeutliche Persönlichkeit. Ptolemaios war in Makedonien ein weit verbreiteter Name). Vermutlich genossen die Leibwächter denselben Status wie ein Taxiarch, doch nahmen sie nicht wie dieser irgendeine Position innerhalb der Kommandostrukturen ein. Und schließlich waren sie zweifellos einflussreich, zählten sie doch zu den engsten Beratern des Königs.

Dieses eher starre System in Bezug auf die Leibwache entwickelte sich über die Jahre wie fast alles andere in der Armee. Nach dem Tod des Parmenion finden wir Belegstellen über Leibwächter, die höhere Kommandostellen erhielten, wenn auch nur zeitlich befristet.

Im Jahr 328 zum Beispiel ließ Alexander vier Taxeis der schweren Infanterie gemeinsam mit ihren Kommandeuren in Baktrien zurück. Der Rest der Armee wurde in fünf Kolonnen aufgeteilt, drei von ihnen wurden von bekannten Leibwächtern befehligt.[166] Der Tod von Parmenion und Philotas

---

[164] Arrian, 2.12
[165] Arrian, 1.22
[166] Arrian, 4.16

bildet so etwas wie eine Zäsur in Alexanders Leben, wie wir weiter unten noch besprechen werden.

DIE EVOLUTION DER BEFEHLSSTRUKTUREN

Eine der größten Veränderungen, die wir in der Befehlsstruktur während Alexanders Regierungszeit sehen können, war, dass die Befehlshaberposten der Kavallerie im Bezug zu den vorher gleichwertigen Stellen der Infanterie zunehmend an Bedeutung gewannen. Bis zum Tode des Philotas wuchs bei Alexander die Abneigung, so große Verbände unter das Kommando eines einzelnen Offiziers zu stellen. So teilte er den Oberbefehl über die Gefährtenkavallerie zwischen Hephaistion und Kleitos dem Schwarzen auf. Einzelne Hipparchen wurden zunehmend wichtiger durch die Anerkennung ihrer eigenen Rechte und erlangten ungefähr denselben Status wie ein Taxiarch der Infanterie. Zu Beginn des Indienfeldzuges wurden die Kommandeure der schweren Infanterie, die bei Alexander besonders hoch angesehen waren, zu Befehlshabern von Hipparchien der Gefährtenkavallerie befördert, namentlich waren dies Perdikkas, Krateros und Kleitos der Weiße. Dies beweist wiederum, dass die Versetzung von einem Kommandoposten der Infanterie zu einem der Kavallerie als Beförderung wahrgenommen wurde. Perdikkas wurde 327 von einer Taxis zu einer Hipparchie befördert. Bis 330 hatte er ebenfalls den Titel eines Leibwächters gehabt. Dies war eine doppelte Funktion, die auch Alexanders Favorit Hephaistion wahrgenommen hatte. Der Peithon, der bis 325 Leibwächter war, ist sehr wahrscheinlich derselbe Peithon, der als Taxiarch im Jahr 326/325 überliefert ist.[167] Eine Befehlsstelle bei der Infanterie war allerdings selten, einem Mitglied der Leibwache wurde üblicherweise ein Kommandoposten in der Gefährtenkavallerie übertragen, was im Einklang mit deren wachsender Bedeutung war. Der Wunsch Alexanders, die verhältnismäßig große Bedeutung der schweren Infanterie systematisch zurückzustufen, kann vielleicht der Tatsache zugeschrieben werden, dass er sie als ein potentielles und anwachsendes Problem sah. Die Reihen der Infanterie waren der Ausgangspunkt für Meutereien am Hyphasis und in Opis. Es wäre nicht überraschend, wenn Alexander absichtlich angestrebt hat, das Ansehen und die Bedeutung der Kavallerie im Bezug auf die Infanterie zu erhöhen. Dies hätte die Situation wiederhergestellt, die vor seinem Amtsantritt herrschte, als

[167] Arrian, 6.6 als Taxiarch, 6.28 als Leibwächter.

die Kavallerie ganz klar die Einheit mit dem größten Prestige war. Es ist aber nicht minder wahrscheinlich, dass die schwere Infanterie einfach deshalb an Ansehen verlor, weil die Armee zu dieser Zeit im nordöstlichen Iran kämpfte, wo die schwere Infanterie nicht in der Weise an den Kämpfen teilnehmen konnte, wie sie es in den vorherigen Feldzügen getan hatte.

Ab 330, als er in den Nordosten des früheren Perserreiches eindrang, sah sich Alexander mit einer vollkommen neuen Herausforderung konfrontiert: der Guerillakriegsführung. Dies führte aufseiten Alexanders dazu, dass er seine Streitkräfte scheinbar wahllos unter den verschiedenen Befehlshabern verteilte. Falls vor dieser Zeit eine zweite Heeresabteilung erforderlich war, hätte sie aus Verbänden der Verbündeten und Söldner bestanden, während die Makedonen fast immer den König begleiteten. Wie oben bereits erwähnt, ließ Alexander 328 vier Taxeis der schweren makedonischen Infanterie in Baktrien zurück und teilte den Rest der Armee in fünf Gruppen. Diese neuen Befehlsstellen wurden einer gerecht ausgewählten Gruppe von Alexanders engsten Freunden übertragen; Krateros, Hephaistion, Koinos und Perdikkas waren normalerweise die erste Wahl. Ptolemaios, Leonnatos und Peithon wurden herangezogen, wenn noch mehr Gruppen gebildet wurden. Als Alexander in Indien einfiel, wurden Hephaistion und Perdikkas mit einer großen Streitmacht, welche die Hälfte der makedonischen und die gesamte Infanterie der Söldner umfasste, an den Indus vorausgeschickt. Eines der wichtigsten Merkmale der Veränderungen in der Befehlsstruktur der makedonischen Armee war bis zum Ende von Alexanders Regierungszeit die zunehmende Fluktuation zwischen den Kommandostellen. Einzelne Generäle behielten zwar ihre Titel, doch wurde erwartet, dass sie vollkommen unterschiedliche Einheiten befehligten, je nachdem, wie es die Situation erforderte. Zum Beispiel wurden im Jahr 327 drei Taxiarchen, Meleager, Attalos und Gorgias, von ihren Taxeis abgezogen, dafür erhielten sie das Kommando über eine Gruppe von Söldnern, die aus Infanterie und Kavallerie bestand. Sie wurden dann für Ablenkungsmanöver entlang des Flussufers eingesetzt. Ein anderes Beispiel ist das von Koinos, der seit 334 Taxiarch war und am Hydaspes als Kommandeur bei der Kavallerie eingesetzt wurde.[168]

Dieser Trend zu einer wachsenden Mobilität von Kommandos hatte zwei Hauptgründe. Der erste war ein militärischer. Als Alexander nach 331 in die nächste Phase des Feldzugs eintrat, traf er in steigendem Maße auf ei-

---

[168] Arrian, 4.22; 5.12.

nen Gegner, der in einer Weise operierte, die deutlich von dem abwich, was er zuvor kennengelernt hatte. Außerdem war er mit einem neuen Kriegsschauplatz mit anderen Bedingungen konfrontiert. All dies forderte von der Armee, deutlich flexibler zu sein, als sie es vorher war.

Doch wirkt hier sicherlich ein zweiter, aus meiner Sicht wesentlich bedeutenderer Faktor, nämlich Politik. Alexander scheinen wachsende Bedenken gekommen zu sein, einem einzelnen Kommandeur große Truppenteile für unbegrenzte Zeit zu überlassen. In zunehmendem Maße zog Alexander deshalb Personen von ihren Kommandos ab und betraute sie mit verschiedenen Aufgaben. Er fügte neue Ebenen in die Kommandostrukturen ein und nahm Beförderungen in Abhängigkeit von den Verdiensten vor. Diese Änderungen wirkten in zweifacher Hinsicht: Die Kommandeure wurden in erster Linie ihm gegenüber loyal, da sie ihre Position direkt der Gunst des Königs verdankten. Zweitens konzentrierte sich die Loyalität der Armee ebenfalls auf den König, da ihre Kommandeure häufig wechselten und ihre regionale Herkunft an Bedeutung verlor. Alexander machte sich selbst zum Mittelpunkt jedes Einzelnen in der Armee, egal welchen Rang dieser hatte.

DER PREIS FÜR PARMENIONS UNTERSTÜTZUNG

Während der Herrschaft von Philipp war Parmenion vermutlich die politisch bedeutendste einzelne Persönlichkeit neben dem König. Dies gilt auch für die frühe Herrschaftszeit Alexanders. Er sowie andere Mitglieder seiner Familie waren fester Bestandteil am Hof, und es scheint, dass er politische Kontakte zu den beiden Gruppen hatte, die in den letzten Jahren von Philipps Herrschaft im Wettbewerb um die Nachfolge standen. Daher war er in der Position des Königsmachers, als Philipp ermordet wurde. So blieb Amyntas oder anderen möglichen Rivalen nur die Möglichkeit, ein Bündnis aus den Rändern Makedoniens und den rebellierenden griechischen Städten zu formen. Parmenion war offensichtlich ein erfahrener Politiker und wusste um die Stärke seiner Position. Alexander sah sich deshalb gezwungen, einen hohen Preis für Parmenions Unterstützung zu zahlen, denn im Jahr 336 war er nicht in der Position, zu verhandeln. Als die makedonische Armee den Hellespont in Richtung Asien überquerte, war beinah jedes wichtige Kommando von Parmenions Söhnen, Brüdern oder einem anderen seiner Verwandten besetzt. Wir haben bereits festgestellt, dass zwei seiner Söhne Kommandeure der Hypaspisten (Nikanor) und der Gefährtenkavallerie

(Philotas) waren, dass Parmenion die thessalische Reiterei befehligte und er tatsächlich der stellvertretende Kommandeur der gesamten Armee war. Parmenions Bruder Asander kommandierte vermutlich die leichte Reiterei und erhielt unmittelbar nach ihrer Eroberung die Satrapie Sardis. Parmenions Helfer waren ebenfalls auf machtvollen Positionen fest etabliert, Männer wie beispielsweise die vier Söhne des Andromenes und die Brüder Koinos und Kleander. Viele der Kommandeure waren nur wenig jünger als Parmenion selbst. Wenn Justin uns berichtet, dass das Hauptquartier *»mehr wie der Senat der alten Republik«* aussah, so übertreibt er sicherlich nicht[169].

Bis zum Jahr 330 war die makedonische Armee in ihrem tiefsten Herzen die Armee Philipps. Sie waren seine Veteranen und Offiziere. Philipps Einfluss war überall gegenwärtig, und Alexander bekam ihn häufig in der Person Parmenions zu spüren. Dies war eine Situation, die Alexander nicht endlos tolerieren konnte. Er gestatte sich, die Befehlsstruktur relativ unverändert zu lassen, solange sein Erfolg noch ausgleichend wirkte, doch nach Gaugamela begann er, ernste und tiefgreifende Veränderungen vorzunehmen, Veränderungen, die nach der Ermordung von Parmenion und Philotas deutlich einfacher wurden. Einige Wissenschaftler sind der Meinung, dass Alexander sechs Jahre lang im Geheimen geplant hat, Parmenions Zugriff auf die Armee zurückzudrängen, und sehen in der Hinrichtung Parmenions den Höhepunkt dieser Planungen. Doch ist es unwahrscheinlich, dass dies tatsächlich wahr ist. Warum würde Alexander zum Beispiel Parmenion mit einem bedeutenden Teil der Armee und seinem Staatsschatz in Ekbatana zurücklassen, wenn er nicht an dessen Loyalität geglaubt hätte oder falls er gegen ihn agierte? Insgesamt scheint Alexander spontaner und impulsiver gewesen zu sein, als ihm diese Theorie zuschreibt. Es ist wahrscheinlicher, dass Alexander eine günstige Gelegenheit nutzte, ohne diese vorher geplant zu haben. Alexander rechnete damit, dass die Armee ihn mehr liebte als ihren alten General, und er behielt recht. Auch wenn das der thessalischen Kavallerie nicht gefallen mochte, sie war kein bedeutender Teil der Armee mehr und wurde kurz darauf sogar vollständig aufgelöst. Nach dem Tod von Parmenion hätte Alexander es niemals wieder erlaubt, das große Truppenteile über einen längeren Zeitraum von einem einzelnen Mann befehligt wurden. Seine neue Politik wurde unbarmherzig umgesetzt. Die Armee wurde zuletzt zu der seinen, zu ganz allein seiner.

[169] Justin, 11.6.4

DIE ARMEE IM EINSATZ

Alexanders Eroberungsfeldzug ging im Ganzen als einer der beeindruckendsten in die Annalen der Militärgeschichte ein. Durch seine Handlungen und die seiner Armee erlangte er einen Grad an »Unsterblichkeit«, den nur wenige erreicht haben. Dieses Buch untersucht Alexanders Armee, ihre Zusammensetzung und Strukturen, aber es wäre nicht komplett ohne eine Betrachtung seiner Feldzüge. Wir haben das Werkzeug gesehen, das Alexander in die Lage versetzte, sein Reich zu errichten. Doch wir wollen auch verstehen, wie es den Makedonen möglich war, das größte, reichste und mächtigste Reich zu erobern, das die westliche Welt bis dahin gesehen hatte, und das in nur drei bis vier Jahren. Diese Datierung geht davon aus, dass das Perserreich mit der Schlacht von Gaugamela im Jahr 331 besiegt war, obwohl auch nach diesem Datum partiell, besonders im Nordosten des früheren Reiches, noch Widerstand geleistet wurde.

Alexanders Feldzüge waren zahl- und variantenreich: umfassende Kriegsführung in den Bergen, kleinere Scharmützel, gewaltige Feldschlachten, große Belagerungen und Guerillakrieg. In seiner sehr kurzen Regierungszeit sammelte Alexander Erfahrungen mit allen Arten der Kriegsführung, welche die antike Welt bereithielt (auch wenn sich seine Erfahrungen in der Seekriegsführung auf die Belagerung von Tyros beschränkten), und er passte seine Taktiken in brillanter Weise jederzeit an aktuelle Gegebenheiten an, wann immer er mit einer neuen Herausforderung konfrontiert wurde. Wir sahen oben, dass er sogar zu einer kompletten Reorganisation der Armee bereits war, um sie an die neuen Herausforderungen der nordöstlichen Satrapien anzupassen. In Anbetracht des Umfangs von Alexanders Schlachten ist hier kein Platz, jede Einzelne zu untersuchen, deshalb wollen wir nur drei seiner fruchtbarsten Feldzüge betrachten: den Balkanfeldzug, Issos und Tyros. Bei diesen Feldzügen erleben wir Alexander als Feldherrn in Hochform. Gleichzeitig sehen wir die Gründlichkeit der Ausbildung, die Disziplin und das Talent, über die die Armee und einige ihrer bedeutendsten Bestandteile verfügten.

DER BALKAN

Alexanders erster Feldzug im Balkan erlaubt uns faszinierende Einsichten in einige Schlüsselstrategien, welche kontinuierlich über seine Laufbahn hinweg weiterentwickelt wurden. Die frühen Feldzüge sind nur von Arrian mit einer gewissen Gründlichkeit dokumentiert. Strabo und Diodor zum Beispiel bieten nur wenig, das hinzugefügt werden kann.[170] Der Ermordung Philipps II. folgte eine allgemeine Unruhe an Makedoniens nördlicher Grenze, und im Frühjahr 335 brach Alexander nach Norden in den Balkan auf, um einen Aufstand niederzuschlagen.[171] Der Feldzug wurde gegen die Triballer und Illyrer geführt. Die Triballer bewohnten die Ebene südlich der Donau, in der Region, die später die römische Provinz Moesien wurde. Vielleicht hatten sie sich auch irgendwie ostwärts in Richtung Schwarzes Meer ausgedehnt. Der Sitz der Illyrer ist ein bisschen schwerer zu bestimmen. Der Name wird vielleicht bei Arrian in einem allgemeinen Sinne benutzt, um die Stämme zu benennen, die im Nordwesten Makedoniens ansässig sind.[172]

Der Berg Hämos

Der Balkanfeldzug Alexanders begann mit dem Aufbruch in das Gebiet der freien Thraker, von wo aus er das Hämos-Gebirge überqueren wollte. Die Thraker leisteten jedoch Widerstand gegen seine Durchquerung und besetzten einen Pass, wir wissen allerdings nicht sicher, welchen. Die Blockade des Passes war eine extrem unbedeutende Angelegenheit, doch ist sie es wert, dass wir hier kurz auf sie eingehen, da sie Alexanders Antwort auf ein allgemeines Problem veranschaulicht. Die Thraker hatten eine defensive Position eingenommen mit dem Plan,[173] ihre Wagen als eine Palisade zur Verteidigung zu nutzen oder sie krachend auf die anrückenden Makedonen herunterrollen zu lassen. Arrian lässt uns nicht darüber im Zweifel, dass die Wagen als Geschosse benutzt wurden, aber wie das genau geschah, ist weit weniger klar. Durchgehend berichtet er von ihnen in der Mehrzahl. Soll dies darauf hindeuten, das mehrere gleichzeitig heruntergeschickt wurden, Seite an Seite, oder soll es so aufgefasst werden, dass einer nach dem anderen losrollte? Die mutmaßliche Enge des Passes würde Ersteres eigentlich ausschließen, und daher sollten wir akzeptieren, dass mehrere Wagen nacheinander die Böschung gegen die Makedonen heruntergeschickt wurden.[174]

---

[170] Arrian, 1.1.4–1.9.8; der illyrische Feldzug bis zum Fall von Theben; Strabo, 7.3.8 ff; Diodor, 17.8.1
[171] Arrian, 1.1.4; Diodor, 17.3.5; Ashley, 1998, 166
[172] Arrian, 1.1.5
[173] Arrian, 1.1.7
[174] Arrian, 1.1.7–9; vgl. Bloedow, 1996, 121

Alexanders Gegenmaßnahmen sind der interessanteste Teil dieses Gefechts. Arrian berichtet uns, dass er diejenigen seiner Truppen, die dazu in der Lage waren, anwies, die Reihen zu öffnen und so die Wagen einfach durch die Linien fahren zu lassen. Dies war genau die Strategie, die später bei Gaugamela so erfolgreich gegen Dareios' skythische Streitwagen Anwendung fand. Wo der Platz jedoch ein Öffnen der Reihen verhinderte, hatten die Soldaten sich auf den Boden zu legen und ihre Körper mit ineinander verhakten Schilden zu bedecken.[175] Wie wurde dies nur mit der Pelte zum Schutz erreicht? Ich habe bereits erwähnt, dass die schwere Infanterie der Makedonen so gut ausgebildet war, dass sie eine ganze Reihe von Waffen nutzen konnte. Zu Anlässen wie diesen war es möglich, dass sie als normale Hopliten ausgerüstet wurden. Es gibt keinen Hinweis darauf, dass Philipp oder Alexander jemals die Produktion einer großen Mengen Hoplitenschilde für die schwere Infanterie in Auftrag gegeben hatten, da allein schon die Kosten dies verboten haben dürften. Es ist wahrscheinlich, dass Hoplitenschilde zeitweise von den besser gepanzerten Alliierten und Verbündeten requiriert worden waren. Es wurden allerdings nicht Tausende von Schilden requiriert, da nicht die gesamte schwere Infanterie in der Enge operieren konnte. Die Genialität dieser Kriegslist wird durch die Tatsache bewiesen, dass für dieses Gefecht keine Verluste auf der makedonischen Seite verzeichnet sind. Wir können hier sehen, wie Alexander für ein einzelnes Problem eine neue Lösung entwickelt und umsetzt. Es wird ebenfalls deutlich, dass die Armee über die notwendige Ausbildung und die Disziplin verfügt, um ihre Aufgabe vortrefflich wahrzunehmen.

Die Insel Peuke

Nachdem Alexander den Hämos überquert hatte, setzte er seinen Marsch in nördliche Richtung fort in ein Gebiet, das von den Triballern kontrolliert wurde. Am Ende erreichte er den Fluss Lyginos, der drei Tagesmärsche von der Donau entfernt war. Arrian überliefert uns, das Syrmos, der König der Triballer, seit einiger Zeit Kenntnis von Alexanders Bewegungen hatte und einen Teil seiner Armee auf die Insel Peuke zurückzog. Die restliche Armee der Triballer umging Alexander im Rücken und nahm eine Position am Fluss Lyginos ein.[176] Syrmos zeigte ein beeindruckendes Verständnis für die

---

[175] Arrian, 1.1.7–9
[176] Arrian, 1.2.1; 1.2.2

Notwendigkeit militärischer Aufklärung in einer Zeit, in der diese noch in den Kinderschuhen steckte, und bewies erhebliches strategisches Geschick, indem er bereits einige Tage vor der erwarteten Schlacht seine Truppen in eine Position brachte, um Alexander zu überflügeln.

Sobald Alexander bemerkte, dass die Triballer auf seiner Nachschub- und Kommunikationslinie Stellung bezogen hatten, drehte er die Armee einfach um und marschierte zurück zum Fluss Lyginos, um den Feind dort anzugreifen. Die Makedonen gingen mit der Situation gelassen um und zeigten keine Anzeichen von Bedrängnis oder Panik. Dies ist offensichtlich eine Parallele zum Feldzug von Issos, in dessen Verlauf genau dasselbe geschah. Wieder ist sowohl die Disziplin der makedonischen Truppen wie auch der alliierten Verbände beeindruckend.

Diese einfache, aber entscheidende Aktion traf die Triballer völlig unvorbereitet, und sie reagierten, indem sie zum Schutz in ein bewaldetes Tal in der Nähe des Flusses flohen. Alexander ließ seine schwere Infanterie in Kolonne aufmarschieren. Dies ist eine der seltsamsten Formationen, die zur Anwendung kamen, aber Alexander wollte den leicht bewaffneten Triballern möglichst keine Furcht einflößen. Falls die schwere Infanterie in der üblichen Gefechtsordnung angetreten wäre, wäre es nämlich sehr unwahrscheinlich gewesen, dass ihnen die Triballer im offenen Gefecht gegenübergetreten wären. Dies hätte bedeutet, dass die Probleme in der Region zunächst umgangen, aber eben nicht endgültig beseitigt worden wären. Vor der Front der schweren Infanterie waren die Bogenschützen und Schleuderer aufgestellt. Sie hatten den Befehl, vorzurücken *»im Eiltempo und ihre Geschosse abzufeuern, in der Hoffnung, den Feind so aus dem Schutz des Waldes in offenes Gelände zu locken.«*[177] Dies ist das erste Beispiel für eine Strategie, die Alexander bei jeder möglichen Gelegenheit wieder anwendete: Den Feind in ein Gelände locken, das von Alexander ausgewählt worden war.[178] Sobald der Gegner aus dem Wald herausgetreten war, attackierte Philotas den rechten Flügel mit der Kavallerie aus dem oberen Makedonien und Heraklides und Sopolis gingen mit der Kavallerie aus Boiotien und Amphipolis auf dem linken Flügel zum Angriff über. Arrian überliefert uns, dass die Triballer sich behaupteten, bis die schwere Infanterie in das Ge-

---

[177] Arrian, 1.2.2
[178] Devine 1988, 3; nennt diese Vorgehensweise ein ‚Bauernopfer‘, datiert ihre erste Anwendung aber fälschlicherweise auf die Schlacht am Granikos im Jahr 334.

schehen eingriff. Danach wurden die Feinde schnell in die Flucht geschlagen, 3.000 von ihnen wurden getötet. Nach der Schlacht marschierte Alexander nach Norden und erreichte die Donau in drei Tagen, wo es zu dem vorbereiteten Treffen mit Teilen der Flotte kam. Die Flotte muss bereits zu Beginn des Feldzuges von Makedonien abgereist sein. Dies erklärt vielleicht, warum Alexanders Tempo so gemächlich war: Er wollte gleichzeitig mit der Flotte eintreffen. Dies ist ein hervorragendes Beispiel für Alexanders nach vorne orientierten Planungen und für seine Erkenntnis, dass der Nachschub ein kritischer Faktor für jeden erfolgreichen Feldzug ist.

Die Geten

Mittlerweile hatte sich am nördlichen Ufer der Donau ein großes Heer der Geten versammelt. Gemäß Arrian waren es 4.000 Reiter und 10.000 Infanteristen. Alexander bestellte Zelte, um sie mit Heu zu füllen, und alle verfügbaren Transportmittel, um die Truppen während der Nacht über den Fluss zu setzen. Mit Heu gefüllte Zelte, die als behelfsmäßige Flöße benutzt wurden, erscheinen wieder bei der Überquerung des Flusses Oxus im Jahr 329.[179] Alexander kannte diese Transportmethode allerdings vermutlich aus Xenophon.[180] Während Alexanders Regierungszeit waren nächtliche Flussüberquerungen fast schon allgemein üblich geworden. Durch den Gebrauch dieser Methode gelang es Alexander, 1.500 Kavalleristen und 4.000 Infanteristen während der Nacht über den Fluss zu setzen. Als Alexander seine schwere Infanterie übergesetzt hatte, begann sie mit Hilfe ihrer Speere das Getreide einzuebnen und dadurch teilweise erst das Schlachtfeld zu schaffen, auf dem er kämpfen wollte. Zu beachten ist hier die Verwendung von »Speeren« und nicht von »Sarissai«. Ein weiteres mögliches Indiz dafür, dass Alexanders schwere Infanterie wie normale Hopliten ausgestattet war. Es war vermutlich einfacher, einen Speer auf einem improvisierten Floss zu tragen als eine Sarissa. Sofort nahm die schwere Infanterie ihre zentrale Position in der offenen Ebene ein, mit Alexander und der Kavallerie zur Rechten. Die Geten brachen nach einem raschen Kavallerieangriff schnell zusammen. Dieser war zeitlich so abgestimmt, dass er mit dem Vorrücken der Infanterie auf breiter Front zusammenfiel. Arrian berichtet uns, dass die Geten von Alexanders nächtlicher Überquerung der Donau mit einer solch gro-

---

[179] Arrian, 3.29.4
[180] Xenophon, Anabasis, 1.5.10

ßen Streitmacht sowie durch seinen schnellen Angriff und den furchterregenden Anblick der Phalanx, die als geschlossene Masse auf sie vorrückte, schwer erschüttert waren.[181] Das war genau die ängstliche Reaktion, die Alexander in der vorhergehenden Schlacht gegen die Triballer hatte vermeiden wollen. Dort rückte er in einer engen Kolonne vor, hier in einer weiten Front. Der Unterschied in der Wirkung ist offensichtlich. Die Geten flohen in ihre Stadt, die sechs Kilometer entfernt war, doch diese war schnell eingenommen. Bis zu seiner Rückkehr an die Donau empfing Alexander die Kapitulation von Syrmos und der Triballer auf der Insel Peuke.

Die Terminierung des Feldzugs gegen die Geten ist interessant. Wir wissen, dass Alexander früh im April in Amphipolis aufbrach, dass die Überquerung der Donau und der Feldzug gegen die Geten nicht vor Juni stattfanden und dass Theben nicht vor Oktober eingenommen wurde. Demnach dauerte dieser Teil des Feldzugs ungefähr zwei Monate, und für den gesamten Balkanfeldzug benötigte er vier Monate. Im Unterschied zu vielen seiner späteren Feldzüge war Alexander scheinbar nicht in Eile.

Während der Rücküberquerung der Donau erhielt Alexander Nachricht, dass Kleitos, Sohn des Bardylos, sich im Aufstand befand und dabei von Glaucias von den Taulantiern unterstützt wurde. Des weiteren, dass die Autarier Alexander während des Marschs angreifen wollten. Alexander, auf der Suche nach Verbündeten, setzte auf seinen alten Freund Langaros von den Agrianen. Die Paionen siedelten im Norden Makedoniens zwischen den Flüssen Vadar und Styrmon, mit den Agrianen, die das Gebiet nordöstlich Paioniens besetzt hatten. Kleitos regierte vermutlich die Dardaner, die zwischen dem Drin und dem Erigon an der nördlichen Grenze Makedoniens lebten, was dem heutigen Kosovo entspricht, und die Autarier, die im Norden Albaniens angesiedelt waren.

Pelium

Nach der Ankunft vor der Stadt Pelium, welche die Hauptstadt der Dardaner gewesen sein könnte, hatte Alexander in der Absicht, die Stadt am nächsten Tag anzugreifen, sein Lager beim Fluss Eordiacos aufgeschlagen. Kleitos hatte an zwei Punkten Stellung bezogen, in der Stadt und auf den Höhen, welche die Stadt im Nordosten und Südosten umgaben. Dies gab ihm durchaus nicht die Möglichkeit, die Makedonen einzukreisen, wie es

---

[181] Arrian, 1.4.2

Arrian andeutet. Am folgenden Morgen rückte Alexander gegen die Stadt vor und zwang die Einheiten, die sich in den Hügeln befanden, nach einem sehr kurzem Gefecht, den Rückzug in die Stadt anzutreten. Alexander entschloss sich dann zur Blockade der Stadt, was ihre Einschließung bedeutete.[182] Dies deutet sehr stark darauf hin, dass entweder die Stadt uneinnehmbar für traditionelles Belagerungsgerät war oder Alexander nicht seinen gesamten Tross mit Belagerungsgerät bei sich führte.

Am nächsten Tag traf Glaucias mit den Taulantiern ein, offensichtlich unter Waffen, was Alexander in eine äußerst exponierte Position brachte. Er konnte den Angriff auf die Stadt nicht vorantreiben, aus Furcht, die Taulantier würden seine Flanken angreifen, und er konnte die neue, sehr viel größere Streitmacht nicht angreifen, da er einen Ausfall aus der Stadt befürchten musste. Falls Alexander von der bevorstehenden Ankunft des Glaucias wusste, war sein Vormarsch auf die Stadt ein schwerer taktischer Fehler. Falls er es nicht wusste, ist dies ein Beispiel für die im allgemeinen schlechte Qualität der Aufklärung in der antiken Kriegsführung.

Alexander konnte sich nicht ohne ein großes Risiko einfach zurückziehen. Daher entschied er sich für eine Anordnung der Truppen, die an die Rote Armee in Moskau erinnert. Die schwere Infanterie wurde in einer *»Tiefe von 120 Reihen«* zusammengezogen, was eine Front von 100 Mann ergibt.[183] Hierfür werden zwei Bewegungen bei Arrian beschrieben: Die erste beinhaltete den Wechsel von einer quaderförmigen zu einer speerspitzenförmigen Formation, mit der sie den Taulantiern im Norden entgegenzog. Dass dieses Manöver in absoluter Stille durchgeführt wurde, ist ein Zeugnis für die Disziplin der schweren makedonischen Infanterie. Dieser Marsch ermutigte die Dardaner in den südlichen Hügeln, Alexanders Flanken anzugreifen. Die schwere Infanterie drehte sich nun im Ganzen um 180 Grad und stellte ihr Viereck wieder her. Dann erhoben sie ein Kampfgeschrei, das ausreichte, die Dardaner in die Flucht zu schlagen, ohne dass es zum Kampf kam.[184]

Die Makedonen nutzten nun die Gelegenheit und zogen sich in Richtung Pass und hinter den Fluss Eordiacos zurück, wobei die Gefährtenkavallerie und die Hypaspisten den Marsch anführten. Nachdem sie sahen, dass Ale-

---

[182] Arrian, 1.5.5; 1.5.8
[183] Arrian, 1.6.1; Devine, 1983,213; vgl. Hammond, 1974, 82
[184] Arrian, 1.6.2

xanders bedeutendste Verbände den Fluss überquerten, versuchten die Taulantier einen Angriff, doch wurde der Rückzug gedeckt von Bogenschützen aus der Mitte des Stromes und von Ballisten, die Pfeile verschossen. Die Makedonen entfernten sich dann ein paar Meilen weiter vom Pass, einen weiteren Rückzug vortäuschend. Danach schlugen sie ihr Lager auf und warteten drei Tage. Nach dieser Verzögerung kehrte Alexander zum Fluss Eordiacos zurück, überquerte ihn bei Nacht mit den Agrianen, den Bogenschützen und den Taxeis von Perdikkas und Koinos und griff die Illyrer an, während sie offensichtlich in ihren Betten schliefen. Die Stadt Pelium fiel bald darauf. Wir sollten diese Schlacht neben Alexanders Antwort an Parmenion bei Gaugamela stellen. Als Parmenion einen ähnlichen Nachtangriff vorschlug, antwortete Alexander: *»Ich will mich nicht selbst erniedrigen, indem ich den Sieg wie ein Dieb stehle. Alexander muss seine Feinde offen und ehrenhaft besiegen.«*[185]

Der Balkanfeldzug – Beobachtungen

Alexanders Balkanfeldzug gibt uns zum erstenmal die Möglichkeit, uns von seinen Qualitäten als General ohne das Sicherheitsnetz Philipp oder auch Parmenion, der mit der Vorauseinheit in Kleinasien war, zu überzeugen. Der Feldzug verdient es, gelobt zu werden, doch war er nicht ohne schwere Fehler. Die Behauptung, dass es keine Spuren von einer Entwicklung in der Generalität von Alexander gegeben hat, ist sicherlich nicht richtig. Während des Feldzugs zeigte Alexander nichts von seiner Schnelligkeit und seinen blitzartigen Märschen, die seine späteren Feldzüge charakterisierten. Allerdings war es ein großer Fehler, in der Ebene außerhalb von Pelium in die Falle zu gehen. Wir können nur spekulieren, dass er in späteren Jahren eine Kolonne für die Belagerung Peliums zurückgelassen hätte, während er aufgebrochen wäre, um die Taulantier auf einem Schlachtfeld seiner Wahl zu schlagen und so zu verhindern, dass sie sich verbinden. Falls Alexander mit dem Feldzug die Absicht verfolgte, die nördlichen Grenzen zu befrieden, dann kann er jedenfalls nichtsdestotrotz als ein sensationeller Erfolg angesehen werden.

---

[185] Arrian, 3.9.6

DER FELDZUG VON ISSOS

Die Region Kilikien ist auf drei Seiten von Bergketten umgeben. Die vierte Seite bildet das Meer. Dies macht den Zugang zur zentralen Ebene schwierig, wenn sie feindlich ist. Im Norden und Westen findet sich das Taurusgebirge, im Osten der zentralen Ebene liegt das Amanosgebirge, welches in aller Regel angesichts des Mangels an Gebirgspässen eine undurchdringliche Sperre bildete. Alexander eröffnete den Feldzug mit einem Eilmarsch in Richtung Kilikien und durch die »Kilikische Pforte« hindurch, durch die er dann vermutlich um Ende Mai herum in Kilikien eindrang. Dies setzt voraus, dass es zuvor keine Verzögerungen in Gordion und Ankyra gab. Die Region war zu seiner Basis für die Operationen für die nächsten paar Monate geworden.

Nachdem Alexander den Pass erstürmt hatte, erreichte er Tarsos vor Arsames, dem persischen Befehlshaber in der Region. Scheinbar fürchtete Alexander, dass Arsames eine Strategie der verbrannten Erde anwenden würde, so wie es Memnon vor der Schlacht am Granikos empfohlen hatte. Nachdem er es allerdings versäumt hatte, Tarsos zu sichern, erschien Arsames, und er musste sich, ohne größeren Schaden anzurichten, aus der Region zurückziehen: Erneut kam die Strategie der verbrannten Erde nicht zur Anwendung. Offensichtlich hatten die persischen Verteidiger damit begonnen, die Stadt niederzubrennen, als Alexanders leichte Truppen eintrafen. Die Feuer konnten schnell gelöscht werden.

Bei Tarsos fühlte sich Alexander ernsthaft krank, das Ergebnis eines Bades im eiskalten Fluss Knydos. Offensichtlich schränkte ihn die Krankheit mehrere Wochen ein, obwohl er nach der Pflege durch Philipp von Akarnania, seinen Arzt, letztlich wieder vollständig hergestellt wurde. Während seiner Genesung entsandte er Parmenion nach Süden, um eine Reihe von Pässen zu sichern, die aus Kilikien führten. Die Armee wurde sehr wahrscheinlich geteilt, als sie die kilikische Pforte passierte. Alexander nahm ein kleines Kontingent mit sich nach Tarsos, während Parmenion den größeren Teil nach Süden führte. Anscheinend verbrachte Parmenion etwa einen Monat im südlichen Kilikien, bevor er nach Castabalum zu Alexander zurückkehrte.[186]

Nachdem sich Alexander wieder erholt hatte, marschierte er südwestlich nach Anchialos und Soli, wo er die Einwohner wegen ihrer Loyalität zu Persien mit einer Geldstrafe von 200 Silbertalenten belegte. Um Unruhen in

[186] Curtius, 3.7.5–7; Arrian, 2.6.1

den Bergen um Soli herum zu unterdrücken, nahm Alexander drei Taxeis, die Agrianen und die Bogenschützen mit sich und führte einen Sieben-Tage-Feldzug gegen die Stämme in den Bergen in der sogenannten »rauen« Region Kilikiens. Alexander machte sich offensichtlich keine Sorgen wegen Dareios', da wir nichts über Bemühungen hören, ihn zu lokalisieren. Für die Ausführung des Feldzugs im rauen Kilikien teilte er die Armee in zwei Gruppen. Die erste wurde von Philotas, die zweite von ihm selbst befehligt.[187] Alexanders Verband rückte auf Magarsos und das nahegelegene Mallos vor, welches sich ohne Zwischenfälle unterwarf. Interessanterweise wurde Mallos nicht wie Soli mit einer Geldzahlung belegt, weil es ohne Zweifel in einer strategisch sehr viel sensibleren Region lag. Während Alexander vor Mallos lagerte, erhielt er die Nachricht, dass Dareios nur noch zwei Tagesmärsche entfernt bei Sochi war.

Wir wissen, dass Parmenion nach Süden entsandt wurde, bevor Alexander Tarsos eingenommen hatte, um die Ebene von Issos und die Pässe zu besetzen, die aus Kilikien nach Süden hinausführen – besonders die Säulen des Jonah und den Beilan-Pass. Wir müssen nun die zeitliche Abfolge von Dareios' Ankunft in Sochi und seiner Besetzung der vorher erwähnten Pässe rekonstruieren. Dies ist keine leichte Aufgabe, da natürlich keine unserer Quellen tatsächlich die Bewegungen Alexanders mit denen des Dareios synchronisiert. Wir wissen von Curtius, dass die persischen Kontingente aus den äußersten Teilen des Reiches wegen Dareios' großer Eile nicht vorgeladen waren.[188] Wir verfügen nicht über ausreichend Datenmaterial über den zeitlichen Rahmen dieser Phase, falls Dareios aber sofort, nachdem er vom Tod Memnons gehört hatte, aufgebrochen war, dürfte er Sochi etwa Ende September erreicht haben. Die zeitliche Abfolge ist für die makedonische Seite genauso unklar wie für die persische, doch es scheint sicher, dass rund vier Monate nicht in den Berichten erscheinen: Wie wissen einfach nicht, was Alexander in dieser Zeit getan hat oder wo er war. Es gibt zwei Möglichkeiten: Entweder war Alexanders Erkrankung sehr viel ernster, als es uns bekannt ist, oder er machte bei Gordium eine längere Pause, als wir bisher angenommen haben, da er ohne Zweifel über die Fortschritte der persischen Flotte in der Ägäis beunruhigt war. Die Wirklichkeit war vielleicht eine Kombination aus beidem.

[187] Arrian, 2.5.6
[188] Curtius, 3.2.1–9

Die strategischen Entscheidungen der beiden Seiten waren nicht nur durch die Pässe im Süden von Issos, sondern auch durch die im Norden stark beeinträchtigt. Wenn Dareios die Entscheidung traf, nach Norden zu marschieren und hinter Alexander einzudrehen, so musste er das Amanosgebirge überqueren. Die gegenwärtigen Straßen- und Eisenbahnnetze in der Region führen vermutlich an denselben Wegen entlang wie die antiken Pässe. Wenn wir dieses im Sinn behalten, gibt es nur zwei Pässe, die groß genug sind, um eine Armee in relativ kurzer Zeit und geordnet aufzunehmen. Dies sind der Hasanbeyli-Pass und der Bahce-Pass. Über den Hasanbeyli-Pass, welcher der weiter südlich gelegene von den beiden ist, überqueren die modernen Straßen die Berge, während der Bahce-Pass von der Bagdad-Bahn genutzt wird. Beide Pässe sind zirka 1.200 m hoch. Welchen Pass Dareios nutzte, wissen wir nicht. Da sie gleich schwierig waren, konnte er jeden der beiden benutzt haben.

Als Dareios in Sochi eintraf, war er in einer hervorragenden Position, um aus seiner numerischen Überlegenheit Vorteile zu ziehen. Er befand sich in einer weiten, offenen Ebene, dies konnte nicht besser zu seiner Überlegenheit bei der Kavallerie passen. Obwohl dies für sich allein genommen nicht den Sieg garantiert hätte, denn bei Gaugamela waren die Bedingungen ähnlich, und Dareios wurde, wie wir ja wissen, schließlich trotzdem besiegt. Warum also gab Dareios diese ideale Position zugunsten der beengten Ebene von Issos wieder auf? Die Quellen geben einstimmig Dareios' Inkompetenz die Schuld.[189]

Die Verzögerung war durch Alexanders Krankheit verursacht worden, doch Dareios war davon überzeugt, dass Alexander ein Feigling war und nicht kommen würde, um auf ihn zu treffen. Bei Curtius findet sich eine Diskussion über den Vorschlag, die Armee zu teilen, um Alexander in die Zange zu nehmen. Doch finden wir dieses Thema weder bei Arrian noch bei Plutarch. Es gibt aber auch keinen Zweifel darüber, dass Dareios' Vorräte zur Neige gingen und die Ebene um Sochi so ein gewaltiges Heer nur für kurze Zeit versorgen konnte.[190]

[189] Arrian, 2.6.3–7; Plutarch, Alexander, 20.1-2; Diodor, 17.32.3
[190] Curtius, 3.3.1

Letzte Phasen des Vorspiels zur Schlacht

Wir können davon ausgehen, dass Alexander durch Parmenion, der die südlichen Pässe besetzt hatte, angemessen über Dareios' Bewegungen informiert war, doch was war mit dessen Aufklärung? Die Einwohner Kilikiens waren keine Griechen und hatten keinen Grund, Alexander besonders willkommen zu heißen. Diodor und Curtius berichten uns beide, dass die Einheimischen im Allgemeinen die Makedonen während ihrer Anwesenheit nicht unterstützten.[191] Um Dareios über Alexanders Position und Aktivitäten zu informieren, konnten Helfer der Perser einfach mit dem Boot auf dem Fluss Orontes reisen. Es gibt nur wenig Zweifel darüber, dass Küstenstädte über bedeutende Fischfangflotten verfügten. Wir wissen, dass Alexander keine Schwierigkeiten hatte, ein Schiff nach Myriandros zu finden, um Dareios' Position in seinem Rücken zu verifizieren.

Dareios wird gewusst haben, dass Alexander einen Feldzug mit einem Teil seiner Armee im »Rauen Kilikien« geführt hat. Er wird auch von seinen Wachen, die er an den südlichen Pässen postiert hatte, gehört haben, dass Parmenion in dieses Gebiet einmarschiert ist. Von den Wachen, die er sehr wahrscheinlich an den nördlichen Pässen aufgestellt hat, wird er keine Informationen über die Makedonen erhalten haben. Die Informationslage dürfte Dareios völlig zu Recht zu dem Schluss geführt haben, dass Alexanders Armee in zwei Teile geteilt war und er die Möglichkeit hatte, einen Keil zwischen sie zu treiben – aber nur, wenn er schnell handelte. Dareios Strategie hatte nur eine Chance, wenn er in der Lage war, deutlich schneller zu marschieren als bei seinem Vormarsch auf Sochi. Daher schickte er den Tross südlich nach Damaskus. Ferner wissen wir von einem Nachtmarsch bei Dareios. Während des Marsches verpassten sich die beiden Armeen in den Stunden der Dunkelheit: Die Geschichte von den zwei Armeen, die sich verpassen, ist sehr merkwürdig, doch sollte der Gedanke, dass die Perser einen Nachtmarsch eingelegt hatten, nicht automatisch zurückgewiesen werden. Diese Stelle bei Plutarch ist entscheidend: *»Während der Nacht verpasste der eine den anderen und beide drehten um.«*[192] In der neueren Literatur lesen wir regelmäßig über die Großartigkeit Alexanders, der einfach seine Armee umdreht und der Gefahr durch Dareios begegnet. Doch scheint Dareios genau dasselbe gemacht zu haben. Plutarch fährt fort: *»Dareios war*

---

[191] Diodor; 17.32.4; Curtius, 38.24
[192] Plutarch, Alexander, 20.3

nicht weniger eifrig, zog seine Männer von den Bergpässen ab und fand seinen vorherigen Lagerplatz in der Ebene wieder.«[193]

Dies könnte die Theorie unterstützen, dass Dareios versuchte, einen Keil zwischen die beiden Teile von Alexanders Armee zu treiben. Als er jedoch feststellte, dass er zu langsam war, wollte er seine vorherige Position bei Sochi wieder beziehen. Doch das war ihm nicht möglich, weil Alexander ihn dazu zu schnell zur Schlacht zwang. Dareios' fortschrittliche Strategie war gescheitert, vielleicht nur um ein paar Stunden.

In seiner Enttäuschung zerstörte er das makedonische Feldlazarett bei Issos und verstümmelte jene, die Alexander zurückgelassen hatte. Nun stellte Dareios fest, dass er sich selbst nicht ungestört aus dem Gebiet zurückziehen konnte, und schwenkte nach Süden, um Alexander auf der Ebene von Issos am Ufer des Flusses Pinaros zu treffen. Trotz des Fehlers in seiner Strategie war Dareios in einer starken Position. So wie er stand, blockierte er Alexanders Nachschub- und Kommunikationslinien. Mit dieser Erkenntnis entfernte sich Dareios am Tag nach dem Massaker von Issos und traf am Ufer des Pinaros Vorbereitungen.[194]

Als er hörte, dass Dareios bei Issos stand, glaubte Alexander die Neuigkeit offensichtlich nicht und entsandte einen Teil der Gefährten auf einem Schiff von Myriandros, um den Bericht zu bestätigen. Nachdem der Bericht bestätigt war, drehte er die Armee einfach um und führte sie zum Fluss. Dies ist, wie schon mehrfach bemerkt, ein gutes Beispiel für die Disziplin der makedonischen Armee.[195]

Es gibt ein abschließendes Element der vorbereitenden Bewegungen, dass wir verstehen müssen, bevor wir uns der Schlacht selbst zuwenden können: Warum bewegte sich Alexander südlich der Säulen des Jonah? Warum blieb er nicht in der Ebene von Issos und erwartete dort Dareios? Wie am Granikos haben wir zwei völlig unterschiedliche Erklärungen für Alexanders Strategie. Arrian stellt die komplette Schlacht als rein offensiv dar. Bei Curtius zeichnet sich Alexander dagegen gerade vor der Schlacht durch eine defensive Haltung aus, die im Wesentlichen auf Parmenions Rat beruht. Wenn man dies liest, haben wir zwei vollkommen unvereinbare Erzählungen, aber dies ist nur dann wahr, wenn Arrians Darstellung akzeptiert

---

[193] Plutarch, Alexander, 20.4
[194] Arrian, 2.7.1
[195] Arrian, 2.7.2

wird. Ich glaube, hier liegt eine grundsätzliche Fehlinterpretation des Textes vor. Arrian beschreibt, wie Alexander sich nach Myriandros bewegt, von wo aus er weiterziehen wollte, um Dareios anzugreifen. Desgleichen bewegt sich Alexander bei Curtius südlich der Säulen des Jonah, aus der Ebene von Issos hinaus in das wesentlich engere Areal der Ebene von Myriandros. Diese Region ist von Bergen und Pässen an allen Seiten umgeben, im Besonderen von den Säulen des Jonah im Norden und dem Beilan-Pass im Osten. Arrian berichtet uns:[196]

»Er (Alexander) berief sofort ein Treffen seines Stabes ein und erzählte diese wichtigen Neuigkeiten (dass Dareios gerade in Sochi war). Sie drängten einstimmig zum sofortigen Aufbruch. Alexander dankte ihnen und entließ die Versammlung. Am folgenden Tag rückte er mit dem offensichtlichen Ziel anzugreifen vor. Zwei Tage später bezog er bei Myandros Stellung. Während der Nacht gab es einen Sturm mit so heftigem Wind und Regen, dass er gezwungen war, zu bleiben wo er war ohne die Möglichkeit das Lager abzubrechen.«

Alexander konnte nicht das Ziel verfolgt haben, gegen Sochi vorzurücken und Dareios anzugreifen, da er sich südwestlich durch die Säulen des Jonah in Richtung Myriandros bewegte und nicht südöstlich in Richtung Beilan-Pass und dann endgültig nach Sochi. Der Sturm, der die Verspätung verursacht, ist ebenfalls rätselhaft. Es gibt keinen Hinweis auf einen Sturm in irgendeiner anderen Quelle. Auch findet sich bei Arrian kein Hinweis, dass der Sturm den Vormarsch der Perser verzögert hätte, die in sehr kurzer Zeit die 130 km von Sochi bis Issos über die nördlichen Pässe zu überwinden hatten. Der Sturm könnte einfach eine entschuldigende Erfindung Arrians sein, damit Alexander aufgehalten und es Dareios ermöglicht wird, in seinem Rücken zu erscheinen, um so besonders die Tatsache zu verschleiern, dass Alexander einen defensiven Feldzug führte, wie er von Curtius überliefert wird. Tatsächlich hatte Alexander kein Interesse daran, zu Dareios' Bedingungen zur Schlacht gezwungen zu werden. Wie bei den meisten seiner Feldzüge war die Schlacht auf dem Gelände zu schlagen, welches Alexander ausgesucht hatte. Daher bewegte er sich in Richtung Myriandros, denn es war weitaus besser zu verteidigen als die Ebene von Issos: Es war viel schmaler, und Myriandros lag dichter an den wichtigsten Pässen nach Osten und Westen als Issos an den Pässen nach Norden und Süden. Ein

---

[196] Arrian, 2.6.2

Lager bei Myriandros konnte die Ebene einfach verteidigen. Solange der Pinaros nicht eindeutig als der Fluss identifiziert werden kann, an dem die Schlacht geschlagen wurde, ist der Kuru Cay, 3 km nördlich von Payas, die vernünftigste Annahme für den Ort der Schlacht. Über das Schlachtfeld selbst wissen wir von Kallisthenes, dass die Ebene von Issos 14 Stadien von der Küste bis zum Fuß des Amanosgebirges maß, und wir wissen, dass der Fluss im rechten Winkel zu beiden Armeen floss.[197] Kallisthenes berichtet weiter, dass der Fluss schwer zu überqueren war und steile Ufer über die gesamte Breite besaß. Der Fluss und das Ufer boten Dareios eine gut zu verteidigende Stellung, in welcher er Alexander erwartete.

Die Schlacht von Issos

Sobald Dareios in der Ebene von Issos anrückte und seine Stellung am Pinaros bezog, bietet uns Arrian das Bild eines schockierten Alexanders, der den Berichten der Aufklärer nicht glaubte. Als sich die Berichte als wahr erwiesen, sprach er zu seinen Truppen, wie er es regelmäßig tat, um sie anzufeuern, bevor sie vorrückten.[198]

Alexanders endgültiger Vorstoß gegen die Perser spielte sich in drei Phasen ab. Die erste beinhaltete die Rückgewinnung der Hohlwege an der Küste durch leichte Kavallerie und die Bogenschützen. Dies war der Weg, den die Makedonen nehmen mussten, um die Ebene von Issos zu erreichen. Die Reste der Armee wurden angewiesen, zu rasten und ihr letztes Mahl vor der kommenden Schlacht einzunehmen. Der zweite Teil des Vormarschs erfolgte nach Anbruch der Nacht, als Alexander und die restlichen Teile der Armee sich anschickten, die Säulen des Jonah einzunehmen. Die dritte und letzte Phase begann nach dem dritten Trompetenschall, kurz vor Anbruch des folgenden Morgens, als die gesamte Armee in Kolonne die Küstenstraße entlang marschierte. Als die Armee die Ausläufer des Berges verließ und der Raum sich zu öffnen begann, wurde die Front stufenweise so ausgedehnt, wie die schwere Infanterie herangeführt wurde. Eine Taxis nach der anderen, so lange, bis die rechte Seite der Griechen an die Berge angelehnt war, während ihre linke bis zur Küste reichte. Dieser Einsatz der schweren Infanterie an der Spitze der Kolonne und die fehlende Erwähnung leichter Truppen zeigen, dass Alexander erwartete, während des Marsches angegrif-

---

[197] Polybios, 12.17.4–5; zitiert Kallisthenes
[198] Arrian, 2.7.3–9

fen zu werden. Er war offensichtlich alles andere als sicher, dass Dareios tatsächlich am Pinaros auf ihn warten würde, daher musste er auf alle Eventualitäten vorbereitet sein. Als die schwere Infanterie die Ebene betrat, war es ihr möglich, ihre Schlachtordnung zu entfalten, zuerst 32 Ränge tief, dann 16 und schließlich 8.[199]

Alexanders drängendstes taktisches Problem war die Frage, wie man ein Eindringen in die persischen Reihen bewirken konnte, ohne selbst überflügelt zu werden. Ein Problem, das in jeder seiner Feldschlachten wiederkehrt und besonders durch seine große numerische Unterlegenheit zu einem so drängenden wurde.[200] Bei Issos bot die See ein natürliches Hindernis und schützte seine linke Flanke, während die Berge auf der rechten Seite dasselbe taten. Zu Beginn war Parmenion beklagenswert schlecht ausgestattet, um die Verteidigung gegen die geballte persische Kavallerie aufrechtzuerhalten. Er befehligte nur die Kavallerie der griechischen Verbündeten.

Die schwere Infanterie war wie immer im Zentrum aufgestellt, entsprechend dem strikt einzuhaltenden Ehrenkodex. Auf der rechten Seite standen, wiederum in Übereinstimmung mit der Standardaufstellung, die Hypaspisten unter Nikanor, dem Sohn Parmenions. Ursprünglich befanden sich die thessalische Reiterei, die Gefährtenkavallerie, die Paionen und die Prodromoi alle auf dem rechten Flügel. Sie bildeten den Hauptteil der Kavallerie und standen zu Alexanders Verfügung, sicherlich alle hochwertige Reitereinheiten in der makedonischen Schlachtordnung.

Alexanders Taktik war zu Beginn einfach: Er plante, mit der Kavallerie einen massiven Schlag gegen die linke Flanke der Perser zu führen, um dann durchzubrechen, bevor der eigene linke Flügel einknickt. Die ursprüngliche Aufstellung machte diese Strategie zu einem großen Glücksspiel, was Alexander aber offensichtlich bemerkte und schnell korrigierte, indem er die thessalische Kavallerie hinüber zu Parmenion schickte. Die Bewegung fand hinter der Frontlinie statt und war daher vor den Blicken der Perser geschützt, die nicht bemerkt haben dürften, dass die linke Seite seit Beginn der Schlacht verstärkt worden war. Ursprünglich waren 4.500 Reiter auf der rechten und nur 600 auf der linken Seite. Als Alexander auf dem Schlachtfeld ankam, hatte Dareios seine Truppen schon aufgestellt. Offensichtlich hatte Dareios Alexanders Aufstellung am Granikos studiert und

---

[199] Polybios, 12.19.5–6; vgl. Arrian, 11.8.2; Polybios, 12.18.2
[200] Devine, 1985b, 49

erwartete nun, dass Alexander seine Soldaten in derselben Weise einsetzte. Um der Stärke der makedonischen Infanterie im Zentrum begegnen zu können, positionierte er seine einzige hochwertige Infanterie im Zentrum: Die jetzt dezimierten griechischen Söldnerverbände unter der Führung von Tymondas. Die griechischen Söldner waren entlang des Flussufers in einer Entfernung von 500 m bis 1,6 km von der Küste aufgestellt. Das Ufer war in diesem Sektor abschüssig und ein Angriff durch feindliche Kavallerie sehr unwahrscheinlich. Die griechischen Söldner in diesem Bereich in Stellung zu bringen, war in der Tat sehr gut. Die steilen Flussufer machten einen Angriff durch Kavallerie unmöglich und hätten die makedonische schwere Infanterie ernsthaft auseinandergerissen. Um die defensive Stärke noch zu erhöhen, ließ er verschiedene Baumsperren, hauptsächlich provisorische Palisaden an besonders gefährdeten Stellen errichten. Arrian und Curtius, der Kallisthenes folgt, geben beide die Stärke der griechischen Söldner mit 30.000 an. Dies kann aber einfach nicht sein angesichts der Verluste in den Kämpfen, der Gefangenen vom Granikos und der unausweichlichen Desertionen, die vorgekommen sein dürften.[201]

Die griechischen Söldner waren gegenüber den Hypaspisten und den Pezhetairoi stationiert, welche 12.000 Mann stark waren. Da die Griechen die Makedonen nicht ernsthaft überlappt haben, können wir annehmen, dass, sofern ihre Tiefe dieselbe wie die ihres Gegners war, ihre Zahl ebenfalls diese Größenordnung erreicht haben dürfte. Doch kann dies nicht als ein Argument für das Vermuten ähnlicher Zahlen herangezogen werden. Es ist allgemein bekannt, dass Hopliten eine Tiefe von 50 oder mehr Männern haben konnten. Wenn die Linien von ähnlicher Länge waren und die Perser wesentlich größere Zahl an Männern hatten, müssen ihre Linien länger gewesen sein. Wir kennen nicht die Stärke der persischen Verbände und können nur vermuten, dass sie schließlich in etwa so groß war wie Alexanders.

Arrian zeigt wenig Interesse an den Persern, mit Ausnahme der griechischen Söldnerinfanterie und der Kardaker, die er wie Hopliten beschreibt und von denen er glaubt, sie seien schwere Infanterie. Arrian erklärt deutlich, dass die Kardaker beiderseits der griechischen Söldner aufgestellt waren und rund 60.000 Mann zählten.[202] Berücksichtigt man die räumliche Enge in der Ebene und die große Zahl an Reiterei bei der See, so ist im hohen

---

[201] Arrian, 2.8.6; Curtius, 3.9.2; Polybios, 12.18.2
[202] Arrian, 2.8.6; vgl. Polybios, 12.17.7

Maße unwahrscheinlich, dass Arrian damit recht haben könnte, dass die Kardaker zu beiden Seiten der griechischen Infanterie aufgestellt waren. Vielmehr waren sie sehr wahrscheinlich den Peltasten des Kallisthenes angeschlossen. Die Peltasten waren entlang des mittleren Abschnitts des Pinaros aufgestellt, in 1,6 bis 3,5 km Entfernung zur Küste. Wenn wir recht haben mit der Annahme, dass die Kardaker mit den Peltasten verbunden waren, dann waren erstere sicherlich weder Hopliten noch der Versuch der Perser, eine einheimische Truppe zu entwickeln, welche den Griechen gegenübertreten konnte. Wie ich bereits sagte, wir müssen uns daran erinnern, dass die makedonischen Pezhetairoi ursprünglich selbst Peltasten waren, die über sehr wenig Verteidigungswaffen und nur einen schmalen Schild (Pelte) verfügten. In Anbetracht dessen, dass sie fast immer als Phalanx und oft als schwere Infanterie dargestellt werden, sollten wir die Kardaker nicht zu schnell klassifizieren. Ausdrücke wie »schwere Infanterie«, »leichte Infanterie«, »Peltasten« und »Plänkler« führen zu Schlüssen über ihre Fähigkeiten, die nicht immer zulässig sind.

Nun entfalteten die Perser, abgeschirmt durch Speerwerfer und Bogenschützen, ihre schwere Kavallerie auf der äußersten rechten unter dem Befehl von Nabarzanes. Daneben befand sich die Infanterie der griechischen Söldner in ihren defensiven Positionen wie oben erwähnt. Als Nächstes kamen die Kardaker mit einer unbekannten Zahl, vielleicht 20.000 Mann stark oder etwas mehr, welche die Länge ihrer Front vorgaben und von Aristomedes, einem thessalischen Söldner, befehligt wurden. Daneben standen Verbände der hyrkanischen und der medischen Reiterei mit einer Gruppe nicht näher bezeichneter persischer Reiterei mit einer Einheit aus Speerwerfern und Schleuderern vor sich. Die Perser hielten laut Curtius auch eine Reserve von 40.000 Mann hinter der Front.[203] Arrian gibt die Gesamtstärke der persischen Truppen nur zögernd mit 600.000 Mann an und bezeichnet es als Hörensagen, obwohl Plutarch dieselbe Zahl nennt.[204] Diodor und Justin überliefern 400.000 Infanteristen und 100.000 Kavalleristen, während Curtius die niedrigste Schätzung abgibt: 250.000 Infanteristen und 62.000 Reiter.[205] Alle diese Schätzungen mögen viel zu hoch sein, aber es ist sehr wahrscheinlich, dass Alexander wie üblich zahlenmäßig unterlegen war.

[203] Curtius, 3.9.5
[204] Arrian, 2.8.8; Plutarch, Alexander, 18.6
[205] Diodor, 17.31.2; Justin, 9.9.1; Curtius, 3.2.4–9

Curtius legt ausdrücklich Dareios' Taktik für die Schlacht dar: Als Erstes zielte er darauf, die Gebirgsausläufer mit einer Streitmacht von über 20.000 Mann zu besetzen. Er beabsichtigte, eine einkreisende Bewegung *»vorne und im Rücken«* zu machen.[206] Auf der seeseitigen Flanke plante er ein ähnliches Manöver. Dareios plante also eine doppelte Einkreisung, welche Druck von allen Seiten auf Alexander ausüben würde. Die Taktik war einwandfrei, sofern die Topografie dies zuließ, so wie es in Kunaxa der Fall gewesen war und wie es bei Gaugamela wieder sein würde. Bei Issos jedoch war die Ebene eng, und Alexanders Flanken wurden durch die See im Westen und das Amanosgebirge im Osten gesichert. Alexander hatte Dareios genau aus diesen Gründen auf die Ebene von Issos gelockt.

Nun war Dareios kein Dummkopf. Er erkannte, dass die Ebene für die doppelte Umschließung, die er geplant hatte, ungeeignet war, und passte seine Taktik entsprechend an. Es gab verschiedene Veränderungen gegenüber dem bevorzugten Umschließungsplan. Zuerst die starke Verteidigungsposition entlang des Flussufers, wie bereits erläutert. Die zweite Änderung war deutlich komplexer und bestand aus zwei Phasen. Während der ersten sollte die vorrückende persische Garde, bestehend aus 20.000 Reitern, Bogenschützen und einiger leichter Infanterie die makedonische Kolonne auf der seewärtigen Seite bedrängen, sobald diese in die Ebene vordrang.[207] Diese gute Kriegslist wurde von Alexander konterkariert, indem er seine Infanterie in einer tiefen Formation aufstellte, um seinen Aufmarsch zu decken. In der zweiten Phase wollte er die Einschließungsstrategie vortäuschen, die seine ursprüngliche Absicht war, dies sollte bewirken, dass die Flanken fest an das Zentrum gebunden würden, sofern der Angriff verwirklicht wurde. Alexander war aber nicht in der Stimmung, Dareios' Spiel mitzuspielen. Er startete schnell einen Kavallerieangriff gegen die schwachen Verbände und schlug sie. Damit war diese Bedrohung vollständig beseitigt. Dareios versuchte die Schlacht zu eröffnen, in dem er eine Kavallerieeinheit über die Furt gegen Alexanders linken Flügel entsandte. Doch es wurde sehr schnell deutlich, dass diese Strategie gescheitert war. Die Enge der Furt und das steile Ufer machten die Attacke schwierig. Arrian erzählt uns, dass diese Truppen sehr schnell zurückgezogen wurden, obwohl sie noch keinen Feindkontakt hatten, und dass die Masse der persischen Kavallerieverbände

---

[206] Curtius, 3.8.27 f
[207] Curtius, 3.8.27–28; vgl. Arrian, 2.8.5

auf den rechten Flügel verlegt wurde, wo ihre große Zahl in Verbindung mit dem besser geeigneten Gelände eine größere Wirkung entfalten würde.[208]

Als Reaktion auf die veränderte Aufstellung der Perser schickte Alexander die thessalische Kavallerie auf seine linke Flanke, um die Küstenlinie zu verteidigen. Möglicherweise hatte Alexander von jeher geplant, die Thessalier auf der linken Seite zu positionieren, so wie er es in jedem größeren Gefecht tat, und die Tatsache, dass es bis jetzt nicht geschehen war, ist nur ein Zeichen für den fehlenden Raum in diesem Bereich. Ihre Positionierung hätte warten sollen, bis die Infanterie weit genug vorgerückt war, um die Bewegung zu ermöglichen.

Die Verlegung der Thessalier zwang Alexander dazu, die taktische Situation auf seiner rechten Flanke zu überprüfen. Daher stellte er in diesem Abschnitt die Prodromoi, paionische Kavallerie und die makedonischen Bogenschützen unmittelbar neben der Gefährtenkavallerie auf. Hinter diesen postierte er die hoch spezialisierten Agrianen und eine unbekannte Kavallerieeinheit. Diese letzte Gruppe auf dem rechten Flügel wurde im rechten Winkel zur Front aufgestellt und war ein Vorläufer der Flankensicherung, die in der Schlacht bei Gaugamela so wichtig für Alexanders Erfolg war. Scheinbar hat Alexander erwartet, dass der rechte Flügel den Zusammenhalt verliert, wenn er die Perser in den Gebirgsausläufern verfolgt. Dies ist etwas, was ihn offensichtlich nicht übermäßig beunruhigt hat. Alexander erlaubte der Armee regelmäßig und mit voller Absicht, ihren Zusammenhalt zu lösen, indem sich einzelne Teile trennten. Die taktische Situation auf der linken Seite war weitaus weniger komplex. Die thrakischen Speerwerfer und die kretischen Bogenschützen waren links von der schweren Infanterie stationiert. Hier bildeten sie sowohl eine Flankensicherung als auch eine Verbindung zur Kavallerie der griechischen Verbündeten.[209] Diese Streitmacht war vollkommen ungeeignet, einem Angriff jener Masse persischer Kataphrakten standzuhalten, und daher wurde sie durch die Thessalier verstärkt. (Curtius und Arrian berichten beide, dass sowohl der Reiter wie auch das Pferd der schweren persischen Reiterei mit einem Plattenpanzer bedeckt waren, daher meine leicht anachronistische Verwendung des Begriffes »Kataphrakt«. Er ist allgemein genug für unsere Anwendung hier.[210])

[208] Arrian, 2.9.2
[209] Arrian, 2.8.9
[210] Curtius, 3.11.15; Arrian, 2.11.4

Die besten Einheiten unter der persischen Kavallerie waren die Saka, die eine bedeutende Rolle in der Schlacht bei Gaugamela spielten. Die baktrische und die sogdische Kavallerie war in Issos nicht anwesend, sodass die schwere Kavallerie, die hier erwähnt wird, vermutlich die Parther waren. Zweifellos war die hyrkanische Kavallerie in Issos gegenwärtig, und die Vermutung ist angebracht, dass die Parther ebenfalls anwesend waren, bildeten sie doch scheinbar eine eigene Satrapie.[211]

Aus persischer Perspektive war Dareios' Plan, Alexander durch die Aufstellung von Truppen in den Gebirgsausläufern zu überflügeln, vollkommen vernünftig, doch sie versagte völlig aufgrund von Alexanders regelmäßig gezeigter Fähigkeit, sich auf veränderte Situationen einzustellen, wie sie ein Schlachtfeld immer wieder bietet. Es muss jedoch gesagt werden, dass sich auf der anderen Seite die taktische Situation für Dareios gut entwickelte. Die Quellen weichen hier in den Details über die Schlacht stark von einander ab. Arrian stellt fest, dass das Gefecht nur von geringer Bedeutung war, ein läppisches Anhängsel an die Kämpfe im Zentrum und auf Alexanders rechter Flanke. Arrian berichtet:[212]

»Als die persische Reiterei Alexanders Thessaliern gegenüberstand, weigerte sie sich, sobald die Schlacht begonnen hatte, auf der anderen Seite des Flusses zu verharren, und griff in einem gewaltigen Ansturm über den Fluss hinweg die thessalischen Schwadronen an.«

Der Kampf war zweifellos heftig, und die Perser gaben nicht auf, bis sie sahen, dass Dareios im Zentrum floh. Sobald dies geschah, begann auf der Seite der Perser ein allgemeiner Rückzug. In dieser Phase der Schlacht erfuhren die Perser ihre schwersten Verluste.

Dass Arrian die Bedeutung der Thessalier und Parmenions in der Schlacht relativiert, ist das Ergebnis einer langen Reihe von Versuchen Ptolemaios, der bevorzugten Quelle Arrians, die Bedeutung Parmenions abzuwerten, während er gleichzeitig Alexanders Rolle in der Schlacht glorifiziert.

Curtius Darstellung ist etwas anders: Bei ihm beginnt die Schlacht tatsächlich auf dem linken Flügel.[213] Er berichtet uns ausdrücklich, dass die Perser entlang der Küstenlinie die peloponnesische und griechische Reiterei

---

[211] Curtius, 3.2.6, 9–5
[212] Arrian, 2.11.2–3
[213] Curtius, 3.11.1; vgl. Diodor, 33.2–3; Devine, 1985b, 51

190

der Verbündeten angriffen, bevor die Thessalier eintrafen. Nach dieser Interpretation wäre die Verlegung der Thessalier eine Reaktion auf das Gambit der Perser. Curtius berichtet weiter, dass die peloponnesische Kavallerie und die der verbündeten Griechen vielleicht versehentlich den Kampf begonnen hatten, indem sie sich in die Reihen der Perser verirrten:[214] *»Sie waren nun in die Reichweite der Wurfspeere gekommen, als die persische Kavallerie einen gewaltigen Angriff auf den linken Flügel ihrer Feinde unternahm.«*

Curtius fährt fort:[215] *»Als der Makedone dies sah, befahl er zwei Ilai, eine Stellung auf dem Kamm zu halten, während er den Rest sofort in das Zentrum der Gefahr verlegte. Dann zog er die thessalische Reiterei aus der Kampflinie und befahl ihrem Kommandeur, unbeobachtet im Rücken der Makedonen vorbeizuziehen und Parmenion zu treffen.«* Curtius hat wahrscheinlich eine Quelle genutzt, die in Richtung Parmenion neigte, während Arrians eine Haltung gegen Parmenion zeigt.

Alexander scheint seine schwache peloponnesische und verbündete griechische Kavallerie als Köder benutzt zu haben, um die Perser in die Schlacht zu locken. Diese Taktik, einen relativ schwachen Kavallerieverband als Köder einzusetzen, um eine stärkere feindliche Kavallerie zu einem für sie weniger vorteilhaften Ort zu locken und in eine Position, in der sie sich für einen Angriff auf ihre Flanke durch andere makedonische Truppen entblößen, ist ein typisches Merkmal für Alexanders Schlachten. In der Schlacht am Granikos im Jahr zuvor opferte Alexander tatsächlich eine vorrückende Kavallerieeinheit, um die persische Kavallerie, welche die Furt bewachte, in Verwirrung und Unordnung zu bringen. Bei Gaugamela befahl er der Söldnerkavallerie, die bei Weitem überlegene baktrische und skythische Kavallerie anzugreifen. In diesem Fall war die Strategie relativ einfach, aber sie war eine erprobte und getestete. Die Kavallerie der griechischen Verbündeten musste aber nicht für den Schwindel bezahlen, vielleicht machten sie auch nur eine kleine Finte. Die persischen Kataphrakten waren offensichtlich begierig darauf, einen scheinbar schwachen Gegner anzugreifen. Das Ergebnis ihres übertriebenen Selbstvertrauens war, dass sie ihre Flanken für den Angriff der 1.800 schweren thessalischen Kavalleristen entblößt hatten und Alexander in die geschickt ausgelegte Falle gingen.

[214] Curtius, 3.11.1
[215] Curtius, 3.11.2–4

Alexanders Taktik war einfach, aber von verheerender Wirkung, und er perfektionierte und modifizierte sie in jeder Schlacht entsprechend dem speziellen Gelände und der taktischen Situation. Es ist diese Art von Anpassungsfähigkeit, die es ihm ermöglichte, unter jeder Bedingung und auf jedem Boden zu kämpfen und die Alexander als militärisches Genie auszeichnet.

Im Gegensatz zu der Komplexität auf der Linken war die Schlacht auf der Rechten weit weniger innovativ. Arrian ermöglicht uns die Sicht auf einen spektakulären Kavallerieangriff, wobei er das Bild einer Linie benutzt, die nach vorne wogt, um sich auf den Feind fallen zu lassen.[216] Dies mag einen gewissen literarischen Wert haben, ist aber aus der Perspektive des Historikers nicht vollständig korrekt: Die Topografie bietet gar nicht den Raum für ein Gefecht, wie es von Arrian beschrieben wird. Es scheint viel wahrscheinlicher, dass der linke Flügel der Perser von kombinierten Verbänden aus Kavallerie und leichter Infanterie aus Alexanders rechtem Flügel von der Furt verdrängt wurde.

Nachdem die persischen Truppen in den Gebirgsausläufern zurückgedrängt wurden, griff die Kavallerie in diesem Sektor über den Fluss hinweg an. Die Prodromoi und Paionen griffen vermutlich als erste an, denn sie waren weniger belastet durch Waffen und daher mobiler. Nachdem die leichte Kavallerie, unterstützt durch die Agrianen und die Bogenschützen, den Übergang erzwungen hatte, hielt sie den Feind in der Bucht fest, während die Gefährten Ile für Ile den Fluss überquerten und ihre vertraute Keilformation bildeten. Nachdem sie die Formation gebildet hatten, griffen sie die in dem Bereich verbliebenen Feinde ungeachtet des defensiven Beschusses durch die nahegelegenen persischen Bogenschützen an. Dareios hatte seinen linken Flügel geschwächt, um etwas zu bilden, von dem er glaubte, dass es wie ein Hammer auf den vermeintlich schwachen linken Flügel der Makedonen schlagen werde. Diese Entscheidung erwies sich als fatal. Unter dem Ansturm der frischen Gefährtenkavallerie schmolz die linke Seite der Perser dahin. Wie so oft rollten die Gefährten, nachdem sie die persischen Linien durchbrochen hatten, in einem Angriff auf die Flanke dem Zentrum entgegen. Dieses Manöver war ein Markenzeichen Alexanders, und in diesem Fall war es zeitlich sehr gut abgestimmt und traf zusammen mit dem Angriff der schweren Infanterie im Zentrum. Der Schreck durch den Angriff der schweren Infanterie über den Fluss hinweg in Kombination mit dem von

[216] Arrian, 20.10.3; 2.10.5

Alexander geführten Flankengriff der Gefährten war einfach zu viel für das persische Zentrum. Sie begannen schnell, sich zurückzuziehen, und aus dem Rückzug wurde eine Flucht mitsamt dem Gemetzel, das sich daraus ergab.[217]

Dareios' Taktik war durchaus plausibel. Er plante offensichtlich eine starke Verteidigung im Zentrum, unterstützt durch Baumsperren, welche er entlang der unteren Stufen des Flussufers aufstellen lies. Allerdings ist es offensichtlich, dass seine Taktik nicht ausschließlich defensiv war, wenn man die Aufstellung der Truppen in den Gebirgsausläufern berücksichtigt, die Alexanders rechte Flanke umgehen sollten. Sein endgültiger Plan, Alexander in voller Stärke entlang der Küste anzugreifen, zeigt, dass Dareios sich der Entwicklung der taktischen Situation anpasste, die er auf dem Schlachtfeld beobachtete. Er glaubte, dass sich eine Möglichkeit ergeben hatte, den entscheidenden Schlag gegen diesen Flügel zu führen. Die Tatsache, dass dieses Manöver fehlschlug, hat mehr mit Alexanders überlegener Planung, Vorsehung und Anpassungsfähigkeit zu tun, als dass sie auf irgendwelche taktischen oder strategischen Defizite auf der Seite des Dareios zurückzuführen wäre.

Wenn wir Alexander beurteilen, so können wir in der Schlacht bei Issos seine überlegenen taktischen und strategischen Fähigkeiten erkennen. Erstens darin, dass er, wie er es so oft tat, die Perser auf ein Terrain gelockt hat, das am besten für seine Armee geeignet war, und zweitens in der Führung der Schlacht selbst. In dieser Schlacht sehen wir eine Reihe von recht brillanten Flankenmanövern, beginnend mit der Kavallerie auf der linken Seite, wodurch die Perser nach vorne gelockt wurden, um durch thessalische Reiterei, die von der rechten kam, eine hervorragend geplante Falle zuschnappen zu lassen. Ebenfalls sehen wir, wie er auf der äußersten Rechten der Formation die Querung erzwingt, um dann die linke Seite aufzurollen und die persische Garde, die Dareios verteidigt, in der Flanke anzugreifen. Schließlich sehen wir die Hypaspisten und die zwei rechter Hand stehenden Pezhetairoi Taxeis, die sich nach rechts bewegen, um den Übergang über den Fluss zu erzwingen, um dann nach links zu schwenken und die Infanterie der griechischen Söldner zur selben Zeit in der Flanke zu fassen, in der die restliche schwere Infanterie von vorne angriff. Und schließlich haben wir die Hypaspisten, die nach rechts schwenkten, nachdem sie den Fluss

[217] Arrian, 2.10.4; 2.11.4; Curtius, 3.11.7–8; 3.11.11; Diodor, 17.33.5; 17.34.2–7

überquert hatten, um Dareios von der Alexander und der Gefährtenkavallerie gegenüberliegenden Seite zu attackieren.

TYROS

Die Flucht des Dareios nach der verheerenden Niederlage von Issos stellte Alexander vor eine wichtige strategische Entscheidung: Sollte er Dareios in das persische Kernland verfolgen oder sollte er Richtung Süden bis nach Ägypten marschieren, um so seine Politik, die persische Flotte an Land zu schlagen, fortzusetzen? Dareios zu verfolgen, hätte bedeutet, dass die bedeutendsten persischen Bollwerke Phönizien und Ägypten unerobert zurückbleiben würden. Gleiches gilt für die persische Flotte, die mit immer noch aktiven Basen zurückgelassen würde, von denen sie möglicherweise die Schlacht gegen Griechenland aufnehmen konnte, wie es Memnons Strategie im vorhergehenden Jahr gewesen war. Aus heutiger Sicht erscheint die Entscheidung schwierig, doch war sie dies nicht für Alexander. Er brach sofort Richtung Süden auf entlang der phönizischen Küste nach Tyros. Am Ende dieser Route stand Ägypten. Offensichtlich empfand er Dareios nicht als unmittelbare Gefahr, und da er ihn einmal geschlagen hatte, könnte er es auch wieder tun. Er könnte es auch als klug empfunden haben, jede Möglichkeit einer Invasion Griechenlands durch die Perser zu unterbinden, während er gleichzeitig die Getreidelieferungen aus Ägypten sicherte.

Nachdem sich die Nachricht von Alexanders Sieg bei Issos verbreitet hatte, ergaben sich die phönizischen Städte, wie zum Beispiel Byblos und Sidon, die auf Alexanders Weg lagen, weitgehend widerstandslos. Daher wurde ursprünglich erwartet, dass Tyros diesen Beispielen folgen würde. Als Alexander die Stadt erreichte, bot eine Delegation von Repräsentanten der Stadt dem makedonischen Eroberer Friedensbedingungen an. Die Tyrier, die in ihrem Inselbollwerk sicher waren, waren willens, ein Bündnis mit Alexander zu akzeptieren, aber nicht die Unterwerfung.[218] Für Alexander waren die beiden Dinge faktisch ein und dasselbe: Er dankte ihnen für ihr Angebot und wies sie, an Vorbereitungen für ihn zu treffen, damit er im Heraklestempel mitten in der Stadt Dankopfer vollziehen konnte.[219] Die Tyrier wünschten neutral zu bleiben und lehnten Alexanders Wunsch ab, wiesen aber auch darauf hin, dass sie auch jeden persischen Zutritt zur Stadt ab-

---

[218] Curtius, 4.2.2
[219] Arrian, 2.15.7

lehnen würden. Auf diese Art glaubten sie, vor beiden, Makedonen und Persern sicher zu sein. Als Teil der Friedensvereinbarung boten sie Alexander die Möglichkeit an, in einem Tempel in Alt-Tyros auf dem Festland zu opfern. Die Reaktion war vorhersehbar: Alexander verfiel in einen heftigen Wutausbruch, der von Arrian und Curtius überliefert wird.[220] Letzterer verbindet den Wutausbruch mit einem irrationalem Naturell Alexanders, wenn er feststellt, dass »*Alexander die Haltung verlor, wie er sie so oft auch bei anderen Anlässen verlor.*«[221]

Alexander mag die Antwort der Tyrier vorhergesehen haben und benutzte sie als Vorwand für die Erstürmung der Stadt, doch zeigt er selten Anzeichen dafür, dass er einen Vorwand für die Durchführung einer militärischen Operation benötigte. Die Motive der Tyrier für ihren Versuch, dem Mann [222] Widerstand zu leisten, der gerade den Großkönig besiegt hatte, sind anfangs schwer zu ergründen, doch betont Curtius, dass sie völlig an die Uneinnehmbarkeit ihrer Inselfestung glaubten, besonders, weil Alexander über keine bedeutende Flotte verfügte. Diodor nimmt eine deutlich abweichende Position ein: Er sieht den Widerstand von Tyros als Teil einer koordinierten großen Strategie der Perser gegen Alexanders scheinbar unaufhaltsamen Vormarsch. Dies scheint unwahrscheinlich, denn das persische Oberkommando dürfte nach Issos mehr oder weniger zerschlagen und nicht in der Verfassung gewesen sein, zusammenhängende Strategien zu entwickeln. Die Tyrier, scheint es, wünschten einfach nicht, Alexanders Untertanen zu sein.

Die Festung von Tyros war hervorragend für die Verteidigung geeignet: Sie lag auf einer Insel, 750 m vom Festland entfernt. Das Wasser war die ersten paar hundert Meter vom Festlandufer aus gesehen relativ flach, doch dann fiel der Meeresboden dramatisch um drei Klafter (etwa 5,4 m) ab.

Das große Selbstvertrauen, dass die Tyrier offensichtlich in ihrer Position bestärkte, wurde durch eine Delegation aus dem entfernten Karthago unterstützt, welches ursprünglich von Tyriern gegründet wurde, die ihnen militärische Unterstützung versprach.[223] Doch das Selbstbewusstsein der Tyrier beruhte nicht nur auf der Geografie, sondern auch auf ihren Männern und der Ausrüstung: Katapulte säumten die Mauern, Harpagones wurden

[220] Curtius, 4.2.4
[221] Arrian, 2.16.6, Curtius, 4.2.5 (zitiert)
[222] Curtius, 4.2.6–15; Diodor, 17.40.2 ff; Attkinson, 1980, 295
[223] Arrian, 2.18.3; Curtius, 4.2.9; 4.2.11.

aufgebaut, um sie gemeinsam mit Raben und anderem defensivem Verteidigungsgerät gegen Alexanders Belagerungsmaschinen einzusetzen. Harpagones waren zufassende, hakenförmige Eisen, die laut Plinius von Perikles erfunden worden waren. Hier war einiges neu für Alexander, doch sicherlich nicht neu für die griechische Kriegsführung. Ein corvus (griechisch Korax), was so viel wie »Rabe« oder »Krähe« bedeutet, war nicht der komplexe Enterhaken oder die Landungsbrücke, die während des 1. Punischen Krieges durch Duilius berühmt und von Polyaenus beschrieben wurde. Curtius überliefert das Bild eines einfachen Enterhakens von dem Typ, der 479 bei Mykale benutzt wurde.[224]

Nachdem die Entscheidung zur Belagerung der Stadt gefallen war, versammelte Alexander seine Truppen im alten Tyros und hielt eine seiner berühmten Reden.[225] Curtius berichtet uns, dass Alexander mit ihr das Ziel verfolgte, den Widerwillen der Truppen gegen den Angriff zu überwinden, doch ist ihr Inhalt nicht in allem identisch mit dem der Rede, von der Arrian berichtet. Was immer sie enthielt, wir können in jedem Fall davon ausgehen, dass sie die erhoffte Wirkung auf die Männer hatte.

Die Abwehrkämpfe um Tyros waren legendär, und ohne Zweifel war es Alexander bekannt, dass die Stadt im 6. Jahrhundert einer 13-jährigen Belagerung durch den babylonischen König Nebukadnezar widerstand. Jedoch war dies für einen Mann wie Alexander eher ein Ansporn als eine Abschreckung. Nachdem die Entscheidung gefallen war, die Stadt einzunehmen, war Alexander mit der offensichtlichen Frage konfrontiert, wie er das erreichen wollte. Er besaß zu diesem Zeitpunkt keine nennenswerte Marine. Die einzige Option, die verblieb, war der Bau eines massiven Dammes, um die Insel und das Festland miteinander zu verbinden. Möglicherweise hatte die Idee des Dammes ihren Ursprung in der Belagerung Motya durch Dionysios I. im Jahr 397. Einige glauben, Philipp hätte an Alexanders Stelle entweder den Forderungen der Tyrier zugestimmt, irgendeine List angewandt, um die Stadt zu erobern, oder den Bau einer Flotte angeordnet, doch Alexander war nicht Philipp.[226] Die ersten Stationen beim Bau der Mole verliefen ohne bedeutende Störungen durch die Tyrier. Aber die Zeit und die Leistungen, die dafür aufgewandt wurden, waren erheblich. Als der Damm das

[224] Plinius, Hist. Nat, 7.56.209; vgl. Thukydides, 13.50.5; Polyaenus, 1.22.4 ff; Curtius, 4.3.26
[225] Arian, 2.17.1; Curtius, 4.2.17 f
[226] Diodor, 14.48.3,51; vgl. Bosworth, 1980, 240

tiefe Wasser näher an der Festung erreichte, begannen die Tyrier unruhig zu werden und waren gezwungen, mit proaktiven Maßnahmen gegen die Makedonen vorzugehen. Zunächst feuerten sie einfach mit ihren Waffen Geschosse ab, aber schnell begannen sie auch mit maritimen Operationen. Die Bautrupps gerieten dann unter ständigen Beschuss von den Mauern und durch seeseitige Angriffe an verschiedenen Stellen entlang der Mole. Die Makedonen begannen, und das kann nur als eine weitere bemerkenswerte Heldentat der Ingenieurskunst beschrieben werden, mit dem Bau von Belagerungstürmen auf dem Damm, um bei der Verteidigung der Bautrupps zu helfen. Diese Türme waren so ausgelegt, dass sie höher als die Mauern der Stadt waren, um die Verteidiger auf den Mauern mit einem niederhaltenden Feuer durch die Artilleriegeschütze zu belegen, welche im inneren der Belagerungstürmen aufgestellt waren. Weil die Makedonen einen Brandanschlag befürchteten und aus den Fehlern von Harlikanassos gelernt hatten, wurden die Türme mit Fell und Leder behängt, um sie zu schützen.[227]

Die Arbeitstrupps, die am Damm gearbeitet haben, waren keine Spezialisten, die für diese Tätigkeit eingezogen wurden, sondern es handelte sich bei ihnen weitgehend um reguläre Truppen, die für diese Arbeit abkommandiert wurden. Diese Flexibilität und Anpassungsfähigkeit ist einer der fundamentalen Gründe, warum Alexander so erfolgreich war, obwohl wahrheitsgemäß gesagt werden muss, dass diese Anpassungsfähigkeit üblicherweise auf dem Schlachtfeld gezeigt wurde. Während der Eröffnungsphase der Belagerung zeigten sich die Tyrier weitaus flexibler und proaktiver in ihrer Verteidigung als die Makedonen. Der Erfindungsreichtum der Tyrier zeigt sich deutlich in dem Kunstgriff des Einsatzes eines Brandschiffs. Sie füllten ein Transportschiff mit Buschholz und anderem entflammbaren Material und setzten Doppelmasten in den Bug. An jedem von ihnen wurden Kessel mit Pech aufgehängt. Das Schiff wurde achtern schwer mit Sand und Stein als Ballast beladen, was dazu führte, dass der Bug des Schiffes aus dem Wasser ragte, wodurch das Schiff um so leichter auf die Mole auflaufen konnte. Das Brandschiff wurde dann von Trieren in Richtung Damm gezogen.[228] Als das Brandschiff dicht an den Damm gezogen worden war, setzten einige speziell ausgewählte Seeleute das Buschwerk in Brand und sprangen über Bord. Das wütende Inferno, zu dem das Schiff schnell wurde,

[227] Arrian, 2.18.3
[228] Arrian, 2.19.1 ff

breitete sich schnell aus, und die Türme der Makedonen fingen Feuer und waren komplett zerstört.

Nach diesem Zwischenfall gab Alexander seinen Ingenieuren den Befehl, den Damm vergrößert wieder aufzubauen. Arrian macht nur zwei Bemerkungen über die hervorragenden Ingenieure Alexanders (hier und in 2.21.1). Keine unserer bestehenden Quellen nennt irgendeinen von ihnen beim Namen. Doch sicherlich können wir vermuten, dass der Thessalier Diades, einst beschrieben als »der Mann, der Tyros gemeinsam mit Alexander einnahm«, unter ihnen war. Charias gehörte ihnen vermutlich auch an, der Schüler von Polyeidos, Philipps Ingenieur bei der Belagerung von Perinthos und Byzantion.[229] Der zusätzliche Platz auf dem Damm wurde für die Eingliederung einer größeren Zahl von Türmen genutzt. Palisaden wurden am Rand des Damms errichtet, um die Bautrupps vor weiteren seeseitigen Angriffen zu schützen.

Angesichts der Tatsache, dass die meisten ihrer Heimathäfen in Alexanders Hand waren, war die persische Flotte nun tatsächlich auseinandergebrochen. Dies war genau die Strategie, die Alexander in Harlikanassos unterstützte. Die Flotten vieler ehemaliger persischer Städte stießen in Sidon zu Alexander: Gerostratos, König von Arados, und Enylus, König von Byblos, trafen ein, nachdem sie die Flotte von Autophradates verlassen hatten. An einem einzigen Tag trafen 18 phönizische Trieren ein, dazu neun aus Rhodos, drei aus Soli und Mallos, zehn aus Lykien und ein Fünfzigruderer aus Makedonien. Kurz darauf stieß der König von Zypern mit 120 Kriegsschiffen dazu. Alexander nahm bereitwillig alle Ankommenden in seiner neuen, expandierenden Flotte auf, ungeachtet ihrer früheren Bündniszugehörigkeit.[230] Während dieser Phase der Belagerung, als die Makedonen mit der Erweiterung und dem Wiederaufbau des Damms beschäftigt waren, suchte Alexander offensichtlich ein Ventil für seine aufgestaute Energie. Während die Flotte organisiert wurde, nahm Alexander einige Kavallerie, die Hypaspisten, die Agrianen und die Bogenschützen mit auf eine Expedition in die Berge des Libanons.[231] Die Zusammensetzung dieser Truppe war eine bewährte Mischung: Dies waren die wandlungsfähigsten Einheiten in der gesamten Armee, fähig zu den schnellsten Bewegungen in fast allen Ge-

---

[229] Arrian, 2.19.6; Bosworth, 1980, 241 (zitiert)
[230] Arrian, 2.20.1–3
[231] Arrian, 2.20.4

ländearten. Der Feldzug war kurz, und wir wissen nur wenig über ihn. Doch er hatte zur Folge, dass Alexanders Hunger nach Eroberungen für kurze Zeit gestillt war.

Nachdem Alexander nach Tyros zurückgekehrt war, wurde die Belagerung wieder aufgenommen. Der Damm war fast schon an den Mauern der Stadt, doch hatte er sie noch nicht ganz erreicht. Alexander bemannte seine neue Flotte mit so vielen Männern wie möglich. Entweder sah er eine Seeschlacht voraus, die in derselben Weise geführt werden sollte wie eine Landschlacht, oder er erwartete, dass es ihm möglich war, die Mauern direkt von See aus anzugreifen. Die Bemannung seiner Schiffe beweist erneut die Flexibilität seiner Armee. Die eingebundenen Verbände bestanden mit größter Sicherheit aus den Hypaspisten und vielleicht auch den Agrianen.

Nachdem die Schiffe bemannt waren, gab Alexander den Befehl zur Blockade der Stadt.[232] Das Kontingent aus Zypern wurde außerhalb des nördlichen Hafens stationiert, die phönizische Flotte im Süden. Der Damm hatte ebenfalls die Mauern erreicht, wodurch zum ersten Mal ein direkter Angriff auf die Stadt möglich wurde. Alexander war nun in einer Position, in der er aus allen Richtungen Druck erzeugen konnte. Jetzt, das lehrt uns Alexanders Biografie, war es nur noch eine Frage der Zeit, bis Tyros eingenommen war.

Während der letzten Phase des Angriffs sehen wir einige neue Taktiken bei Alexander. Curtius überliefert uns, dass er in der Lage war, alle Abschnitte der Mauern gleichzeitig anzugreifen. Der Hinweis bei Curtius, gestützt von Arrian, dass alle Punkte von Tyros durch Artillerie und Rammen angegriffen werden konnten, ist wichtig. Er zeigt, dass Alexander einige seiner Trieren mit steinschleudernden Katapulten und Rammen bestückt hatte, eine geschickte Strategie. Diodor berichtet uns, dass die Katapulte direkt gegen die Mauern eingesetzt wurden.[233] Dies ist eine wichtige Neuerung, wurden doch zuvor Katapulte meist nur genutzt, um durch ihren Beschuss die Verteidiger nieder- und von den Mauern fernzuhalten und so der eigenen Infanterie die Möglichkeit zu geben, Leitern anzulegen oder ungehindert Rammen einzusetzen.[234] Es wird spekuliert, dass dies das erste Mal war, dass Steine schleudernde Katapulte auf diese Weise eingesetzt wurden,

---

[232] Curtius, 4.3.13; Arrian, 2.20.6
[233] Diodor, 45.2
[234] Arrian, 2.21.7; Diodor, 45.2

aber das dürfte mit einiger Sicherheit nicht stimmen, denn sie dürften bereits bei Harlikanassos und vielleicht auch kurz zuvor in Milet so verwendet worden sein.[235]

Eine weitere innovative Strategie von Alexander war die Errichtung von Belagerungstürmen auf den Decks von Trieren. Dies erlaubte den Einsatz der Rammen weiter oben an den Mauern, wo diese dünner und daher schwächer waren. Der Gebrauch von beidem, Katapulten (für einen direkten Angriff gegen die Mauern in Kombination mit dem niederhaltenden Beschuss, den sie verbreiteten) und Rammen, war eine frühe Form eines Angriffs mit verbundenen Waffen. Die Katapulte verbreiteten Deckungsfeuer für die Rammen und die Marineinfanterie, wenn sie die Mauern erstürmten. Die Schiffe für den Truppentransport waren mit einem neuartigen Typ von Sturmleiter ausgestattet.[236] Die Leiter, die Alexanders Techniker entwickelt hatten, wies anscheinend eine speziell konstruierte hölzerne Kanzel auf. Alexander verwendete die Form der Landkriegsführung, die sich als so erfolgreich erwiesen hatte, die kombinierte Verwendung verschiedener Truppengattungen unter Anpassung an eine neue Umgebung. Etwas, was er während seiner gesamten Laufbahn immer wieder tat. Eine solche Strategie hätte jedoch nicht erfolgreich sein können ohne eine gut ausgebildete und flexible Armee in Verbindung mit äußerst talentierten Ingenieuren.

Die Verteidiger waren nicht weniger erfindungsreich. Sie errichteten hölzerne Türme, um Geschosse auf die Angreifer niederregnen zu lassen, und das scheinbar an allen Punkten entlang des Rundgangs um die Stadt. Gegen die phönizischen Schiffe wurden Feuerpfeile verwendet, und ihre Besatzungen waren sehr erschrocken, dass sie in ihrer Reichweite lagen. Diodor beschreibt Windmühlen, die sie benutzten, um Geschosse abzulenken, die von den Katapulten geschleudert wurden. Wir hören ebenfalls von mit Widerhaken versehenen eisernen Enterhaken und von Schilden, die mit rotem heißen Sand bedeckt waren, der dann auf die Belagerer niederregnete, welche keinen Schutz gegen solch einen Angriff gehabt hatten.[237] Man muss sich einmal die totale Verwüstung in der Stadt vorstellen, dir durch den ständigen Bedarf an Baumaterial für neue Verteidigungsanlagen sowie für die Reparaturarbeiten an den Mauern verursacht wurden.

---

[235] Marsden, 1969, 101; 103
[236] Arrian, 2.21.2; Diodor, 45.5–6; 46.2
[237] Arrian, 2.21.3; Diodor, 43.1–2; Curtius, 4.3.24–5

Vorher habe ich berichtet, dass Alexander die Neigung hatte, aufgrund fehlender Erfahrungen in der Seekriegsführung vorwiegend Landkriegstaktiken anzuwenden. Wir sehen Alexanders Unvermögen oder Unwillen, seine Taktiken zur See angesichts der von den Feinden getroffenen Gegenmaßnahmen gegen Ende der Belagerung deutlich zu modifizieren. Damit die phönizische Flotte die Festung richtig angreifen konnte, mussten die Felsen, welche die Verteidiger offensichtlich ins Wasser geworfen hatten, um zu verhindern, dass feindliche Schiffe zu dicht an die Mauern gelangten, von den Angreifern wieder aus dem Meer gefischt werden. Alexander setzte seine Schiffe ein, um die Felsen zu beseitigen. Um die Felsblöcke an Bord heben zu können, mussten die phönizischen Schiffe ankern, doch die Tyrier reagierten, indem sie eine Reihe ihrer Schiffe so ausstatteten, dass sie die Haltetaue der Phönizier durchschneiden konnten, wenn sie dicht genug an die ankernden Schiffe der Phönizier heransegelten. Alexanders erste Reaktion ist überliefert: Er bildete einen Schutzschirm aus Schiffen, um die wehrlosen Arbeits- und Transportschiffe zu schützen. Dies entspricht genau die Taktik, die er zuvor schon benutzte, um die Arbeiter auf dem Damm zu schützen. Doch erst, nachdem die Tyrier schließlich Taucher eingesetzt hatten, um die Taue zu kappen, begann Alexander, Ketten zu verwenden.[238] Bei diesem Vorfall, ähnlich wie bei dem vorherigen am Damm, sehen wir Alexander in einer reagierenden Haltung, etwas, was wir normalerweise nicht von ihm erwartet hätten.

Das letzte Spiel, das die Verteidiger wagten, war ein Ausfall zur See. Sie hatten beobachtet, dass sich die zypriotische Flotte, welche den nördlichen Hafen bewachte, jeden Mittag zurückzog, um ihre Mahlzeit am Strand einzunehmen. Die Tyrier bemannten nun drei Quinqueremen, drei Quadriremen und sieben Trieren mit handverlesenen Männern.[239] Die Tyrier warteten geduldig bis Mittag, bevor sie mit dem Ausfall begannen. Ihre Schiffe segelten vom sidonischen Hafen los und griffen die zypriotische Flotte an. Die feindlichen Schiffe, auf die sie trafen, waren entweder leer oder nur mit einer Rumpfbesatzung versehen. Drei zypriotische Schiffe sanken sofort, viele andere wurden auf den Strand gesetzt und dadurch blockiert. Eines der gesunkenen Schiffe war das Flaggschiff des zypriotischen Königs Pnytagoras.

[238] Arrian, 2.21.4
[239] Arrian, 2.21.8

Rein zufällig hatte Alexander nicht seinen üblichen Nachmittagsschlaf genommen, sondern kehrte beinah unmittelbar, nachdem sie an Land gegangen war, zur phönizischen Flotte zurück. Das war sicherlich nur ein glücklicher Zufall und nicht das Ergebnis einer Vorahnung Alexanders, denn hätte dieser eine Vorahnung gehabt, wäre die zypriotische Flotte niemals so verwundbar zurückgelassen worden. Nachdem er von dem Ausfall hörte, befahl Alexander, den ägyptischen Hafen abzuriegeln, damit von dort nicht ein weiterer Angriff vorgetragen werden konnte, und segelte mit den Resten der phönizischen Flotte zum Entsatz der Zyprioten. Die meisten der angreifenden tyrischen Schiffe wurden erobert oder versenkt, da sie es versäumten, sich in die Sicherheit eines Hafens zu begeben, bevor sie von Alexander angegriffen wurden. Die Verluste an Menschen waren allerdings gering, da die Seeleute sich einfach schwimmend in die relative Sicherheit der Inseln begaben.[240]

Mit dem Damm an ihren Mauern und jeder Hoffnung auf Schutz durch ihre Flotte beraubt waren die Verteidiger von Tyros in einer unglaublich verzweifelten Situation. Die Mauern auf der dem Festland zugewandten Seite der Stadt waren augenscheinlich viel zu stark, als dass sie durch die Belagerungsmaschinen, die hier aufgestellt waren, hätten zerstört werden können.[241] Die Mauern im Norden der Stadt zeigten sich gleich stark, die Mauern nach Süden waren schwächer. Nach einem heftigen Angriff wankten die Mauern auf einer beachtlichen Länge und brachen schließlich ein. Die Bresche in der Mauer war vermutlich nicht sehr groß und führte auch nicht bis auf das Fundament. Mehr als wahrscheinlich gab eine Sektion des Bollwerks den Weg frei.[242] Allerdings war dies doch der Schlüssel zur Einnahme der Stadt, zumal die Angreifer hier weder heißen roten Sand noch irgendwelche anderen Gegenmaßnahmen fürchten mussten, wenn sie ihren letzten Sturmangriff durchführten. Arrian zeichnet ein Bild von Alexander, wie er die Stadt rundum sondierte, während die Verteidiger von allen Seiten unter Feuer genommen wurden.[243] Dies war teilweise gedacht als Versuch, einen Zutritt zu erzwingen, teilweise, um die Verteidiger von dem Abschnitt im Süden wegzulocken, auf den er sich eigentlich konzentrierte. Der tyrische

---

[240] Arrian, 2.22.1
[241] Arrian, 2.22.6–7; Curtius, 4.3.13–18; Diodor, 43.3–44.5
[242] Diodor, 43.4, stellt fest, dass die Mauer auf der Länge eines Plethrons (etwa 30 m) einstürzte; Arrian, 2.22.7
[243] Arrian, 2.22.7

Widerstand war beeindruckend und verzweifelt. Sie drängten die Makedonen an der Bresche zurück und vereitelten Alexanders Versuche, die beiden Häfen, den sidonischen und den ägyptischen, einzunehmen. Nach dem Rückschlag an der Bresche gab es eine Kampfpause. Alexander mag den Tyriern vielleicht Bedingungen für eine Kapitulation genannt haben. Falls die Bedingungen echt waren, so waren sie nicht beliebt beim makedonischen Oberkommando. Nur Amyntas, der Sohn des Andromenes, unterstützte das Vorhaben.[244] Den Tyriern wurden zwei Tage für die Kapitulation gegeben, aber am dritten Tag begann der endgültige Angriff und ihr Schicksal war besiegelt. Der Angriff wurde mit einem Sperrfeuer eröffnet. Nach einem Beschuss von See griff eine kleine Einheit von Hypaspisten unter Admetos die Bresche an. Admetos wurde durch einen Speer getötet, bevor er die Mauer erreicht hatte. Aber Alexander, der ebenfalls zugegen war, drängte voran, und schon bald war der südliche Abschnitt der Stadtmauer in makedonischer Hand. Es ist offensichtlich, dass die Truppen gut ausgebildet und geführt waren. Sie strömten nicht einfach in die Stadt, wie man es vielleicht erwarten würde, sondern sie blieben in der Nähe der Mauern, um zu gewährleisten, dass die Bresche gehalten wurde, damit mehr Truppen nach vorne gebracht werden konnten.[245] In der Folge des Durchbruchs kam es zu einer Panik und dem allgemeinen Zusammenbruch der tyrischen Verteidigung. Die phönizische Flotte erzwang erfolgreich den Zugang zum ägyptischen Hafen und machte kurzen Prozess mit dem Rest der feindlichen Flotte, der hier stationiert war. Die zypriotische Flotte hatte ähnlichen Erfolg auf der Nordseite.

Die meisten der tyrischen Soldaten, die noch lebten, zogen sich zurück zum Schrein des Agenor, des Vaters des Kadmos, welcher der legendäre Gründer von Tyros und Sidon war, um dort das letzte Gefecht zu liefern. Sie wurden nicht enttäuscht. Das Gemetzel war fürchterlich. Den Makedonen wurde nach so einer harten Belagerung erlaubt, ihren Zorn an denen auszulassen, die überlebt hatten. Etwa 8.000 Tyrier wurden getötet. 30.000 Überlebende wurden in die Sklaverei verkauft, dies war eine übliche Praxis.[246]

---

[244] Diodor, 17.45.7
[245] Arrian, 2.24.3; Bosworth, 1980, 253
[246] Arrian, 2.24.4–5; Curtius, 4.2.15; Diodor, 17.46.4, gibt die Zahl der Gefangenen mit 13.000 an und berichtet, dass 2.000 gekreuzigt wurden. Curtius, 4.4.15, fügt 15.000 hinzu, welche nach Sidon geschmuggelt wurden. Dies ist höchst unwahrscheinlich, da dies ebenfalls eine Summe von 30.000 ergibt.

Die Einnahme von Tyros wird üblicherweise als eine der größten Leistungen Alexanders auf dem Gebiet der Kriegsführung angesehen. Dies ist nicht ohne einige Berechtigung. Tyros war eine scheinbar uneinnehmbare Inselfestung, die heftig verteidigt wurde, und die durch den äußerst begabten König Azemilkos verteidigt wurde. Bei näherer Betrachtung der Ereignisse im Umfeld der Belagerung sehen wir, dass viele von Alexanders großen Neuerungen tatsächlich erzwungene Reaktionen auf den Einfallsreichtum der Tyrier waren. Wir sehen ebenfalls, dass Alexander eine Reihe von schwerwiegenden Fehlern machte, so als er nicht den Damm oder die Arbeiter verteidigte oder nicht den Ausfall um die Mittagszeit vorhersah. Wir sehen Alexanders Schwächen als Admiral, der grundlegende Taktiken des Landkrieges auf seine Flotte anwendete. Allerdings muss gesagt werden, dass Alexander auch deutlich zeigte, dass er es hervorragend verstand, sich an neue Situationen und neue Verteidigungsmaßnahmen mit einem wachsenden Anteil eigener ausgeklügelter Ideen anzupassen. Wir sollten ebenfalls zur Kenntnis nehmen, dass König Azemilkos von Tyros einer der fähigsten Kommandeure war, die Alexander jemals gegenüberstanden, und ihm sollte die Ehre und Anerkennung gewährt werden, die ihm gebührt.

Alexanders Genie war zweifach. Erstens die Fähigkeit, ein relativ kleines Paket von Strategien und Taktiken zu modifizieren, dass es den Anforderungen jeder Situation, jedes Feindes und jedes Geländes genügte, auf die er traf. Zweitens war es seine Fähigkeit, seine Männer wahrhaftig zu immer größeren Leistungen anzuspornen. Seine Männer zeigten wiederholt, dass sie fast alles für ihren König tun würden, »Bis hierhin und nicht weiter« sagten sie endgültig erst, als sie die äußersten Enden der Erde in Indien erreicht hatten.

Alexanders Leben ist eine Aneinanderreihung von Ereignissen, wie sie nahezu ohne Parallele in der Geschichte ist. Alexander war vielleicht der beste militärische Geist, den die Welt bis dahin gesehen hatte. Hiermit verbunden war das Erbe seines Vaters: eine der größten Armeen der antiken Welt. Diese zwei Faktoren – Genie und Rahmenbedingungen – in Kombination ermöglichten es den Makedonen, in weniger als zehn Jahren ein Reich zu schaffen, welches die gesamte damals bekannte Welt umspannte. Alexanders Leistungen sind legendär, und sie sind es wert, studiert zu werden: Mit Fug und Recht.

ANHANG I:
DIE MAKEDONISCHEN KÖNIGE

Amyntas I.   2. Hälfte 6. Jh.

Alexander I. Philhellen   ca. 495 bis ca. 450/440

Perdikkas II.   ca. 450/440 bis 413

Archelaos   413 bis 399

Orestes   399 bis 396

Aeropos   396 bis 393

Amyntas II., der Kleine   393

Pausanias   393

Amyntas III.   393 bis 370

Alexander II.   370/369 bis 369/368

Ptolemaios   369/369 bis 365

Perdikkas III.   365 bis 359

Philipp II.   359 bis 336

Alexander III., der Große   336 bis 323

Die ersten fünf makedonischen Könige (Perdikkas I., Argaios, Philipp I., Aeropos und Alketas) werden hier nicht aufgeführt, da über ihre Regierungszeit keine gesicherten Informationen vorliegen.

ANHANG II:
DIE REGIERUNGSZEIT VON PHILIPP II. UND ALEXANDER DEM GROSSEN

359–336	Regierungszeit Philipps II. von Makedonien
357	Amphipolis in der Hand Philipps
356	Geburt des Nachfolgers Alexanders III. (des Großen)
356	Zugriff Philipps auf Krenides/Philippoi und das nahe gelegene Minengebiet, Eroberung Pydnas und des Gebietes zwischen Strymon und Nestos
356–346	Dritter Heiliger Krieg
355	Methone unter Philipps Kontrolle
354	Abdera und Mantineia unter Philipps Kontrolle
353–352	Intervention im Dritten Heiligen Krieg, Niederlage, dann großer Sieg über phokische Söldner
349–348	Krieg Philipps gegen Olynth und den Chalkidischen Bund
346	Philokratesfrieden, Sieg über die Phoker und deren Bestrafung, Reorganisation der Delphischen Amphiktyonie
344	Reorganisation des Thessalischen Koinon unter Philipps Vorsitz als Archon
340–338	Krieg Philipps gegen Athen und den Hellenenbund des Demosthenes
August 338	Sieg Philipps bei Chaironaia unter Beteiligung Alexanders
338/337	Bilaterale Friedensverträge und danach Begründung der koine eirene des Korinthischen Bundes, Kriegsbeschluss gegen Achaimenidenreich
337	Heirat Philipps II. mit der Makedonin Kleopatra, zeitweiliges Zerwürfnis mit Olympias und Alexander
336	Ermordung Philipps auf der Hochzeit seiner Tochter Kleopatra
336–323	Regierungszeit Alexander des III. des Großen, makedonischer König

ANHANG III: KARTEN

Griechenland und der östliche Mittelmeerraum.
Aus: Engels, J.: Philipp II und Alexander der Große (Darmstadt, 2006)

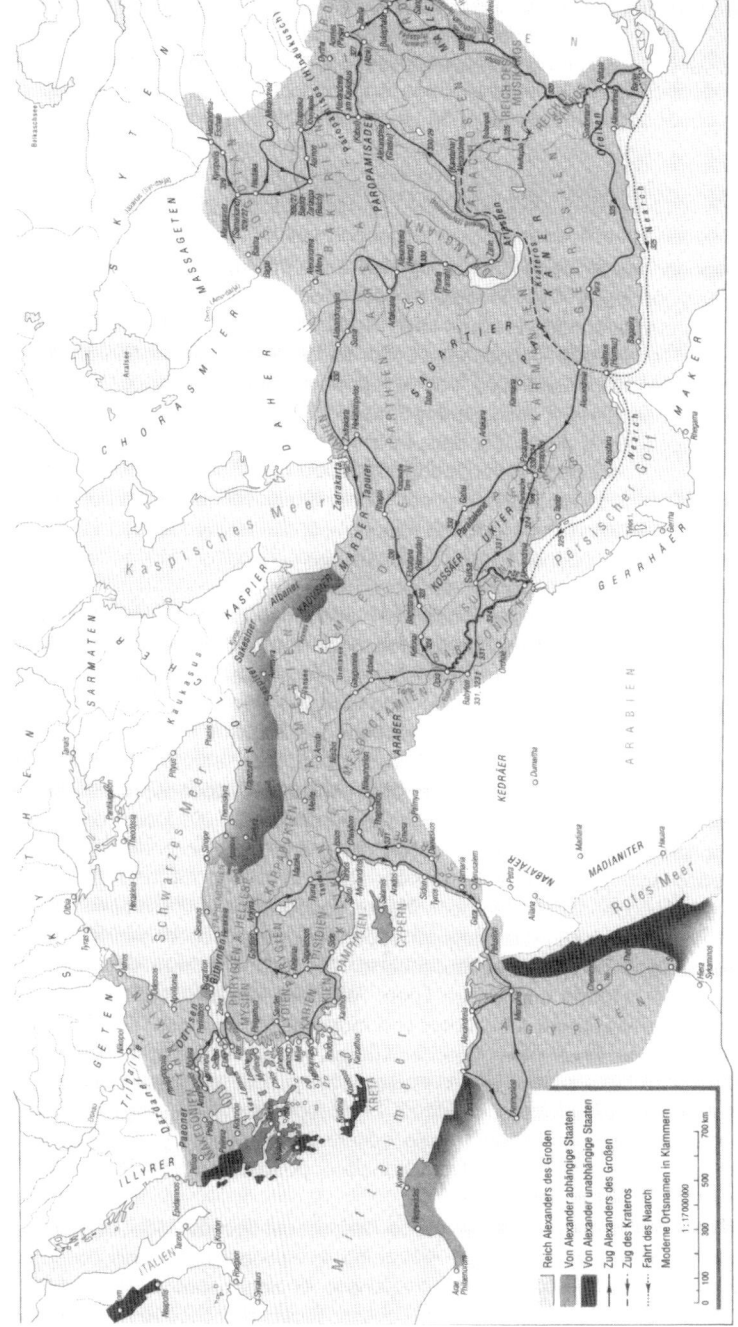

Der Zug Alexanders.
Aus: Engels, J.: Philipp II und Alexander der Große (Darmstadt, 2006)

DANK

Dieses Buch erwuchs aus meiner Magisterarbeit, die ich im Jahr 2002 abgeschlossen habe. Sie war niemals zur Publikation vorgesehen, sondern lediglich gedacht als Lernerfahrung und Sprungbrett zu meiner Dissertation. Andererseits habe ich den Umwandlungsprozess in ein Buch genossen. Es gibt eine Reihe von Menschen, denen ich gerne danken würde, dass sie das vorliegende Werk ermöglichten. Da sind viele Leute, denen Anerkennung und mein ewiger Dank für die Hilfe bei der Entstehung dieses Buches gebührt. An erster Stelle Hans Van Wees für die Zustimmung als externer Moderator der ursprünglichen Magisterarbeit und der nachfolgenden Dissertation sowie für seine hilfreichen Kommentare und Anregungen bezüglich meiner weiteren Studien. Mein Lektor Philip Sidnell verdient großes Lob für seine vielen nützlichen Kommentare zu den verschiedenen Entwürfen des Buches wie auch für seine Hilfe beim Finden und Auswählen der Abbildungen und für die Beantwortung meiner endlosen Fragen mit großer Geduld und Wissen. Ebenfalls bedanke ich mich bei Pen & Swords Books für die Entscheidung, das Risiko eines neuen Autors einzugehen. Ich hoffe, dass ich ihr Vertrauen belohnt habe. Bezüglich Lektoren und Herausgebern möchte ich mich gerne auch bei Jasper Oorthuys vom Ancient Warfare Magazine dafür bedanken, dass er zugestimmt hat, meinen ersten Versuch als Autor in seiner hervorragenden Zeitschrift zu veröffentlichen und mir bei den Abbildungen für mein Buch zu helfen.

Bei Elizabeth möchte ich mich ebenfalls dafür bedanken, dass sie so wundervoll war, mich aufgerichtet hat und mich in unserem Zusammenleben kontinuierlich unterstützte und ermutigte. Ich möchte auch meinen Eltern für ihre Unterstützung über so viele Jahre hinweg danken und meinem Bruder John für seine unermüdliche (und ich bin froh, das sagen zu können: kostenlose) EDV-Hilfe. Ebenfalls muss ich Martin und Sue Foulkes erwähnen: Sue wegen ihres grenzenlosen Enthusiasmus' und Zuspruch, Martin wegen seiner Hilfe und Lenkung als mein Studienfreund während unserer sieben gemeinsamen Jahre in Durham.

Mein größter Dank bleibt Professor Peter Rhodes vorbehalten. Für mehr als eine Dekade war Peter seit 1997 mein Dozent, Tutor, Supervisor, Mentor und für meinen Teil am Ende ein Freund. Seine Freundlichkeit, Geduld und seine akademische Qualifikation waren unbegrenzt und für mich von unschätzbarem Wert. Um ehrlich zu sein, ich hätte ohne ihn niemals auch nur annähernd dieses Maß an akademischem Erfolg erreicht. Er wird immer der Maßstab sein, den ich anstrebe, aber niemals erreichen werde. Peter, ein bloßes Dankeschön ist einfach nicht genug.

Stephen English

BIBLIOGRAPHIE

QUELLENTEXTE

Arrian, Der Alexanderzug. Indische Geschichte, hrsg. und übers. von G. Wirth und O. von Hinüber, München/Zürich 1985

Q. Curtius Rufus, Geschichte Alexanders des Großen, eingeleitet, nach der Übersetzung von J. Siebelis überarb. und komm. von H. Koch / C. Hummer, Darmstadt 2007

Diodoros, *Griechische Weltgeschichte*, Stuttgart 1992 ff.

Marcus Iunius Iustinus / Pompeius Trogus. Weltgeschichte von den Anfängen bis Augustus, übers. Von O. Seel, Zürich 1972

Plutarch, Große Griechen und Römer. 6 Bände, hrsg. und übers. von K. Ziegler, Zürich 1954–1965

Polybios, Geschichte, übers. von O. Drexler, Zürich 1961

LITERATUR

Anderson, J K, Military Theory and Practice in the Age of Xenophon (Berkley, 1970)

Anspach, A E, De Alexandri Magni expeditione Indica (Leipzig, 1903)

Ashley, J R, The Macedonian Empire: The Era of Warfare Under Philip II and Alexander the Great (London, 1998)

Atkinson, J C, A Commentary on Q. Curtius Rufus Historiae Alexandri Magni Books 3 and 4 (Amsterdam, 1980)

Badian, E, The Battle of the Granicus: A New Look, Ancient Macedonia 2 (Thessaloniki, 1977), 271–293

Badian, E, Alexander at Peucelaotis, Q? 37, 1987, 117–128.

Badian, E, Agis III. Revisions and reflections, in I. Worthington (ed.), Ventures into Greek History (Oxford, 1994), 258–259

Bauer, A, Die Schlacht bei Issos, Ost. Jb 2, 1899, 105–128

Beloch, K J, Griechische Geschichte (Berlin, 1923)

Bengtson, H, Philipp und Alexander der Große – Die Begründer der hellenistischen Welt (München 1985)

Berve, H, Das Alexanderreich auf prosopographischer Grundlage (München, 1926)

Bigwood, J M, Ctesias as Historian, Phoenix 32, 1978, 19–41

Bloedow, E F, On Wagons and Shields: Alexander's Crossing of Mt. Haemus in 335 BC, The Ancient History Bulletin 10.3–4, 1996, 119–130

Böse, P, Alexander the Greats Art of Strategy (London, 2003)

Bosworth, A B, Philip II and Upper Macedonia, CjO 21, 1971, 93–105

Bosworth, A B, Arrian and the Alexander Vulgate, Foundation Hardt Entretiem 22 (Geneva, 1976), 1–46

Bosworth, A B, Commentary on Arrian's History of Alexander: Vol. I (Oxford, 1980)

Bosworth, A B, Alexander and the Iranians, JHS 100, 1980b, 1–21

Bosworth, A B, Conquest and Empire, The Reign of Alexander the Great (Cambridge, 1988)

Bosworth, A B, Commentary on Arrian's History of Alexander: Vol. II (Oxford, 1995)

Bosworth, A B, & Bavnham, E J (eds.), Alexander the Great in Fact and Fiction (Oxford, 2000)

Brunt, P A, Persian Accounts of Alexander's Campaigns, CO 12, 1962, 141–155

Brunt, P A, Alexander's Macedonian Cavalry, jfHS 83, 1963, 27–46

Brunt, P A, Arrian: History of Alexander and Indica (Loeb Classical Library) I–II (Cambridge, 1976–83)

Burckhardt, L, Militärgeschichte der Antike, München 2008

Burn, A R, Alexander the Great and the Hellenistic World (London, 1947)

Burn, A R, Notes on Alexander's Campaigns, 332–330, JHS 72, 1952, 81–91

Casson, L, Ships and Seamen in the Ancient World (Princeton, 1971)

Cook, J M, The Persian Empire (New York, 1983)

Davis, E W, The Persian Battle Plan at the Granicus, James Sprunt Studies in History and Political Science 46, 1964, 34–44

Delbruck, H, Geschichte der Kriegskunst im Rahmen der Politischen Geschichte (Berlin, 1920)

Devine, A M, The Location of the Battlefield of Issus, LCM 5, 1980, 3–10

Devine, A M, A Note on Tactical Terms, LCM 7, 1982, 62–63

Devine, A M, Embolon: A Study in Tactical Terminology, Phoenix 37, 1983, 201–217

Devine, A M, The Strategies of Alexander the Great and Darius III in the Issus Campaign, Ancient World 12, 1985a, 25–38

Devine, A M, Grand Tactics at the Battle of Issus, Ancient World 12, 1985b, 39–59

Devine, A M, The Battle of Gaugamela, Ancient World 13, 1986, 87–116

Devine, A M, The Battle of the Hydaspes: A Tactical and Source-Critical Study, Ancient World 16, 1987, 91–113

Devine, A M, A Pawn-Sacrifice at the Battle of the Granicus, Ancient World 18, 1988, 3–20

Dinsmoor, W B, Archons of Athens (Cambridge, Mass, 1931)

Dittberner, W, Issos, ein Beitrag zur Geschichte Alexanders des Großen (Berlin, 1908)

Dodge, T A, Alexander the Great Vol. I–II (Boston, 1890)

von Domaszewski, A, Die Phalangen Alexanders und Caesars Legionen, Heidelberger Sitz.-Ber. Phil.-hist. Kl. 16, 1925, 50–65

Doherty, P, Alexander the Great: The Death of a God (London, 2004)

Dunbar, N, Birds: with Introduction and Commentary (Oxford, 1998)

Eadie, J W, The Development of Roman Mailed Cavalry, JRS 57, 1967, 161–173

Eggermont, P H L, Alexander's Campaign in Gandhara and Ptolemy's list of Indo-Scythian Towns, Orientalia Lovaniensia Periodica l, 1970, 63–123

Eggermont, P H L, Ptolemy the Geographer and the People of the Dards, OLP 15,1984, 191–200

Ellis, J R, Alexander's Hypaspists Again, Historia 24, 1975, 617–618

Engels, D W, Alexander the Great and the Logistics of the Macedonian Army (California, 1978)

Engels, J, Philipp II. und Alexander der Große (Darmstadt, 2006)

English, S, Hoplites or Peltasts: The Macedonian Heavy Infantry, Ancient Warfare 2.1, 2008, 32–35

Errington, R M, Bias in Ptolemy's History of Alexander, CQ 19 (1969), 233–242

Errington, R M, A History of Macedonia (California, 1990)

Foss, C, The Battle of the Granicus River: A New Look, Ancient Macedonia 2 (Thessaloniki, 1977), 495–502

Fräser, P M, Cities of Alexander the Great (Oxford, 1996)

Füller, J F C, The Generalship of Alexander the Great (London, 1958)

Gehrke, H-J, Weltreich im Staub, Gaugamela, 1. Oktober 331 v. Chr; in Förster, S, Schlachten der Weltgeschichte – Von Salamis bis Sinai, München 2004, S. 32–47

Gehrke, H-J, Der Kriegsherr als Phantast und Realist; in Förster, S, Kriegsherrn der Weltgeschichte, München 2010, S. 34–48

Green, P, Alexander of Macedon, 356–323 B.C. (Oxford, 1974)

Griffith, G T, The Mercenaries of the Hellenistic World (Cambridge, 1935)

Griffith, G T, Alexander's Generalship at Gaugamela, JHS 67, 1947, 77–89

Griffith, G T, A Note on the Hipparchies of Alexander, JHS 83, 1963, 68–75

Griffith, G T, Peltasts and the Origins of the Macedonian Phalanx, in H J Dell (ed.), Ancient Macedonian Studies in Honour of Charles F. Edson (Thessaloniki, 1981)

Guderian, H, Achtung – Panzer! (München, 1937)

Hackett, J (ed.), Warfare in the Ancient World (London, 1989)

Hamilton, J R, Three Passages in Arrian, Q9 5, 1955, 217–21

Hamilton, J R, The Cavalry Battle at the Hydaspes, JHS 76, 1956, 26-31

Hamilton, J R, The Letters in Plutarch's Alexander, PACA 4, 1961, 9–20

Hamilton, J R, Plutarch, Alexander: A Commentary (London, 1969)

Hamilton, J R, Alexander the Great (London, 1973)

Hammond, N G L, Alexander's Campaign in Illyria, JHS 94, 1974, 66–87

Hammond, N G L and Griffith, G T, A History of Macedonia ii: 550–336 BC (Oxford, 1979)

Hammond, N G L, The Battle of the Granicus River, JHS 100, 1980, 73–89

Hammond, N G L, Alexander the Great: King Commander and Statesman (London, 1980b)

Hammond, N G L, Some Passages in Arrian Concerning Alexander, CQ 30, 1980c, 455–76

Hammond, N G L, Three Historians of Alexander the Great (Cambridge, 1983)

Hammond, N G L, and Walbank, F W, History of Macedonia, vol. 3 (Oxford, 1988)

Hammond, N G L, Alexander the Great: King, Commander and Statesman (Bristol, 1989)

Hammond, N G L, The Macedonian State, The Origins, Institutions and History (Oxford, 1989b)

Hammond, N G L, The Macedonian Navies of Philip and Alexander Until 330 B.C., Antichthon 26, 1992, 30-41

Hammond, N G L, Some Passages in Polyaenus' Stratagems Concerning Alexander, GRBS 37, 1996, 23–54

Hammond, N G L, A Papyrus Commentary on Alexander's Balkan Campaign, GRBS 28, 1997, 332–348

Hammond, N G L, The Genius of Alexander the Great (London, 1997)

Hammond, N G L, Cavalry Recruited in Macedonia Down to 322 B.C., Historia 47, 1998, 404–425

Hansen, S; Wieczorek, A.; Tellenbach, M (Hrsg.), Alexander der Große und die Öffnung der Welt – Asiens Kulturen im Wandel, Publikationen der Reiss-Engelhorn-Museen 36 (Regensburg 2009)

Hanson, V D, The Western Way of War: Infantry Battle in Classical Greece, (New York, 1989)

Harl, K W, Alexander's Cavalry Battle at the Granicus, Polis and Polemos (Claremont, 1997), 303–326

Hasluck, F W, Cyzicus (Cambridge, 1910)

Hauben, H, The Command Structure of Alexander's Mediterranean Fleets, Ancient Society 3, 1972, 56

Heckel, W, The Marshals of Alexander's Empire (London, 1992)

Heckel, W, The Wars of Alexander the Great: 336-323 BC (Oxford, 2002)

Heckel, W, de Souza, P, and Llewellyn-Jones, L, The Greeks at War: From Athens to Alexander (Oxford, 2004)

Heckel, W, The Conquests of Alexander the Great (Cambridge, 2008)

Holt, F L, Alexander's Settlements in Central Asia, Ancient Macedonia 4, 1986, 315–323

Holt, F L, Alexander the Great and Bactria (Leiden, The Netherlands, 1989)

Holt, F L, Into the Land of Bones: Alexander the Great in Afghanistan (London, 2005)

Janke, A, Auf Alexanders des Grossen Pfaden. Eine Reise durch Kleinasien (Berlin, 1904)

Janke, A, Die Schlacht bei Issus, Klio 10, 1910, 137–177

Judeich, W, Die Schlacht am Granikos, KlioB, 1908, 372–97

Judeich, W, in Kromayer, J, and Veith, G (eds.), Antike Schlachtfelder IV (Berlin, 1929)

Kaerst, J, Geschichte des Hellenismus (Leipzig, 1927)

Keegan, J, Die Maske des Feldherrn (Reinbek bei Hamburg, 2000)

Keipert, H, Das Schlachtfeld am Granikos, Globus 32, 1887, 263 ff

Kedar, B Z, The Horns of Hattin (London, 1992)

Kern, P B, Ancient Siege Warfare (London, 1999)

Kornemann, E, Die Alexandergeschichte des Königs von Ägypten (Berlin, 1935)

Landels, J G, Ship-Shape and Sambuca-Fashion, JHS 86, 1966, 69–77

Lane Fox, R, Alexander the Great (London, 1973)

Leaf, W, Strabo on the Troad (Cambridge, 1923)

Lloyd, A B (ed.), Battle in Antiquity (London, 1996)

Lonsdale, D J, Alexander: Killer of Men (London, 2004)

Lorimer, H L, The Hoplite Phalanx, BSA 42, 1947, 76–138

Manti, P A, The Cavalry Sarissa, Ancient World 8, 1983, 73–80

Manti, P A, The Sarissa of the Macedonian Infantry, Ancient World 23.2, 1992, 31–42

Manti, P A, The Macedonian Sarissa, again, Ancient World 25.1, 1994, 77–91

Markle, M M, The Macedonian Sarissa, Spear, and Related Armour, AJA 81, 1977, 323–339

Markle, M M, Use of the Macedonian Sarissa by Philip and Alexander, AJA 82, 1978, 483–497

Markle, M M, Macedonian Arms and Tactics under Alexander the Great, Studies in The History of Art Vol. 10, (Washington, 1982) 86–111

Marsden, E W, The Campaign of Gaugamela (Liverpool, 1964)

Marsden, E W, Greek and Roman Artillery: Historical Developments (Oxford, 1969)

Marsden, E W, Greek and Roman Artillery: Technical Treatises (Oxford, 1971)

May, E C, Stadier, G P, and Votan, J F, Ancient and Medieval Warfare (Wayne, N.J., 1984)

McQueen, E I, Quintus Curtius Rufus, in Latin Biography; ed. T A Dorey (London, 1967) 17–43

Messenger, C, The Art of Blitzkrieg (London, 1976)

Milns, R D, Alexander's Macedonian Cavalry and Diodorus 17.17.4, JHS 86, 1966, 167–168

Milns, R D, Philip II and the Hypaspists, Historia 16, 1967, 509–12

Milns, R D, Alexander the Great (London, 1968)

Milns, R D, The Hypaspists of Alexander III: Some Problems, Historia 20, 1971, 186–195

Miltner, F, Alexander's Strategie bei Issos, Ost Jh. 28, 1933, 69–78

Mixter, J R, The Length of the Macedonian Sarissa During the Reigns of Philip II and Alexander the Great, The Ancient World 23.2, 1992, 21–29

Morrison, J S, and Williams, R T, Greek Oared Ships 900–322 B.C. (Cambridge, 1968)

Morrison, A, Combat Psychology, and Persepolis, Antichthon 35, 2001, 30–44

Mughal, M R, Excavations at Tulamba, West Pakistan, Pakistan Archaeology 4, 1967, 1–152

Murison, J A, Darius III and the Battle of Issus, Historia 21, 1972, 399–423

Papazoglu, F, The Central Balkan Tribes in Pre-Roman Times (Amsterdam, 1978)

Pearson, L, The Lost Histories of Alexander the Great (New York, 1960)

Parke, H W, Greek Mercenary Soldiers (Oxford, 1933)

Rahe, P A, The Annihilation of the Sacred Band at Chaeronea, AJA 85, 1981, 84–87

Renfroe, W J, History of the Art of War within the Framework of Political History (London, 1975)

Rhodes, P J, and Osborne, R, Greek Historical Inscriptions, 404–323 BC (Oxford, 2007)

Rhodes, P J, A History of the Classical Greek World: 478–323 BC (Oxford, 2006)

Roisman, J, Ptolemy and His Rivals in His History of Alexander, Q5 34, 1984, 373–385

Romane, P, Alexander's Siege of Tyre, Ancient World 16, 1987, 79–90.

Romane, P, Alexander's Siege of Gaza – 332 B.C., Ancient World 18, 1988, 21–30

Rubin, B, Die Entstehung der Kataphraktenreiterei im Lichte der Chorezmischen Ausgrabungen, Historia 4, 1955, 264–83

Rutz, W, Zur Erzählungskunst des Q. Curtius Rufus, Hermes 93, 1965, 370–82

Sage, M M, Warfare in Ancient Greece (London, 1996)

Schachermeyr, F, Alexander der Grosse (Vienna, 1973)

Schwartz, E, (ed. Pauley), Realencyclopädie der Classischen Altertumswissenschaft (Stuttgart, 1893)

Seibert, J; Alexander der Große, Erträge der Forschung 10 (Darmstadt, 1972)

Sekunda, N, Die Armee Alexanders des Großen (Königswinter, 2009)

Sheppard, R, Alexander der Große und seine Feldzüge, (Stuttgart, 2009)

Shrimpton, G, The Persian Cavalry at Marathon, Phoenix 34, 1980, 20–37

Sidnell, P, Warhorse: Cavalry in Ancient Warfare (London, 2006)

Smith, V, The Early History of India (Oxford, 1914)

Snodgrass, A M, Arms and Armour of the Greeks (Ithaca, N.Y. 1967

de Souza, P, Heckel ,W, and Llewellyn-Jones, L, The Greeks at War: From Athens to Alexander (Oxford, 2004)

Spence, I G, The Cavalry of Ancient Greece; A Social and Military History (Oxford, 1993)

Stark, F, Alexander's Path (London, 1958)

Stein, A, The Site of Alexander's Passage of the Hydaspes and the Battle with Porus, Geographical Journal 80, 1932, 31–46

Stein, A, Archaeological Reconnaissances in North-Western India and South-Eastern Iran (London, 1937)

Stein, A, Notes on Alexander's Crossing of the Tigris and the Battle of Arbela, Geographical Journal 100, 1942, 155–164

Strasburger, H, Ptolemaios und Alexander (Leipzig, 1934)

Strasburger, H, Alexanders Zug durch die Gedrosische Wüste, Hermes 80, 1952, 456–493

Talbert, R J A (ed.), Barrington Atlas of the Greek and Roman World (Oxford, 2000)

Tarn, W W, Alexander the Great: Vols. I–II (Cambridge, 1948)

Tarn, W W, The Greeks of Bactria and India, 3rd ed. (Chicago, 1985)

Tod, M N, A Selection of Greek Historical Inscription. 2: From 403 to 323 BC (Oxford, 1948)

Tritle, L A (ed.), The Greek World in the Fourth Century (London, 1997)

Veith, G, Der Kavalleriekampf in der Schlacht am Hydaspes, Klio 8, 1908, 131–53

Wilcken, U, Alexander the Great (London, 1932)

REGISTER